职业技能培训教材

项目经理（一级）

人力资源社会保障部教材办公室　组织编写

本书编审人员

主　编　胡庆江

副主编　靳朝阳

编　者　胡庆江　彭　玲　时　军　乔　锐　秦贝贝

臧杰超　李　洁　靳朝阳

审　稿　杨爱华　王守清　吴守荣

中国劳动社会保障出版社

图书在版编目（CIP）数据

项目经理. 一级 / 人力资源社会保障部教材办公室组织编写. -- 北京：中国劳动社会保障出版社，2022

职业技能培训教材

ISBN 978-7-5167-5468-9

Ⅰ. ①项…　Ⅱ. ①人…　Ⅲ. ①项目管理－职业培训－教材　Ⅳ. ①F224.5

中国版本图书馆 CIP 数据核字（2022）第 147037 号

中国劳动社会保障出版社出版发行

（北京市惠新东街 1 号　邮政编码：100029）

*

三河市华骏印务包装有限公司印刷装订　新华书店经销

787 毫米 ×1092 毫米　16 开本　15.25 印张　274 千字

2022 年 9 月第 1 版　2022 年 9 月第 1 次印刷

定价：41.00 元

读者服务部电话：（010）64929211/84209101/64921644

营销中心电话：（010）64962347

出版社网址：http://www.class.com.cn

序

改革开放以来，项目管理作为一种通用的管理技术，已经被广泛应用到航空、航天、冶金、煤炭、水利、电力、建工、造船、石化、矿产、机电、兵器、IT、金融、保险、教育行业和公共部门，获得了令人瞩目的效率和效益。项目管理的理念和方法已得到政府部门、相关机构和众多企业的认可，各行各业对项目管理人才的需求急剧增加，杰出的项目管理人才已成为企业高端人才和社会的稀缺资源。国际上的项目管理理论、方法、工具，虽然对国内项目管理有促进作用，但不能根本解决我国社会和文化背景下的项目管理问题。由于我国各相关专业人士对国际项目管理的理论及能力标准的认识不尽一致，造成我国目前没有统一的标准，没有形成具有中国特色的项目管理理念和能力标准。

为深入贯彻落实党的十九大精神、习近平新时代中国特色社会主义思想，积极应对国际市场的快速变化和发展，满足项目管理人才的职业素质和专业技术能力水平评价的需求，引导和激励项目管理的从业人员不断提高职业素质、规范职业行为，中国国际工程咨询协会在商务部的业务指导下，依托专家委员会专家们丰富的行业经验和相关专业学术水平，根据我国的相关法律法规和国际惯例，开发了一套基于国际项目管理知识体系、符合我国国情的项目管理职业经理国家级行业团体标准认证体系。

为配合“项目经理专业技术能力水平评价认证标准”（编号为 CAIEC0001-2021，自 2021 年 4 月 1 日实施）的推行，在中国国际工程咨询协会项目经理专业技术能力水平评价认证委员会的领导下，成立了项目经理专业技术能力水平评价培训教材编委会（以下简称编委会）。编委会紧扣“项目经理专业技术能力水平评价认证标准”的要求，组织高校教师、企业项目管理专家和相关培训机构的知名讲师，编写了本套培训教材。

本套培训教材由五本书构成：

《项目经理（基础知识）》，主要内容为所有参加项目经理专业技术能力水平评价认证的人员需要掌握的公共基础知识。本书由侯琳琳主编。

《项目经理（四级）》，主要内容为参加四级项目经理专业技术能力水平评价认证的人员须掌握的知识和技能，基于知识要素展开，专业能力要求以单项目为主。本书由侯琳琳主编，张汉鹏、张佳书任副主编。

《项目经理（三级）》，主要内容为参加三级项目经理专业技术能力水平评价认证的人员须掌握的知识和技能，基于知识要素展开，专业能力要求以单项目为主。本书由陈丽兰主编，王丽珍、李英侠任副主编。

《项目经理（二级）》，主要内容为参加二级项目经理专业技术能力水平评价认证的人员须掌握的知识和技能，以管理过程为主，专业能力要求以单项目为主，同时兼顾多项目。本书由赵丽坤主编，李洁任副主编。

《项目经理（一级）》，主要内容为参加一级项目经理专业技术能力水平评价认证的人员须掌握的知识和技能，基于管理过程并站在战略管理的视角来构建项目管理的理论、方法与知识体系，专业能力要求以多项目、项目组合为主。本书由胡庆江主编，靳朝阳任副主编。

本套教材的技术术语尽量与 ISO 10006—2017 相一致。

本套教材的最大特点是：

★为准备参加项目经理专业技术能力水平评价认证的人员提供学习参考。

★为开展各级项目经理专业技术能力水平评价认证的培训机构提供教材。

★与学历教育相结合，可通过不同等级教材的学习，与有关院校的相关课程互认。

★兼顾企业和各种社会组织的需要，为他们进行项目管理知识体系培训提供参考。

由于时间仓促，教材不足之处在所难免，恳请专家学者、广大读者提出宝贵意见和建议。

项目经理专业技术能力水平评价认证培训教材编委会

目　录

第1章

组织战略与项目管理

1.1 组织战略概述

1.1.1 组织愿景

组织都有其愿景和使命。组织愿景是指组织未来想要达到的一种状态，它回答了“我们未来想成为什么?”和“去哪里?”的问题，是组织存在的终极目的。组织愿景可以明确组织的目标方向，激励组织的相关利益方朝着组织的目标方向努力工作，组织愿景也是组织日常工作中的价值判断基准。

1.1.2 组织使命

组织使命是指组织存在的原因和理由。例如，企业的使命可以用企业的经营领域、经营思想进行描述，为企业目标的确立与战略制定提供依据。明确企业的使命，就是要确定企业实现远景目标必须承担的责任或义务。美国著名管理学家彼得·德鲁克认为，为了从战略角度明确企业的使命，应系统地回答下列问题：我们的事业是什么?我们的顾客群是谁?顾客的需要是什么?我们用什么特殊的能力来满足顾客的需求?如何看待股东、客户、员工、社会的利益?

1.1.3 组织战略

组织战略是指组织为自己所确定的长远性目标与任务，以及为实现此目标及完成此任务而采取的行动路线与方法。组织战略规划就是指基于组织竞争环境的详细、完整分析，在综合把握组织内部的优势和劣势、外部的机会和威胁的情况下，组织为保持或取得其自身竞争优势而制订行动计划的过程。组织战略具有重要的意义，它着眼于未来，协调组织内部各个职能部门的相互配合关系，保证组织的均衡发展，引导组织的变革，促使组织适应新的竞争环境，并使组织使命具体化和数量化。

组织战略一般可以分为两个层次的战略：总体战略和职能战略。所谓总体战略是指组织整体的发展规划。所谓职能战略是指在组织整体战略的指导下，组织各个职能部门的战略。组织的职能战略一般包括人力资源战略、经营战略、成本战略、产品战略、研发战略等。

1.1.4 组织战略与组织愿景、组织使命的关系

组织战略要依据组织愿景来确定。组织愿景是利益相关者都了解的组织将成为什么的承诺。组织战略是指组织对有关全局性、长远性和纲领性目标的谋划和决策。组织使命是指组织应当达到的目的、完成的任务和承担的责任。组织战略是对如何实现组织使命的进一步具体明确的阐述，具有可度量性和可操作性。组织愿景、组织使命和组织战略之间的关系如图 1–1 所示。

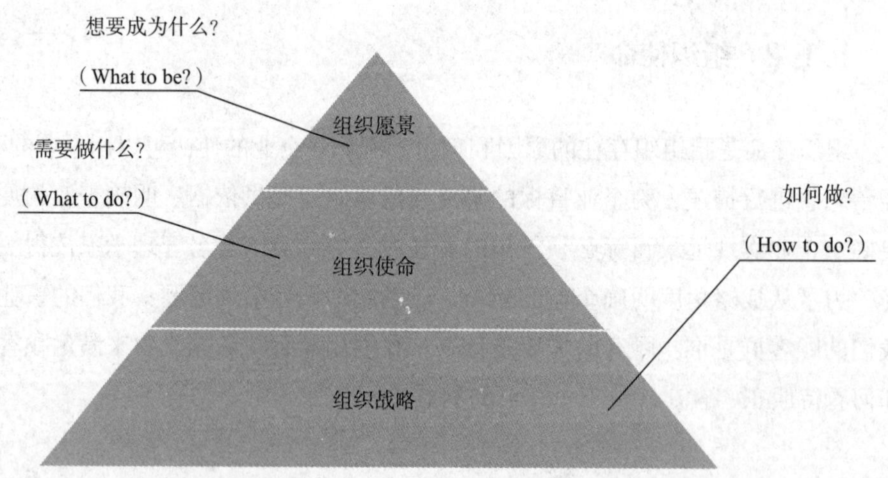

图 1–1 组织愿景、组织使命和组织战略之间的关系

1.2　项目、项目集、项目组合与运营

1.2.1　项目、项目集与项目组合

项目是为创造独特的产品、服务或成果而进行的临时性工作。项目的临时性表明每个项目都有一个明确的开始和结束时间。在众多的项目案例中，一个项目可以是改进特定的流程、开发一个产品、进行一场组织变革、制定新的行业标准或法规要求等。

项目集是经过协调管理以获取单独管理所无法取得的收益的一组相互关联的项目、子项目集和项目集活动。在诸多项目集案例中，项目集可以是开发新产品、实施流程改进工作、业务现代化以及确保遵循法规等。项目集包含单个项目和子项目集，子项目集是一个包含单个项目的项目集，并作为另一个项目集的一部分来加以管理。项目集也包含不在项目集中的每个独立项目范围内的相关工作要素，如项目集运营管理。项目集包含的子项目集、项目及项目集运营管理，统称为项目集组件。值得注意的是，项目集组件之间存在逻辑关系，它们互相依赖、互相影响。

项目组合是为了实现组织的战略业务目标而组合在一起加以有效管理的一组项目、项目集、子项目组合和相关运营管理活动的集合。值得注意的是，项目组合中的项目或项目集不一定有直接关系，它们通过项目组合将自身与组织战略计划连接起来。项目组合的案例包括流程改进项目组合、战略方案项目组合、政府计划项目组合及营销战略项目组合。项目组合组件能通过项目组合管理给组织带来价值，这也是评估和添加组件到项目组合中的标准。有战略重要性的单个项目，无论是否包括在项目集内，都要被考虑成项目组合的一部分。

1.2.2　项目与运营

运营也称为日常业务或运作，它是一个组织内重复发生的经常性事务，通常由组织内的一个业务部门来负责，如某 IT（information technology，信息技术）运维外包公司的计算机系统维护业务就属于日常运营。运营管理负责监督、指导和控制业务运作，运营支撑着日常业务，是实现组织业务战略和战术目标的必要手段，如行政管理、财

务管理等。

项目与运营的主要区别见表 1–1，在工作内容、目标、工作环境、风险大小、团队特征、责任人、持续时间、组织结构、考核指标、资源需求上都有很大的区别。特别要注意的是，在工作内容和目标上，运营是连续性和重复性的，而项目则是临时性的和独特性的。项目的目标是要达到这一目标从而结束项目，例如，从 0 到 1 的新产品项目，当确定的目标实现后，项目就会终止，而运营通常会选定新的目标并继续进行工作。

表 1–1　项目与运营的主要区别

不同点	项目	运营
工作内容	临时性、独特性的工作（独一无二）	持续性、重复性的工作（重复多次）
目标	创造独特的产品、服务和成果	生产重复的产品、服务和成果
工作环境	开放性环境	标准化环境
风险大小	风险大（不确定性）	规范性，风险小（确定性）
团队特征	团队是临时的	团队比较固定
责任人	项目经理	部门经理
持续时间	有明确的终点	无明确的终点
组织结构	临时性组织	稳定性组织
考核指标	以目标为导向	以效率为导向
资源需求	责权不均衡	责权均衡

项目与运营会在产品生命周期的不同时点进行交叉。在每个交叉点，可交付的成果与知识在项目与运营之间进行转移，以完成工作交接。在项目开始时，运营资源被转移到项目中。随着项目趋于结束，项目资源被转移到运营中。

1.3　项目组合、项目集、项目与组织战略

在实际工作中，很多组织都是通过制订和实施计划来完成既定的项目，为所在项目集或项目组合的目标服务，并最终为组织战略服务。项目往往来自运营工作，同时又服务于运营工作。运营与项目相互支持、相互协调，共同为实现组织战略服务。例

如，在一个典型的计算机制造企业中，一些零件的生产工作不能当作项目来做，而一些规模大、复杂程度高、需要在既定时间内完成的工作（如管理系统的开发、生产线的改造等），就必须当作项目来做。项目所形成的成果（如管理信息系统、新的生产线等）交付给运营，为运营提供服务。

从组织角度看，运营只是维持组织日常的运转，不能促进组织的发展。项目是组织变革的发动机和发展的载体，组织经常直接或间接利用项目去实现其战略目标。

项目组合或项目集中的项目作为一种实现组织目的和目标的手段，通常处于战略计划的大环境之中。尽管项目集中的单个项目都有各自的利益，但它们也能为项目集的整体利益、项目组合的整体目标和组织的战略目标做出贡献。

项目组合是直接服务于组织战略目标的，一个项目组合反映了一个或多个组织战略目标。如果项目组合没能与组织的战略保持一致，组织应该通过采取纠正措施，如调整、校正和 / 或移除包括在该组合中的某些动议，使项目组合与战略保持一致。

项目集是通过项目组合来为组织战略服务的，项目集是项目组合的要素，其目的是为组织战略目标交付重要的收益。作为组织项目组合的重要组成要素，项目集和项目的实施是为了获得支持组织战略目标所需要的输出和成果。

项目组合、项目集、项目与组织战略的关系如图 1–2 所示。

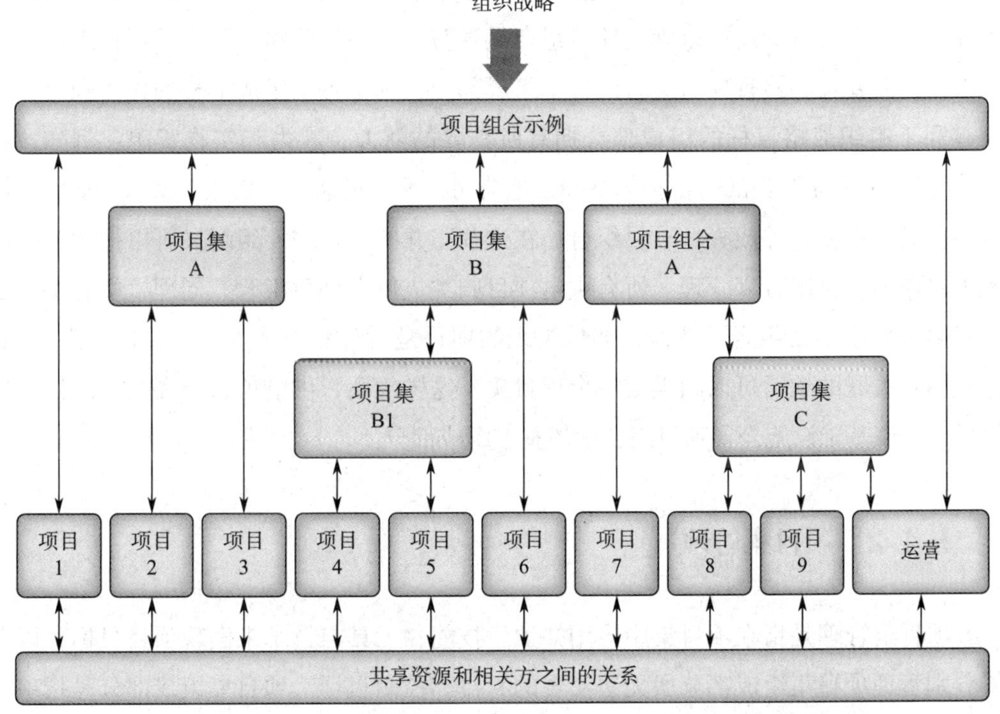

图 1–2　项目组合、项目集、项目与组织战略的关系

1.4 项目组合管理、项目集管理和项目管理

1.4.1 项目组合管理

项目组合管理是指为实现战略目标而组合在一起管理的项目、项目集、子项目组合和运营工作。项目组合管理是为了实现战略目标而对一个或多个项目组合进行的集中管理。项目组合中的项目集或项目不一定彼此依赖和直接相关。

项目组合管理需要基于组织的优先级和产能分配资源（如人力、财务、资产），平衡项目组合组件之间的需求冲突，并且通过整合管理和合理的实践来交付与战略目标保持一致的商业价值。

项目组合管理的目的有以下几项：指导组织的投资决策；选择项目集与项目的最佳组合方式，以达成战略目标；提供决策透明度；确定团队和实物资源分配的优先顺序；提高实现预期投资回报的可能性；实现对所有组成部分的综合风险的集中式管理。此外，项目组合管理还可以确定项目组合是否符合组织的战略。要实现项目组合价值最大化，需要精心检查项目组合的各个组成部分，确定各个组成部分的先后顺序，使最有利于组织战略目标的组成部分拥有所需要的财力、人力和实物资源。例如，以“投资回报最大化”为战略目标的基础设施公司，可以把油气、供电、供水、道路、铁路和机场的项目归并成一个项目组合。在这些归并的项目中，组织又可以把相互关联的项目作为项目组合来管理。所有供电项目归类成供电项目组合，同理，所有供水项目归类成供水项目组合。然而，如果组织的项目是设计和建造发电站并运营发电站，这些相互关联的项目可以归类成一个项目集。这样的话，供电项目集和类似的供水项目集就是该基础设施公司项目组合中的基本组成部分。

1.4.2 项目集管理

项目集管理是指在项目集中应用知识、技能、工具与技术来实现项目目标，以获得分别管理项目集组成部分所无法实现的利益和控制目标。项目集组成部分是指项目集中的项目和其他项目集。

项目管理注重项目内部的相互依赖关系，以确定管理项目的最佳方法；项目集管理注重项目与项目以及项目与项目集之间的依赖关系，以确定管理这些项目的最佳方法。

项目集管理关注的焦点是要达成项目集启动目的所对应的预期收益和业务产物，而且要在限定的成本与进度范围内完成。

1.4.3　项目管理

项目管理就是将知识、技能、工具与技术用于项目活动，以满足项目要求。项目管理使组织能够有效且高效地开展项目。

有效的项目管理可以给组织带来以下利益：达成业务目标，满足相关方的期望，提高可预测性，提高成功的概率，在适当的时间交付正确的产品，解决问题和争议，及时应对风险，优化组织资源的使用，识别、挽救或终止失败项目，管理制约因素对项目的影响，以更好的方式管理变更。项目管理不善或缺乏项目管理会导致以下问题：超过时限，成本超支，质量低劣，返工，项目范围扩大、失控，组织声誉受损，相关方不满意，正在实施的项目无法达成目标等。

项目是组织创造价值和收益的主要方式。在当今商业环境下，组织领导者需要应对预算紧缩、时间缩短、资源稀缺以及技术快速变化的情况，商业环境动荡不定，变化越来越快。为了在全球经济中保持竞争力，公司日益广泛地利用项目管理来持续创造商业价值。

有效和高效的项目管理被视为组织的战略能力，它使组织能够将项目成果与业务目标联系起来，更有效地开展市场竞争，实现可持续发展。组织通过适当调整项目管理计划，以应对商业环境的改变给项目带来的影响。

1.5　项目组合管理、项目集管理、项目管理的比较

项目组合管理通过选择正确的项目集或项目，对工作进行优先级排序，并提供所需资源，以与组织战略保持一致，最终达成组织战略目标。

项目集管理对项目集所包含的项目和其他组成部分进行协调，对它们之间的依赖

关系进行控制，重点是聚焦收益，保持项目与项目集收益的一致性，最终实现收益的最大化。

项目管理通过制订和实施计划来完成既定的项目，为所在项目集或项目组合的目标服务，并最终为组织战略服务。

项目组合、项目集和项目管理应该与组织战略和其他业务驱动保持一致，并且受组织战略和其他业务驱动的推动。反过来说，项目组合、项目集和项目管理会对达成和实现战略目标做出贡献。

项目组合、项目集和项目管理均需要符合组织战略，或者由组织战略驱动。反之，项目组合、项目集和项目管理又以不同的方式服务于战略目标的实现。

1.6 项目组合管理、项目集管理、项目管理与组织战略

当今商业竞争环境快速多变，充满不确定性、复杂性和模糊性。项目不再被视为孤岛，而是被视为与组织战略规划保持一致的投资，并需要根据环境条件进行立项批准和管理。站在项目、项目集和项目组合的整体视角上看，这些项目都是战略规划的推进器，为了实施战略规划，项目作为战略规划的战术被批准执行。组织会根据其所处的商业竞争环境构建其战略规划，战略规划是项目、项目集和项目组合的集合体。

项目组合管理是组织整体战略方向不可分割的一个部分，它是通过所承担的变更动议和战略投资来实现战略目的和目标的一个工具。组织将项目组合管理与组织战略相结合，平衡资源的使用，以便最大化在执行项目集、项目和运营活动中所交付的价值。组织愿景、组织使命和组织战略与目标，与项目组合管理、项目集与项目管理和运营管理之间的关系如图 1–3 所示。

项目集管理旨在保持与组织战略的一致性，是一套行之有效的、能够切实实现组织战略落地的方法论。项目集的核心思想是聚焦收益管理，项目集经理应该具有战略眼光，上能理解组织愿景与组织使命，秉承组织战略与目标；下能传达、安排好各组件之间的活动，利用有限的组织资源，做到收益最大化。

项目虽然具有临时性特点，但符合组织战略的项目能促进组织目标的实现。有时组织会通过做项目来建立战略业务举措，改变其运营、产品或系统。

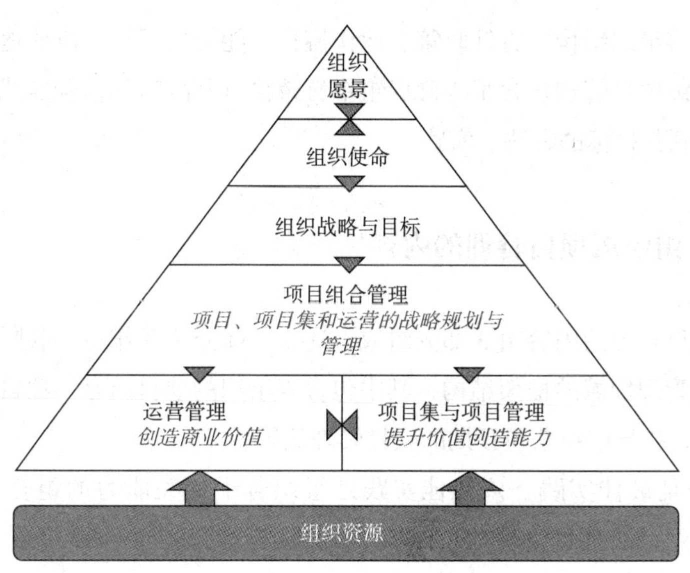

图 1-3　项目组合管理的组织背景

1.7　组织级项目管理与组织战略

1.7.1　组织级项目管理概述

组织级项目管理是指在组织战略的指导下，具体落实组织的战略行动，从业务管理、组织架构、人员配置等多个方面对组织进行项目化的管理。组织级项目管理是组织在其内部搭建起项目组合管理、项目集管理和单项目管理的各个领域，以及在这些领域之间为支持实现最佳实践而提供的一个组织全局项目管理的框架体系。该框架体系能够保证组织战略、项目组合、项目集和单个项目形成一个有机联系的整体，共同支持组织战略目标的实现。

在组织当中，当项目管理需要跨职能部门、跨组织层次、跨事业部时，该框架特别能够体现出它的必要性。同时只有站在组织全局的角度，才能够快速找到组织项目管理中存在的问题，才能够有效地根据组织的战略支持最佳实践，并通过对组织级项目管理框架进行持续治理和改进，促使组织持续地获得出色的结果。

组织级项目管理可以对组织战略起到重要的支持作用。组织级项目管理能够通过组织治理来完善组织结构、方针政策、运作流程，能够保证组织有效地达成预期的战略目标。组织级项目管理包含了为确保组织有效执行其战略的最佳实践，其中包括最能支持组织达到其目标的方法、实践。

1.7.2 组织级项目管理的内容

组织级项目管理的内容由 3 部分组成，这 3 个部分相互作用，共同形成一个能够覆盖组织项目管理领域的框架结构，其中包含着组织的项目组合、项目集和单项目管理的各个层次，指导组织获得预期的项目管理效果。

第一部分是最佳实践。该最佳实践是组织若干相关能力的组合，主要分成两类。第一类是组织级项目管理 SMCI（standardize 标准化、measure 度量、control 控制、improve 持续改进）最佳实践，使组织级项目管理的流程能够围绕这样的循环不断进行改进。第二类是组织运行潜能方面的最佳实践，主要包括组织结构、文化、技术、人力资源等方面的最佳实践，是支持组织级项目管理流程实施的底层要素。其中 SMCI 的最佳实践依据组织项目组合、项目集和单项目管理的各个层次、各个过程来进行分组、划分，组织运行潜能方面的最佳实践是支持 SMCI 的组织基本环境。

第二部分是组织能力。组织能力是为了执行项目管理过程并交付项目管理服务和产品，组织应该具备的特定胜任资格，这种胜任资格包括一系列的能力，而这一系列的能力形成了为一个或多个最佳实践提供能力支持的能力体系。组织级项目管理的治理以及最佳实践在组织中的应用都需要相应的组织能力，甚至是相关能力体系的提升。组织能力最终以一组可观察到的组织成果来体现，只有这样才能表明组织某一能力的存在。所以与组织能力相伴，在组织级项目管理中还需要有相应的成果考核机制。

第三部分是成果。组织级项目管理的成果是通过组织能力的发挥和应用而取得的，这样的成果可能是有形的，也可能是无形的。一种能力，可能会导致一种成果，也可能会导致多种成果，而成果是通过组织级项目管理体系中设置的关键绩效指标（key performance indicator，KPI）来度量的。

以最佳实践、能力和成果组成的组织级项目管理体系能够最大限度地减少组织不必要的风险，保证组织趋向于识别和选择支持组织战略实施的项目，对组织内外部的环境变化及时地进行分析和应对，提高组织级项目管理的透明度，降低组织项目失败的风险，以保证项目组合与项目战略、组织战略之间的一致性，提高组织成功的概率。

1.7.3　组织级项目管理成熟度模型

从组织的角度来说，需要有一个能够衡量组织级项目管理能力成熟程度的模型，使组织能够评估自身在项目管理方面的优点和缺点，找到组织项目管理改进的方向和目标，也需要一个能够指导组织逐步地普及和实施项目管理能力的步骤、程序和方法，帮助组织级项目管理一步一步走向成熟。组织级项目管理成熟度模型（organizational project management maturity model，OPM3）提供了这样一个框架和方法，指导组织进行项目管理的实践。

组织级项目管理主要是指通过将相关的知识、技能、工具和技术等用于组织和项目活动来达到组织的目标。组织级项目超越了单个的项目，扩展了项目管理的范围，使组织级项目管理不仅包括单一项目的管理，还包括项目集管理和项目组合管理。单个项目的管理可以被认为是战术水平的，而组织级项目管理上升到了战略高度，被看作组织的一项战略优势。

组织级项目管理成熟度模型可以定义为描述如何提高和获得某些能力的过程的框架。OPM3 为组织提供了一个度量、测量、比较、改进项目管理能力的方法和工具。

OPM3 的目标是提供一种开发组织项目管理能力的基本方法，并使组织内部的项目和组织自身的战略紧密联系起来。OPM3 为使用者提供了丰富的知识来了解组织项目管理，并给出了对照标准作为自我评估的工具，来确定组织当前的状况并制订改进的计划，目前全球有多个不同的组织级项目管理成熟度模型，对成熟度有不同的表述。

OPM3 模型是一个三维模型，第一维是成熟度的 4 个梯级，第二维是项目管理的 10 个领域和 5 个基本过程，第三维是组织级项目管理的 3 个版图层次。成熟度的 4 个梯级分别是标准化的、可测量的、可控制的、持续改进的。项目管理的 10 个领域指的就是项目整体管理、项目范围管理、项目进度管理、项目成本管理、项目质量管理、项目人力资源管理、项目沟通管理、项目相关方管理、项目风险管理、项目采购管理。项目管理的 5 个基本过程分别是启动过程、计划编制过程、执行过程、控制过程和收尾过程。组织级项目管理的 3 个版图层次分别是单个项目管理、项目集管理和项目组合管理。

1.8 项目选择与项目集、项目组合构建

项目选择和启动是项目获得成功的第一步。任何组织的资源都是有限的，但组织对项目的需求却无处不在。为了有效地使用资源，组织就要在众多项目中进行选择，选择那些对实现组织战略目标最为有利的项目。那么如何来选择项目呢？应该从项目选择、项目集构建和项目组合构建 3 个方面来进行。

1.8.1 项目选择

项目选择指的是在两个或两个以上的备选项目中选择一个项目，选择的目的就是通过对备选项目进行排序，选择最有利于实现组织经营目标和战略目标的项目。组织的项目选择通常并非一次性行动，而是要经常开展的行动。为了更好地选择项目，组织应该建立一系列的备选项目数据库，涵盖组织短期、中期、长期计划实施的各种项目。

以企业为例，企业应该根据企业战略目标和项目可行性两个层面开展项目选择和决策。首先，要考虑项目是否有利于企业目标的实现。在选择项目时需要考虑以下因素：项目是否能增加利润，项目是否有利于保持和增加市场份额，项目是否有利于开辟新的市场，项目是否有利于改善企业的形象。另外，在选择项目时还要考虑项目获得成功的可能性，特别是要评估企业的技术能力、管理能力、财务能力等是否能达到项目的要求。

1.8.2 项目集构建

项目集构建需要在项目组合构建完成后进行。项目集构建要考虑项目之间的横向联系，以便对项目进行协调管理，取得把各项目分开管理所不能取得的更大收益。项目集构建和项目组合构建的不同之处在于：前者是在已经被选定的所有项目中，挑选关联紧密的项目；后者是根据各项目对实现组织战略目标的作用大小，对项目进行优先级排序，选出排序靠前的项目加以立项。

通常单个项目的选择、项目组合和项目集的构建会相互影响，可能需要循环不断地开展。一个本身无多大价值的项目，可能在加入某一个项目集之后能够对项目集做出重大的贡献，从而使项目本身变得更有价值；一个本身很有价值的项目，可能因为与其他的项目重复而不能加入某个项目集，甚至不得不在项目组合的选择中被剔除。所以，一个项目能否立项需要同时考虑它本身的价值，它和其他项目的配合关系，以及它对组织战略目标的贡献。

1.8.3　项目组合构建

正如前面所述，项目组合管理对组织越来越重要，因为组织战略目标往往不是依靠某一个项目就能实现的，必须依靠项目组合。项目管理成熟度越高的组织越重视对项目组合的选择，就越是会把每一个项目都放到特定的项目组合中来进行统筹安排。

项目组合管理是指在既定的资源限制条件下，为了实现既定的组织战略目标而选择一组正确的项目来做，这些项目都必须符合组织的战略，有助于实现组织的目标，能够为组织创造价值。

在项目组合中，必须要实现不同类型项目的平衡，以便更有效地管理风险、创造价值和实现目标，如可以按财务价值、投资规模、市场细分、风险程度、所用技术等标准来区分项目类型。项目组合要求在选择项目时，不仅要考虑单个项目的价值，而且要考虑项目之间的相互作用。某一个本身有价值的项目也许并不适合放入某一个项目组合中去，例如，由于资源的限制，必须放弃该项目，来确保另一个更加有价值的项目；或者，为了防止项目目标之间的冲突，必须放弃该项目。

另外，应该定期和不定期地评审项目组合，对项目组合做出必要的调整，如新增项目、删去项目或者调整项目，特别是发生战略目标或竞争环境变化的时候。评审项目组合的目的就是要对项目组合中的项目进行优先级排序，剔除那些明显不合适的项目，保留那些有价值的项目，实现项目组合中的项目平衡。

第2章

项目论证与立项

项目论证的内容比较广泛，主要包括项目商业论证和可行性研究，但也包括项目技术评价、项目财务评价、项目国民经济评价、项目环境评价、项目社会评价等，本章重点讨论项目商业论证与可行性研究。

2.1 项目商业论证与可行性研究

2.1.1 项目商业论证

1. 项目商业论证的概念

项目商业论证是对项目开展的原因，以及在考虑项目成本、风险及收益预测等因素的情况下项目开展的正当理由的阐述。项目商业论证涵盖了项目所影响的业务变更的整体范围，是项目信息最重要的组成部分。

2. 项目商业论证的内容

项目商业论证应包括以下各项内容。

（1）原因。项目立项的合理性，一般需要在项目任务书中完成。

（2）可选方案。对各种可选方案进行简述，说明所选择的方案及其理由。

（3）收益。对项目所获得的收益进行识别和量化，在项目完成后对其改善状况进行衡量。

（4）风险。对项目所面临的风险进行概要阐述，风险管理的细节内容包含在风险记录单中。

（5）成本和时间。该信息来自项目计划。如果项目计划尚未完成，需要在项目商业论证中对项目成本和时间进行概要阐述，等计划完成后再进行完善。

（6）投资评估。投资评估是对一段时间内项目总成本与所获收益的财务价值之间的关系进行衡量，这段时间可以是一个固定的年份，也可以是产品的使用期。

2.1.2　项目需求分析

1. 项目需求的概念

项目需求是产生项目的基本前提，在实践中通过观察可以发现需求产生的原因，找到项目的实施机会。

2. 项目需求分析步骤

（1）制订项目需求开发工作计划。在项目需求开发过程中需要有计划地合理安排工作，才能够取得更好的工作绩效。这个项目需求开发工作计划通常由承建方编制。

（2）成立项目需求分析小组。项目需求分析小组属于临时的项目型组织，可根据项目的重要程度，采取不同的形式组建项目需求分析小组，并提供办公设备、明确责任。

（3）获取需求。项目需求源自项目投资方，项目需求的获取过程即是通过承建方与投资方相关人员的协同工作，将投资方的需求转化为用恰当媒介承载的形式。

（4）项目需求分析。项目需求分析是用抽象描述的方法为目标系统建立一个概念模型，分析方法根据领域不同而不同。项目需求分析是将项目需求进一步细化，最终划定项目需求的边界。

（5）项目需求定义书编写。此项工作是根据项目目标和访谈结果编写内容明确的、结果可验证的、相互一致的项目需求定义书。这里需要强调的是，项目需求定义书的编制是一个渐进明细的过程。

（6）项目需求验证和评审。此项工作是检验（5）中的项目需求定义书是否会出现遗漏或错误，即不完整或不一致的问题。

2.1.3　项目可行性研究

1. 项目可行性研究的概念与内容

项目可行性研究是一种系统的投资决策的科学分析方法。项目可行性研究是指通过对项目有关工程技术、经济、社会等方面的条件和情况进行调查、研究和分析，对各种可能的技术方案进行比较，并对投资项目建成后的经济收益和社会收益进行预测和分析，以考察项目技术的先进性和通用性，经济的合理性和盈利性以及建设的可操作性，继而确定项目投资建设是否可行的科学分析方法。

项目可行性研究的内容主要包括以下几个方面。

（1）技术可行性研究。技术可行性研究是指在当前的技术、产品条件的限制下，能否利用现在拥有的以及可能拥有的技术能力、产品功能、人力资源来实现项目的目标、功能、性能，能够在规定的时间期限内完成整个项目。

（2）经济可行性分析。经济可行性分析主要是对整个项目的投资及所产生的经济收益进行分析，具体包括支出分析、收益分析、投资回报分析以及敏感性分析等。

（3）市场可行性分析。市场可行性分析主要是指一个项目提供的产品或服务是否符合社会和市场的需求，其通常会成为项目投资成败的关键。一方面，可以通过产品在其目标市场上的销售前景，对市场可行性给出比较客观的预测分析，包括产品目标市场的某段时间销售数量、销售额以及增长率；另一方面，还需要分析目标客户是否接受项目产品或服务，以及接受的程度、需求的趋势等。

2. 项目可行性研究的评价与方法

项目可行性研究是对项目是否可行进行的分析、论证和评价，其研究的方法与项目评价的方法基本相同，项目可行性研究和评价的方法如下。

（1）静态评价方法

1）投资收益率。投资收益率 E 是项目投资后所获的年净现金收入（或利润）R 与投资额 K 的比值，即：

$$E=\frac{R}{K}$$

2）投资回收期。投资回收期 T 是指用项目投产后的年净现金收入（或利润）补偿原始投资所需的年限，即：

$$T=\frac{1}{E}=\frac{K}{R}$$

若项目的年净现金收入不等，则回收期为使用累计净现金收入补偿投资所需的年限。

投资项目评价原则：投资收益率越大，或者说投资回收期越短，经济效益就越好。不同部门的投资收益率 E 和投资回收期 T 都有一个规定的标准收益率（$E_{标}$）和标准回收期（$T_{标}$），只有评价项目的投资收益率 $E \geqslant E_{标}$，投资回收期 $T \leqslant T_{标}$时项目才是可行的，否则项目就是不可行的。

（2）动态评价方法

1）净现值法。净现值法必须考虑货币的时间价值，该方法是将整个项目投资过程的现金流按要求的投资收益率（这里也称为折现率）折算到时间等于 0 时的现金流的折现累计值（净现值，net present value，NPV），然后加以分析和评估。

NPV 指标的评价准则：当折现率取标准值时，若 NPV≥0，则该项目是合理的；若 NPV<0，则该项目是不经济的。

2）内部收益率法。内部收益率法就是求出一个使项目使用期内现金流量的现值合计等于 0 的收益率，即内部收益率（internal rate of return，IRR），即：

$$NPV=0$$

内部收益率的评价准则：当标准折现率为 i_0 时，若 IRR≥i_0，则投资项目可以接受；若 IRR<i_0，则项目就是不经济的。对两个投资相等的方案进行比较时，IRR 大的方案较 IRR 小的方案可取。

3）动态投资回收期法。考虑资金的时间价值后，项目每一年（或每一个计算时间单位）现值之和恰好为零的时间点，就是投入资金回收的时间，即为动态投资回收期 T_d。

（3）财务基本数据预测。项目财务基本数据的预测是整个财务评价的基础，其数据预测的准确性直接影响财务评价投资决策的准确性。

1）项目总投资预测。项目总投资按其经济用途可分为固定资产投资和流动资金投资。固定资产投资包括可以计入固定资产价值的各项建设成本支出，以及不计入交付使用资产价值内的应核销投资支出（如不增加工程量的停、缓建维护费）。流动资金由储备资金、生产资金、产成品资金、结算及货币资金组成。

2）项目总成本预测。项目总成本是指项目在一定时期内生产和销售产品而花费的全部费用。项目总成本是反映项目所需物质资料和劳动力消耗的主要指标，是预测项目盈利能力的重要依据。

3）销售收入和税金的预测。销售收入是指拟建项目建成投产后，其产出的各种产品和服务通过销售所得的财务收入。税金预测是按照国家规定的产品税、增值税、营业税、城市维护建设税和资源税等的税率进行税金估算。

4）利润的预测。通过利润的预测，可以估算拟建项目投产后，每年可以实现的利润和企业每年可以留存的利润额。

（4）现金流量估算表。现金流量估算表是指用项目生命周期内每年的现金流入量和现金流出量及两者之间的差额列成的表格。项目现金流量估算表反映了项目生命周期内现金的流入和流出，表明该项目获得现金和现金等价物的能力，可以反映项目在生命周期内的盈利或偿债能力。

现金流量估算表一般由 3 部分组成：现金流入量、现金流出量和净现金流量。

1）现金流入量。现金流入量是指项目建成投产后所取得的一切现金收入，它主要包括销售收入、固定资产净残值、回收流动资金。

2）现金流出量。现金流出量是指一个项目从开始建设到结束的全过程中，为该项目投入的所有资金。

3）净现金流量。净现金流量是指现金流入量与现金流出量之间的差额，它是项目生命周期内的历史净效益。当它为负值时，表示该项目在该年现金流入量小于现金流出量；反之，表示现金流入量大于现金流出量。

3. 项目可行性研究报告的编写

项目可行性研究报告是通过对项目的主要内容和配套条件，如市场需求、资源供应、建设规模、工艺路线、设备选型、环境影响、资金筹措、盈利能力等，从经济、技术、工程等方面进行调查研究和分析比较，并对项目建成后可能取得的财务、经济效益及社会影响进行预测，从而提出该项目是否值得投资和如何进行建设的咨询意见，是为项目决策提供依据的一种综合性的分析方法。项目可行性研究具有预见性、公正性、可靠性、科学性的特点。

（1）项目可行性研究报告的主要内容包括以下几项。

1）投资必要性。投资必要性主要根据市场调查及预测的结果，以及有关的产业政策等因素论证项目投资建设的必要性。

2）技术可行性。技术可行性主要从项目实施的技术角度，合理设计技术方案，并进行比较、选择和评价。

3）财务可行性。财务可行性主要从项目及投资者的角度，设计合理的财务方案，从企业理财的角度进行资本预算，评价项目的财务盈利能力，进行投资决策，并从融资主体（企业）的角度评价股东投资收益、现金流量计划及债务偿还能力。

4）市场可行性。市场可行性主要从市场需求的角度，分析项目的产品和服务被市场接受的意愿、程度及规模。

（2）项目可行性研究报告编制时的注意事项。很多项目可行性研究报告中往往存在一些有普遍性的问题，使得报告失去了真实性和科学性，无法满足市场的需求。因此，在其编制过程中需要注意避免以下几个方面的问题。

1）缺少量化指标，结论依据不足，可靠性差。

2）研究深度不够，投资估算精度差。

3）工作周期短，缺乏多方案比较。

4）融资方案未落实。

5）风险性分析不详细，缺少多因素分析。

2.2　项目招投标与立项

2.2.1　项目招投标

招投标，是招标、投标的简称。招标和投标是一种商品交易行为，是交易过程的两个方面。招标、投标是一种国际惯例，是商品经济高度发展的产物，是通过技术、经济的方法和市场经济的竞争机制的作用，有组织地开展的一种择优成交的方式。这种方式是在货物、工程和服务的采购行为中，招标人通过事先公布的采购条件和要求，吸引众多的投标人按照同等条件进行平等竞争，按照规定程序组织技术、经济和法律等方面的专家对众多的投标人进行综合评审，从中择优选定项目的中标人的行为过程。其实质是以较低的价格获得最优的货物、工程和服务。

1. 项目招投标流程

（1）招标。招标是在一定范围内公开货物、工程或服务采购的条件和要求，邀请众多投标人参加投标，并按照规定程序从中选择交易对象的一种市场交易行为。

（2）投标。投标是与招标相对应的概念，它是指投标人应招标人的邀请，按照招标的要求和条件编制标书，在规定的时间内向招标人提交标书，争取中标的行为。

（3）评标。评标由评标委员会负责。评标委员会由具有高级职称或同等专业水平的技术、经济等相关领域专家、招标人和招标机构代表等 5 人以上单数人员组成，其中技术、经济等方面专家人数不得少于成员总数的 2/3。开标前，招标机构及任何人不得向评标专家透露其即将参与的评标项目的内容及招标人和投标人的有关情况。评标委员会成员名单在评标结果公示前必须保密。招标人和招标机构应当采取措施保证评标工作在严格保密的情况下进行。在评标工作中，任何单位和个人不得干预、影响评标过程和结果。评标委员会应严格按照招标文件规定的商务、技术条款对投标文件进行评审，招标文件中没有规定的任何标准不得作为评标依据，法律、行政法规另有规定的除外。评标委员会的每位成员在评标结束时，必须分别填写评标委员会成员评标意见表，评标意见表是评标报告必不可少的一部分。采用最低价评标法评标的，在商务、技术条款均满足招标文件要求时，评标价格最低者为推荐中标人；采用综合评价法评标的，综合得分最高者为推荐中标人。

（4）选定项目承建方。评标委员会应当按照招标文件确定的评标标准和方法，对投标文件进行评审和比较；设有标底的，应当参考标底。评标委员会完成评标后，应当向招标人提出书面评标报告，并推荐合格的中标候选人。招标人根据评标委员会提出的书面评标报告和推荐的中标候选人确定中标人。招标人也可以授权评标委员会直接确定中标人。

2. 项目招投标方法

（1）两阶段招标。该方法适用于一些技术设计方案、技术要求不确定或一些技术标准、规格要求难以描述、确定的招标项目。第一阶段招标，从投标方案中优选技术设计方案，统一技术标准、规格和要求；第二阶段招标，按照统一确定的设计方案或技术标准，组织项目最终招标和投标报价。

（2）框架协议招标。该方法适合于重复使用且规格、型号、技术标准与要求相同的货物或服务，特别适合于一个招标人下属多个实施主体采用集中统一招标的项目。招标人通过招标对货物或服务形成统一采购框架协议，一般只约定采购单价，而不约定标的数量和总价，各采购实施主体按照采购框架协议分别与中标人分批签订和履行采购合同协议。

（3）电子招标。与纸质招标相比，电子招标将极大提高招标、投标效率，符合节能减排要求，降低招标、投标费用，有效贯彻“三公”（公开、公平、公正）原则，有利于突破传统的招标、投标组织实施和管理模式，促进招标、投标监督方式的改革、完善，规范招标、投标秩序，预防和治理腐败交易现象。

2.2.2 项目立项

1. 项目立项管理的目的

项目立项管理的目的是确立符合机构利益的项目，明确项目任务，将人力资源、资金、时间投入到有价值的项目上。

项目立项管理是决策行为，其目标是做正确的事。立项之后的研发活动和管理活动目标是正确的，做任何事情只有正确的决策加上正确的执行才有可能产生良好的产品。

2. 项目立项管理的流程

项目立项管理的流程分为3个阶段：立项建议阶段、立项评审阶段和项目筹备阶段。

（1）立项建议阶段。立项建议小组应反复地进行立项调查、产品构思和可行性分析。在深思熟虑之后，立项建议小组撰写立项建议书，并申请立项。

要注意的是，由于立项调查和可行性分析通常比较费时费力，往往被人忽视。而草率撰写的立项建议书会有比较多的主观臆断，这对项目是有危害的。产品构思通常不可能快速完成，切不可闭门造车。深入地进行立项调查与可行性分析不仅对产品构思有帮助，而且对立项评审也有帮助。

（2）立项评审阶段。机构领导组织一个评审委员会进行立项评审。评审委员会根据立项建议书、立项调查报告、立项可行性分析报告以及立项建议小组的答辩，投票决定是否同意立项（按少数服从多数原则）。评审委员会应根据机构的实际情况（发展战略、资金、人力资源等），对立项建议书提出改进意见。

机构领导对立项具有最终审批权。如果机构领导赞同评审委员会的决策，那么机构领导和评审委员会将共同分担决策责任。如果机构领导行使“一票否决权”，那么他将对该决策负全部责任。

（3）项目筹备阶段。在项目筹备阶段，机构领导将任命一位项目经理。通常情况下，立项建议小组的负责人将被任命为项目经理，这样有利于激发员工的工作热情。但是如果此人不适合担任项目经理，那么机构领导应该另外任命一位合适的项目经理。

项目经理被任命之后，机构领导协助项目经理获取项目经费、人力资源、软硬件资源等。如果必要的资金和资源已经到位，项目经理和项目核心成员就要根据实际情况撰写项目计划，执行项目研发和管理工作。

项目筹备阶段要对项目资源进行整体规划，并使项目目标明确。

3. 项目章程的概念与内容

（1）项目章程的概念。项目章程是正式批准项目的文件。由于项目章程要授权项目经理在项目活动中动用组织的资源，所以，项目经理任何时候都应在规划开始之前被委派，最好是在制定项目章程之时。

项目章程是由项目实施组织外部签发的，项目章程签发之后，就建立了项目与组织日常工作之间的联系。对于某些组织，只有在完成了分别启动的需求估计、可行性研究、初步计划或其他有类似作用的分析之后，才正式为项目签发项目章程并加以启动。制定项目章程基本上就是将业务需求、项目的理由、当前对顾客要求的理解，以及用来满足这些要求的产品、服务或成果形成文件。

（2）项目章程的内容。项目章程的内容应包括：项目目的或批准项目的原因、可测量的项目目标和相关的成功标准、项目的总体要求、概括性的项目描述、项目的主要风险、总体里程碑进度计划、总体预算、项目审批要求（用什么标准评价项目成功，由谁对项目成功下结论，由谁来签署项目结束）、委派的项目经理及其职责和职权、发起人或其他批准项目章程的人员的姓名和职权。

在多阶段项目的以后各阶段，制定项目章程的作用是验证原来为项目制定与颁发章程所做的各种决定。这一过程在必要时还将核准项目的下一阶段并更新该章程。

第3章

项目组织和投融资策划

3.1 项目组织策划概述

3.1.1 项目组织的概念和特点

1. 项目组织的概念

项目组织是从事项目具体工作的组织，是临时性的组织。它是指由完成整个项目工作分解结构图中各项工作的个人、单位、部门按照一定的规则或者规律构成的一个群体，通常包括投资者、业主、项目管理单位、设计单位、施工承包商和供应商等（见图3–1）。

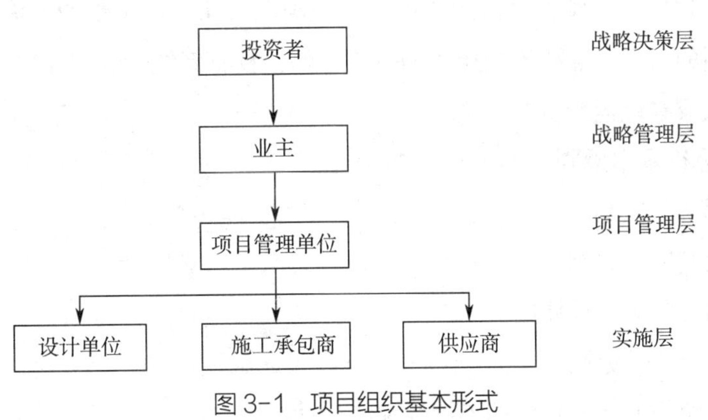

图3–1 项目组织基本形式

2. 项目组织的特点

项目组织与一般的企业组织、社团组织和军队组织不一样，它具有自身的特殊性，这是由项目本身的特点所决定的。

（1）项目组织是为了完成项目的总目标和总任务而建立的，所以具有目的性，项目总目标和总任务是决定项目组织结构和组织运行最重要的因素。

（2）项目组织是为完成项目的所有任务而建立起来的，也就是项目工作分解结构图中的所有工作都应该无一遗漏地承担、落实。

（3）每个项目都是一次性的、暂时的，所以项目组织也是一次性的、暂时的，具有临时组合的特点。

（4）项目组织与企业组织之间有复杂的关系。这里的企业组织不仅包括投资者和业主的企业组织，还包括承包公司、设计院等。项目组织成员实质上是各个参加项目的企业的委托授权机构。

（5）项目内部存在多种形式的组织关系，既有专业与行政方面的关系，也有合同关系或由合同定义的管理关系。

（6）项目组织是柔性组织，具有高度的弹性、可变性和不稳定性。

（7）由于项目的一次性和项目组织的可变性，项目组织很难像企业组织一样建立自己的组织文化，从而给项目管理带来困难。

3.1.2 项目组织设置与运行基本原则

1. 项目组织的设置和运行

项目组织的设置和运行包括组织结构形式的选择、组织运行规则的制定以及组织运作和考核，这些都必须符合组织学的基本原则和规律。组织学的基本原则和规律包括：具有共同的目标，需要不同层次的分工合作，具有系统性和开放性，要结构合理，能高效率和低成本地运行。

2. 项目运行基本原则

（1）目标统一原则。

（2）责权利统一原则。

（3）适用性和灵活性原则。

（4）组织制衡的原则。

（5）保证组织成员和责任的连续性和统一性原则。

（6）减少管理层次，组织扁平化原则。

（7）合理授权与分权原则。

3.2　项目组织策划基本原理

3.2.1　项目组织策划要解决的主要问题

1. 项目的资本结构

项目的资本结构，也就是项目所采用的融资模式。它决定了项目所有者（发起人）的组成方式。它通常由上层组织决定，一般不作为项目管理的任务，但它对项目管理的影响很大。

2. 承发包方式

承发包方式决定了项目实施和管理工作任务的委托方式，决定了项目组织结构的基本形式。

3. 项目管理组织方式

项目管理组织方式，也就是项目所采用的管理模式。它决定了业主委托项目管理的组织形式和管理工作的分担方式。

综上，项目组织策划需要解决的主要问题如图 3-2 所示。

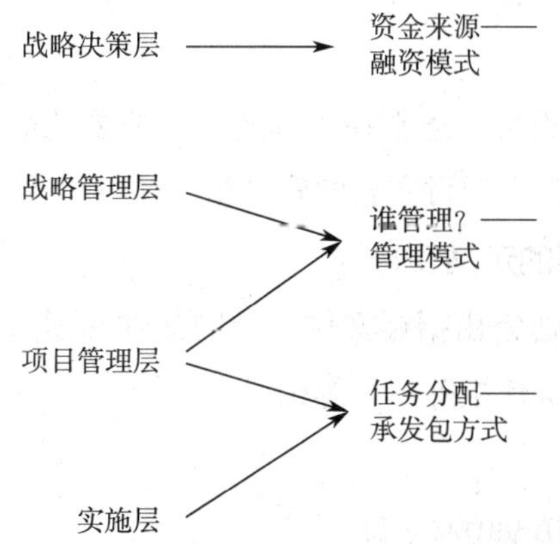

图 3-2　项目组织策划需要解决的主要问题

3.2.2 项目组织策划的过程

项目组织策划是项目管理的一项重要工作，主要包括以下过程。

1. 项目组织策划前的准备

在项目组织策划前，应进行项目总目标的分析、环境调查和制约条件分析，完成相应阶段的工程技术设计、项目范围确定和结构分解工作等。这些是项目组织策划的基础。

2. 确定项目的实施组织策略

确定项目的实施组织策略，也就是要确定项目实施组织和项目管理模式总的指导思想，包括以下问题。如何实施该项目。业主如何管理项目，控制到什么程度。总体确定哪些工作由企业内部组织完成，哪些工作由承包商或管理公司完成，业主准备面对多少承包商，选择什么样的承发包方式？业主准备投入多少管理力量，采用什么样的材料和设备供应方式？

3. 涉及项目实施任务的委托和相关组织工作

（1）项目承发包策划。项目承发包策划也就是对项目工作分解结构图中的活动进行具体分类和打包，决定承发包方式，这对项目的组织结构形式起决定作用。

（2）招标和合同策划工作。招标和合同策划工作包括招标策划、合同策划及起草招标文件和合同文件。

4. 涉及项目管理任务的组织工作

（1）项目管理模式的确定，也就是业主所采用的项目管理模式，例如，全部委托项目管理公司，或者是业主派人与监理公司共同管理，它与项目的承发包方式有密切的联系。

（2）项目管理组织的设置。通常在工程施工任务委托前，业主委托项目管理公司（咨询公司、监理公司），建立项目实施的管理组织体系。

5. 项目组织策划结果的定义

项目组织策划的结果通常由招标文件、合同文件和项目手册（包括项目组织结构图、项目管理规程和组织责任矩阵图）等定义。

3.2.3 项目组织策划的依据

1. 业主方面

业主方面策划的依据包括项目的资本结构，投资者（或上层组织）总体战略、组织形式、思维方式、项目目标以及目标的确定性，业主的项目实施策略、具有的管理能力、管理水平、管理风格、管理习惯，业主对工程师和承包商的信任程度、希望对项目管理的介入深度、对项目质量和工期的要求等。

2. 承包商方面

承包商方面策划的依据包括拟选择承包商的能力，如是否具备施工总承包、“设计 – 施工”总承包，“设计 – 施工 – 供应”总承包的能力，承包商的资信、企业规模、管理风格和水平、抵御风险的能力、相关工程和相关承包方式的经验等。

3. 工程方面

工程方面策划的依据包括工程的类型、规模、基本结构、特点、技术复杂程度、质量要求、设计的难度和工程范围的确定性，工期的限制，项目的盈利性，项目风险程度，项目资源供应及限制条件等。

4. 环境方面

环境方面策划的依据包括项目所处的法律环境、市场交易的方式和市场行为，人们的诚实信用程度，人们常用的项目实施组织方式，建筑市场竞争激烈程度，资源供应的保障程度，获得额外资源的可能性等。

3.3　项目承发包方式和管理模式

3.3.1　项目承发包方式

对一个具体的项目，它的承发包方式是非常多的，主要有以下几类。

1. 平行承发包方式

平行承发包是指项目业主将工程项目的设计、施工和设备材料采购的任务分解后分别发包给若干个设计、施工单位和材料设备供应商，并分别和各个承包商签订合同。各个承包商之间的关系是平行的，其在工程实施过程中接受业主或业主委托的监理公司的协调和监督。

2. 设计或施工总分包方式

这种方式与工程总承包方式不同，业主将工程项目设计和施工任务分别发包给一个设计承包单位和一个施工承包单位，并分别与设计和施工单位签订承包合同。它是处于工程总承包方式和平行承发包方式之间的一种承包方式。

3. 联合体承包方式

联合体是指由多家工程承包公司为了承包某项工程而组成的一次性组织机构。联合体的组建一般遵循一定的原则。

4. 建筑工程管理方式（CM 方式）

建筑工程管理（construction management，CM）方式，是一种特定承发包方式国际公认的名称。CM 方式是指 CM 单位接受业主的委托，采用“fast track”（快速路径法）组织方式来协调设计和进行施工管理的一种承发包方式。CM 方式的出发点是缩短工程建设工期。它的基本思想是通过采用“fast track”生产组织方式，即设计一部分、招标一部分、施工一部分的方式，实现设计与施工的充分“搭接”，以缩短整个建设工期。该方式有两种基本类型：非代理型（CM/non-agency）和代理型（CM/agency）。

5. 工程总承包方式（engineering procurement construction，EPC）

工程总承包（设计 - 采购 - 施工）方式，又称设计、采购、施工一体化方式。该方式是指在项目决策阶段以后，从设计开始，经招标，委托一家工程公司对设计 - 采购 - 施工进行总承包。在这种模式下，按照承包合同规定的总价或可调总价方式，由工程公司负责对工程项目的进度、费用、质量、安全进行管理和控制，并按合同约定完成工程。

6. 建造 - 运营 - 移交方式（build-operate-transfer，BOT）

建造 - 运营 - 移交方式是指一国财团或投资人为项目的发起人，从一个国家的政府获得某项目基础设施的建设特许权，然后由其独立地联合其他方组建项目公司，负责项目的融资、设计、建造和经营。在整个特许期内，项目公司通过项目的经营获得利润，并用利润偿还债务。在特许期满之时，整个项目由项目公司无偿或以极少的名义价格移交给东道国政府。该方式主要用于机场、隧道、发电厂、港口、收费公路、电信、供水和污水处理等一些投资较大、建设周期长和可以运营获利的基础设施项目。

7. 公共部门与私人企业合作方式（public private partnership，PPP）

公共部门与私人企业合作方式具体是指政府、私人企业基于某个项目而形成的相互合作关系的一种特许经营项目融资模式。由该项目公司负责筹资、建设与经营。政府通常与提供贷款的金融机构达成一个直接协议，该协议不是对项目进行担保，而是政府向借贷机构做出的承诺，将按照政府与项目公司签订的合同支付有关费用。这个协议使项目公司能比较顺利地获得金融机构的贷款，而项目的预期收益、资产以及政府的扶持力度将直接影响贷款的数量和形式。采取这种融资形式的实质是，政府通过给予民营企业长期的特许经营权和收益权来换取基础设施的加快建设及有效运营。

PPP 方式适用于投资额大、建设周期长、资金回报慢的项目，包括铁路、公路、桥梁、隧道等交通运输部门，电力煤气等能源部门以及电信网络等通信事业等。

无论是在发达国家还是发展中国家，PPP 方式的应用都越来越广泛。项目成功的关键是项目的参与者和股东都已经清晰了解了项目的所有风险、要求和机会，才有可能充分享受 PPP 方式带来的收益。

3.3.2　项目管理模式

项目管理模式指的是业主所采用的项目管理任务的分配和委托方式，以及相应的项目管理组织形式。项目管理模式的选择必须依据业主的项目实施策略和项目的特殊性，并常常要求与项目的承发包方式连带考虑。项目管理模式主要有以下几种。

1. 业主自行管理模式

这种项目管理模式是投资者或者是项目的所有者委派业主代表，成立以其为首的项目经理部，以业主的身份负责整个项目的管理工作，直接管理承包商、供应商和设计单位。

2. 业主将项目管理工作按照职能分别委托给其他单位的模式

这种项目管理模式通常是指业主将招标工作、工程估价工作、施工监理工作分别委托给招标代理单位、造价咨询单位和施工监理单位。

3. 业主将整个项目的管理工作以合同形式委托出去的模式

这种项目管理模式是指由一个项目管理公司（咨询公司）派出项目经理作为业主的代理人，管理设计单位、施工单位等，承担项目的计划、招标、实施准备和施工控制等工作，管理工程的质量、成本、进度、合同、信息等。

4. 代理型 CM（CM/agency）承包模式

这种项目管理模式是指 CM 承包商接受业主委托进行整个工程的施工管理，协调设计单位与施工承包商的关系，保证工程中设计和施工的“搭接”。

5. 代建制式管理模式

“代建制”是我国对政府投资的非经营性建设项目采用的一种管理模式。代建是指通过招标等方式选择专业化的项目管理单位，负责建设、实施，验收之后移交使用单位。

6. 其他项目管理模式

其他项目管理模式还包括项目指挥部的模式和伙伴模式。项目指挥部的模式是由各个参加部门派代表组成委员会，领导项目实施，各委员单位负责完成各自的项目任务，通过定期会议协调整个项目的实施。伙伴模式在美国的工程建设项目中用得较多，它指的是项目参与各方围绕项目总目标和共同的利益，签订伙伴关系协议，构成项目的利益共同体。

7. 全过程工程咨询服务

全过程工程咨询服务是一种创新的咨询服务组织实施方式，它是以市场需求为导向、能满足委托方多样化需求的新型咨询服务模式。全过程工程咨询服务可采用多种组织方式，由项目投资人委托一家单位负责或牵头组织全过程工程咨询服务团队，并由全过程工程项目管理师和全过程工程咨询项目经理作为全过程工程咨询服务团队的总负责人和总咨询师，为项目决策和运营持续提供局部或整体解决方案以及为项目各阶段提供咨询和全过程管理服务。全过程工程咨询服务在项目决策、勘察设计、招标采购、工程施工、竣工验收、运营维护阶段都被广泛运用。

3.4 项目组织结构

项目组织结构是按照项目目标以一定形式组建起来的，由组织各部门调集专业人才，并指派项目负责人在特定时间内完成任务的组织关系。项目组织结构包括直线型、职能型、项目型以及矩阵型组织结构形式。

3.4.1 直线型组织结构

直线型组织结构是指由“业主－项目管理公司－承包商（包括设计单位、供应商等）”组成的垂直型组织关系。这种组织结构在中、小型项目中比较常见。

3.4.2 职能型组织结构

职能型组织结构的特点是在组织目前的职能结构下加以管理，项目的各个组成部分由各职能单位派人承担职责，各单位负责完成其分管的项目内容（见图 3–3）。

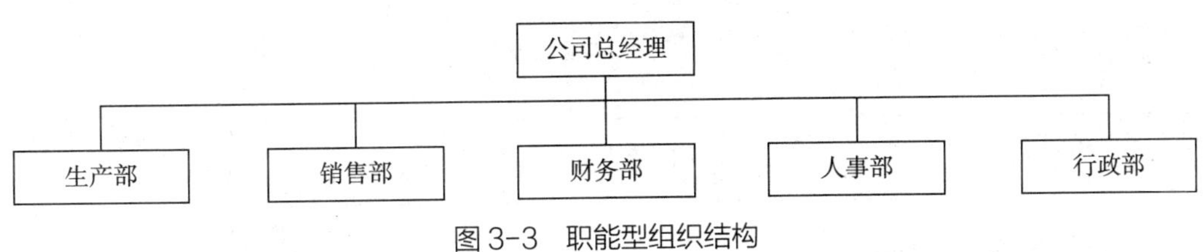

图 3-3　职能型组织结构

3.4.3　项目型组织结构

项目型组织结构的特点是创建独立的项目团队，这些团队的经营与母体组织的其他单位分离，有自己的技术人员与管理人员，企业分配给项目团队一定的资源，然后赋予项目经理执行项目的最大权限（见图 3–4）。

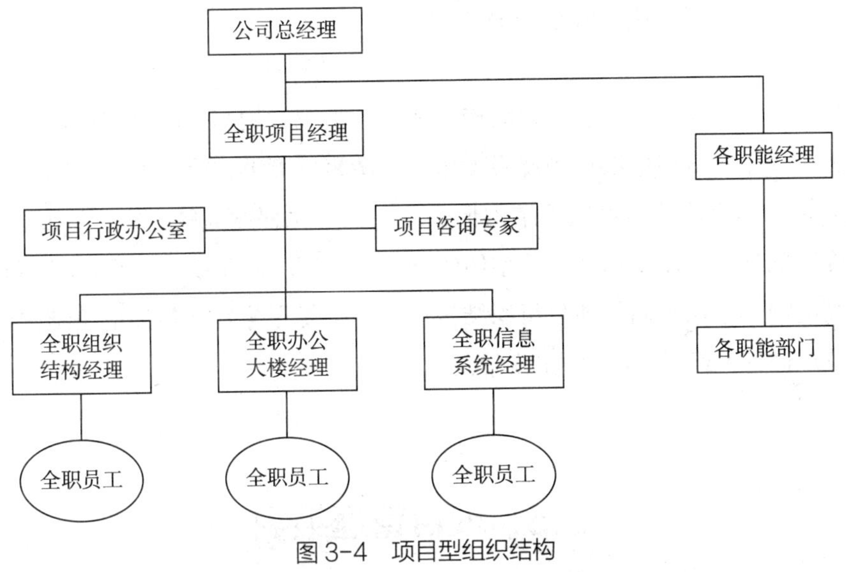

图 3-4　项目型组织结构

3.4.4　矩阵型组织结构

矩阵型组织结构是一种混合形式，它在常规的职能层级结构之上“加载”了一种水平的项目管理结构。根据项目与职能经理相对权力的不同，实践中存在不同种类的矩阵体系，分别有权力明显倾向于职能经理的职能矩阵、权力明显倾向于项目经理的项目矩阵和传统矩阵安排的平衡矩阵（见图 3–5）。

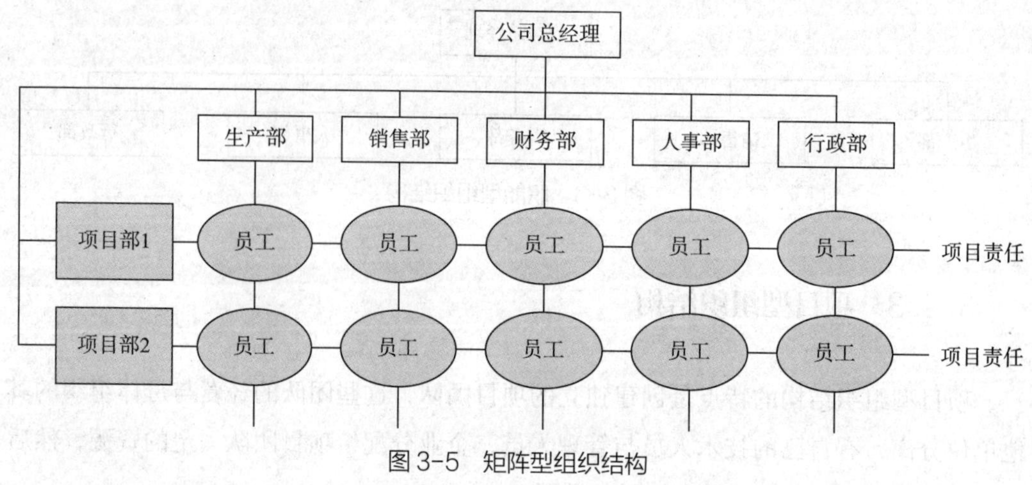

图3-5 矩阵型组织结构

3.4.5 项目组织结构形式的选择

直线型组织结构、职能型组织结构、项目型组织结构与矩阵型组织结构，没有绝对的优劣之分。应该根据项目的规模大小、复杂程度高低，以及所在组织的项目化程度高低，来选择合适的项目组织结构形式。在项目化程度高的组织中，对于规模大、复杂程度高的项目，就要选择项目型组织结构。在同一个组织中，可以对不同规模和复杂程度的项目采用不同的项目组织结构形式，以便充分发挥各种组织结构形式的优点，尽量规避各种组织结构形式的缺点。

3.5 项目管理组织

3.5.1 项目管理组织概述

项目管理组织是由完成项目管理工作的人、单位、部门组织起来的群体。在单项目管理组织中，项目管理组织一般以项目经理部、项目管理小组等形式出现，按项目管理职能设置职位（部门），按项目管理流程完成项目管理工作。在多项目管理组织中，项目管理组织经常涉及项目管理办公室（project management office，PMO）、项目组合经理、项目集经理和项目经理以及项目组合办公室、项目集办公室、项目办公室和项目组织治理机构。

3.5.2　项目管理组织的主要角色

1. 项目管理办公室

PMO 是对与项目相关的治理过程进行标准化，并促进资源、方法论、工具和技术共享的一个组织结构。PMO 的职责范围可大可小，从提供项目管理支持服务，到直接管理一个或多个项目。PMO 有以下 3 种类型。

（1）支持型 PMO。支持型 PMO 担当顾问的角色，向项目提供模板、最佳实践、培训，以及来自其他项目的信息和经验、教训。其相当于一个项目资源库，对项目的控制程度很低。

（2）控制型 PMO。控制型 PMO 不仅给项目提供支持，而且通过各种手段要求项目服从，对项目的控制程度中等。

（3）指令型 PMO。指令型 PMO 直接管理和控制项目。项目经理由 PMO 指定并向其报告，指令型 PMO 对项目的控制程度很高。

为了保证项目符合组织的业务目标，PMO 可能有权在每个项目的生命周期中充当重要相关方和关键决策者。PMO 可以提出建议、领导知识传递、终止项目、根据需要采取其他行动。

PMO 的一个主要职能是通过各种方式向项目经理提供支持，包括：对 PMO 所辖的全部项目的共享资源进行管理；识别和制定项目管理方法、最佳实践和标准；指导、辅导、培训和监督；通过项目审计，监督对项目管理标准、政策、程序和模板的遵守程度；制定和管理项目政策、程序、模板和其他共享的文件（组织过程资产）；对跨项目的沟通进行协调。

2. 项目管理组织的其他角色

（1）项目组合经理、项目集经理和项目经理。项目组合经理负责建立和实施项目组合管理。项目集经理和项目经理首先要关注“正确地做事”，项目组合经理首先要关注“做正确的事”。项目组合经理通常扮演许多重要角色，经常是项目组合管理原则、过程和实践的架构师、促成者和引导者，以及担当项目组合分析师的角色。作为架构师，项目组合经理与其同行一起评估项目组合管理计划，评估和定义项目所需的技能，设计适当的过程，并相应地调整这些过程。作为促成者，项目组合经理要寻求方法持续改进所运用的项目组合管理过程，并且调整项目组合组件，以更好地与战略中的变更保持一致，确保与组织持续相关。作为执行模式的引导者，项目组合经理管理项目组合管理过程中的日常运营工作。

项目集经理是执行组织授权、领导团队实现项目集目标的人员。项目集经理负责确保整个项目集结构和项目集管理过程与项目组合管理计划相一致，确保项目集交付预期的收益。项目集经理应该完成以下几项工作。

1）在项目集管理绩效领域内开展工作。

2）与项目经理和其他项目集经理联系交流，为支持项目集的各个计划提供支持和指导。

3）与项目组合经理联系交流，以确保提供适当的资源和优先级。

4）与治理机构、发起人以及（适用时）项目集管理办公室合作，确保项目集继续与组织战略和持续的组织支持保持一致。

5）与运营经理和相关方联系交流，以确保项目集能够获得适当的运营支持，并有效地维持项目集所带来的收益。

6）确保各项目集组件的重要性能够被认识和理解。

7）确保项目集整体结构和所应用的项目集管理流程能够使项目集及作为其组件的团队成功完成工作并交付预期的收益。

8）将项目集组件的可交付物、成果和收益整合到项目集的最终产品、服务或成果中，从而使项目集实现其预期的收益。

9）为项目集团队提供有效和适当的领导。

项目经理负责根据相应的目标和规范有效地启动、规划、执行、监控、收尾项目组合内的指定项目。

（2）发起人。发起人是指项目组合、项目集或项目的倡议者，是为项目组合、项目集和项目提供资源和支持的一方，对资源分配和促成项目最终成功负责。

（3）项目组合治理机构。项目组合治理机构由一个或多个具有必要权限、知识和经验的个人组成，以确保项目组合组件与组织战略相一致。该机构通常有权评估组合的绩效，并根据需要进行资源、投资和优先级决策。

（4）项目组合管理办公室。项目组合管理办公室的核心和具体的职责是集中管理和协调处于其控制之下的项目组合。其职责范围可以从提供对项目组合的支持到实际管理项目组合。其服务包括：定义和开发项目组合管理策略；提供项目组合监管，管理项目组合价值和项目组合组件的收益；定义项目组合愿景和使命陈述、管理结构、方法论、最佳实践和标准；汇总和提供项目集组件的绩效效果；在项目组合层面识别风险，分析风险，规划风险应对；优化项目组合的资源配置，预测项目组合的供求关系，对每个项目组合组件的供需进行分析和分解。

（5）项目集管理办公室。项目集管理办公室是对与项目集相关的治理流程进行标准化，并促进资源、方法论、工具和技术共享的一个管理机构。项目集管理办公室通常还支持培训和其他组织变更管理活动。它可以支持项目集经理管理多个项目与项目集活动。

（6）项目经理部。项目组织中经常设置项目经理部，它以项目为核心，按项目管理职能设置职位（部门），按照项目管理的规程开展工作，项目经理部的组成和人员设置与所承担的项目管理任务有关。

3.6　项目投融资策划概述

3.6.1　项目投资决策的概念

项目投资决策是指投资决策者按规定的建设程序，根据投资规模、投资方向、投资布局的战略构想，结合有关方针、政策，在广泛占有资料的基础上，对拟建项目进行技术经济分析和多角度综合分析、评价，决定项目是否上马，由何方兴建，建在何处，选择何方案，即解决定项、定点、定方案等的问题。

项目投资决策的实质是对拟建项目的地点选择、方案确定、项目必要性、技术可能性、经济合理性等重大问题做出判断和决定。其决策正确与否关系到项目成败，对企业经济效益和国家经济发展有着深远的影响。

3.6.2　项目融资的概念

项目融资的概念可分为广义和狭义两类：从广义上讲，一切针对具体工程建设项目所安排的融资都称为项目融资；而狭义的项目融资只将具有无追索权或有限追索权形式的融资活动当作项目融资。

本书以后各章讨论的内容均指狭义的项目融资，因为我国当前有大量的资本密集型工程项目，如基础设施项目的建设急需资金投入，研究具有无追索权或有限追索权的融资方式将更有现实意义。

3.7 项目投资结构

项目投资结构就是项目资产所有权结构，指的是项目实体的法律组织结构，也就是发起人对项目资产权益的法律拥有形式和发起人之间的法律合作关系。选择投资结构的原则是要最大限度地实现项目发起人的投资目标。

项目投资结构的主要类型：公司型投资结构、契约型投资结构、合伙制投资结构和信托基金结构。

3.7.1 公司型投资结构

公司型投资结构是按照公司法成立的，与其投资者完全分离的独立法律实体。公司作为一个独立的法人，拥有并有权处置所有公司资产，同时承担一切有关的债务。公司对公司资产和权益的拥有及处置权不受其股东变化的影响。投资者通过持股拥有公司，通过选举任命的董事会成员对公司的运作进行管理，各发起人共同经营、共负盈亏、共担风险，并按照股份份额分配利润。

3.7.2 契约型投资结构

契约型投资结构是发起人为实现共同的目的，根据合作经营协议结合在一起的投资结构。在契约型投资项目中，每个投资者投入一定比例的资金，直接拥有全部项目资产的一部分，并有权独立处置相应比例的最终产品。投资者是为取得产品而合作，而不单纯以获取利润为目的，投资者之间的关系是合作关系，而非合伙关系。每个投资者都不能代表其他投资者，对其他投资者的债务或民事责任也不负共同和连带责任。根据投资协议成立项目管理委员会负责重大决策，项目管理委员会指定项目经理负责项目日常管理，项目经营所需资金由“资金支付系统”提供。

3.7.3　合伙制投资结构

合伙制投资结构是至少两个以上合伙人之间以获取利润为目的，共同从事某项商业活动而建立起来的一种法律关系。合伙制投资结构不是一个独立的法律实体，其合伙人可以是自然人，也可以是公司法人。合伙制投资结构通过合伙人之间的法律合约建立起来，没有法定的形式。

3.7.4　信托基金结构

信托基金结构是指通过专门的经营机构将众多投资者的资金汇集起来，由专业投资人集中进行投资管理，投资者按其投资比例享受投资收益的一种信用工具。

信托基金通过信托契约来建立，信托契约是规范信托单位持有人、信托基金受托管理人和基金经理之间法律关系的基本协议。信托单位持有人承担有限责任。信托基金在法律上不是一个独立法人。信托基金收入以税前利润的形式分配，但经营亏损局限在基金内部结转。

3.8　项目融资结构和方式

3.8.1　项目融资结构

在项目资金筹集过程中有很多资金来源可供选择，包括权益资本和债务资本两大类，具体又包括很多种不同的来源。采取项目融资筹集资金的项目也是一样，在其投资结构基本确定后，都要涉及资金的来源和融资方式问题。因此，在项目融资结构设计中有一个关键的问题需要解决，这就是项目投资的资本结构和债务资金的来源问题。由于各种资金来源在成本和风险等方面存在差异，因此，这一问题通常是与项目的投资结构和融资方式设计紧密联系在一起的。

项目融资的资金构成有 3 个部分：股本资金、准股本资金、债务资金。虽然这 3 部分资金在一个项目中的构成以及相互之间的比例关系，在很大程度上受制于项目的投资结构、融资方式和项目的信用保证结构。但是，也不能忽略资金结构安排和资金来源选择在项目融资中可能起到的特殊作用。通过灵活巧妙地安排项目的资金构成比例，选择适当的资金形式，可以达到既减少投资者自身资金的直接投入，又能够提高项目综合经济效益的双重目的。

1. 权益和债务融资的比例

项目资本金与项目债务资金的比例，是项目资金结构中最重要的比例关系。在确定的时候要受到以下因素的制约：一是项目参与各方的利益平衡；二是资金成本和风险的平衡。

2. 资本金融资结构

项目资本金融资结构是指项目资本金的出资形式和各方的出资比例。对于采用新设项目法人融资方式的，应根据投资各方在资金、技术和市场开发方面的优势，通过协商来确定各方出资的比例、出资形式和出资时间。对于采用既有项目法人融资方式的，资本金结构和比例要考虑既有项目法人的财务状况和筹资能力及出资的形式。

3. 债务融资结构

一般情况下，项目融资中债务融资占有较大的比例。因此，项目债务资金的筹集是解决项目融资的资金结构问题的核心。对于项目投资者来说，其所面对的债务资金市场可以分成本国资金市场和外国资金市场，而债务资金具有多种多样的形式和种类，如企业借款、银行贷款、国际借款等。作为一个借款人，应该如何选择适合其具体项目融资需要的债务资金呢？首先要根据融资要求确定债务资金的基本结构框架，其次要根据市场条件确定债务资金的基本形式。在选择债务融资结构时，应该综合考虑债务期限、债务偿还、境内外借款、利率结构、货币结构等因素。

不同的融资结构会给项目带来不同的经济后果。虽然负债资金具有双重作用，通过适当的负债，可以降低项目资金成本。但是，当项目负债比率太高时，也会带来较大的财务风险。所以，项目公司必须权衡财务风险和资金成本的关系，确定最佳资金结构。项目资金结构决策也就是确定最佳融资结构。所谓最佳融资结构是指在适度的财务风险条件下，使其预期的加权平均资金成本率最低，同时使其收益及项目价值最大的资金结构。

3.8.2 项目融资方式分类

1. 直接融资和间接融资

直接融资通常指股票和债券融资。间接融资通常指银行贷款。间接融资往往需要通过金融机构进行，如银行信贷以及非银行金融机构信贷、融资租赁以及项目融资贷款等。

2. 股权融资和债权融资

股权融资也是所有权融资，是公司向股东筹集资金，是公司创办或增资扩股时采取的融资方式。股权融资获得的资金就是公司的股本，由于它代表着对公司的所有权，故称所有权资金，它是公司权益资金或权益资本的主要构成部分。发行股权融资可以使大量的社会闲散资金被公司所筹集，并且能够在公司存续期间被公司所运用。债权融资是指企业通过借钱的方式进行融资，债权融资所获得的资金，企业首先要承担资金的利息，另外在借款到期后要向债权人偿还资金的本金。债权融资的特点决定了其用途主要是解决企业营运资金短缺的问题，而不是用于资本项下的开支。

3. 公募和私募

公募是通过公开发售来募集资金。私募是通过非公开发售来募集资金。公募和私募在发行方式、募集对象、募集金额、收取费用、投资期限、投资范围、信息披露等各个方面都有很大的不同。

4. 既有项目法人融资（公司融资）和新设项目法人融资（项目融资）

既有项目法人融资是指在公司融资下，由发起人公司，即既有项目法人（包括企业、事业单位）出面筹集资金投资于新项目，它不组建新的独立法人。

新设项目法人融资（项目融资）由项目发起人发起组建新的具有独立法人资格的项目公司，由新公司承担融资责任和风险。资金来源是项目公司股东投入的资本金和项目公司承担的债务资金。债务依靠项目自身的盈利来偿还。信用基础是以项目投资形成的资产、未来收益或权益作为融资担保的基础。

在实际的项目融资活动中会呈现各种融资方式的融合交叉。例如，股权融资又可分为公募股权融资（如国内外资本市场首次公开募股，initial public offerings，IPO）和私募股权融资（风险投资、私募股权投资、股权转让、并购、增资扩股、定向增发等）。债权融资可分为金融机构债权融资、私募债权融资和公募债权融资。金融机构债权融资包括银行贷款、信托、委托贷款、小贷借款、保险资金债权计划等，私募债权融资包括民间借贷、私募基金债权、私募债等，公募债权融资包括企业债、公司债、中期票据、短期融资券、资产证券化、不动产信托投资基金（real estate investment trusts，REITs）等。

3.8.3 项目主要融资方式介绍

1. 设施使用协议融资

设施使用协议融资方式是以一个工业设施或者服务性设施的使用协议为主体安排的融资方式。设施使用协议专指某种工业设施或服务性设施的提供者和该设施的使用者之间达成的“无论提货与否均需付款”的协议。设施使用协议融资模式主要用于如石油、天然气管道、发电设施，某种专门产品的运输系统以及港口铁路设施等项目。

利用设施使用协议安排项目融资，关键在于项目设施的使用者能否提供一个无条件的具有“无论提货与否均需付款”性质的承诺，也就是项目设施的使用者在融资期间必须定期向设施的提供者支付一定数量的项目设备使用费，以支付项目生产成本和债务还本付息。这种无条件承诺的合法权益将转让给提供贷款的银行，并与项目投资者的完工担保共同构成项目融资信用保证结构的主要组成部分。

2. 杠杆租赁融资

杠杆租赁融资方式是指在项目投资者的要求和安排下，由资产出租人融资购买项目资产，再租赁给承租人的融资形式。资产出租人和贷款银行的收入主要来自租赁项目的税收节省的好处、租赁费用、项目资产以及对项目现金流量的控制。该模式中，提供租赁的出租人是专业租赁公司、设备制造商、项目发起人以及与项目发展有利益关系的第三方。

使用杠杆租赁融资方式项目公司拥有对项目的控制权，可实现百分之百的融资要求，项目占用比较低的融资成本，偿还债务较为灵活，还可享受税前偿租的好处，因此该融资方式的应用范围比较广泛。

3. 生产支付融资

生产支付融资方式是项目融资的早期形式，起源于20世纪50年代美国石油天然气、矿产品等资源类开发项目的无追索权或有限追索权融资方式。该方式直接以项目生产的产品及销售收益的所有权作为担保品和还本信息。在贷款清偿前，贷款方拥有项目部分或全部产品的所有权，生产支付只是产权转移，贷款方通常要求项目公司重新购回产品或充当代理人销售产品，销售方式既可以由市场出售，也可以由项目公司签署购买合同一次性统购统销。

4. 公共部门与私人企业合作的项目融资

公共部门与私人企业合作（以下简称PPP）广义的概念是公共部门与私人企业合作项目的过程中，让私人企业所掌握的资源参与提供公共产品和服务，以协议的方式明确各自承担的责任和融资风险，最大限度地发挥各方优势。PPP 狭义的概念是指政府与私营企业为建设基础设施、提供公共产品和服务等特殊目的而共同组建机构（special purpose vehicle，SPV），该机构获得项目一定期限的运营特许权，合作各方共同设计开发，共同承担风险。

5. 资产支持证券化融资

资产支持证券化（asset-backed securitization，ABS）融资也就是资产证券化。广义的资产证券化是指以高效、成本低的资本市场取代低效、成本高的金融中介，以直接融资取代间接融资。狭义的资产支持证券化发端于 20 世纪 70 年代美国的一项重大金融创新。资产支持证券化，是将原始权益人（卖方）缺乏流动性的具有未来现金流的应收账款等资产汇集起来，通过结构性的重组和信用增级，转为可以在资本市场上出售和流通的证券。

ABS 融资方式是指以目标项目所属的全部或者部分资产为基础，以该项目资产可以带来的稳定预期收益为保证，经过信用评级和增级，在资本市场上发行债券来筹集资金的融资方式。它是将流动性差，但有稳定可预见的现金净流量的资产，通过相关法律和融资结构安排，对资产中的风险和收益要素分离重组，转变成可以在金融市场上出售的证券，用以融通资金的过程。其具体运作过程是：

（1）组建一个特别目标公司。

（2）目标公司选择能进行资产证券化融资的对象。

（3）以合同、协议等方式将政府项目未来现金收入的权利转让给目标公司。

（4）目标公司直接在资本市场发行债券、募集资金或者由目标公司信用担保，由其他机构组织发行债券、募集资金，并将募集到的资金用于项目建设。

（5）目标公司通过项目资产的现金流入清偿债券本息。

很多国家和地区将 ABS 融资方式重点用于交通运输部门的铁路、公路、港口、机场、桥梁、隧道建设项目，能源部门的电力、煤气、天然气基本设施建设项目，公共事业部门的医疗卫生，供水、供电和电信网络等公共设施建设项目，并取得了很好的效果。

6. 不动产信托投资基金

不动产信托投资基金（REITs）通过发行收益凭证汇集众多投资者的资金，由专门机构经营管理，通过多元化的投资，选择不同地区、不同类型的不动产项目进行投资组合，在有效降低风险的同时，通过将投资不动产所产生的收入以派息的方式分配给股东，从而使投资人获取长期稳定的投资收益。

REITs 不仅资金来源广泛，而且由专业人员进行不动产项目的投资选择及运作管理，因此在可运作的资金规范上、管理上及投资策略的制定上都具有先天的优势。对于投资者而言，REITs风险低，回报稳定。REITs投资于不动产可获得稳定的租金收入，有一笔持续稳定的现金流，而且收益率也比较可观，并且对于不动产企业而言，与债务融资相比，REITs是股权形式的融资，不会增加企业的债务负担；同时，由于REITs的分散投资策略和降低风险的投资原则，其在一个不动产企业的投资不会超过基金净值的规定比例，因而不动产企业不丧失对企业和项目的控制权和自主经营权。

3.9 项目融资信用保证结构

3.9.1 融资信用保证的分类

按所承担的经济责任不同，融资信用保证可分为直接担保、间接担保、或有担保、意向性担保。其承担的经济责任是有限的。

1. 直接担保

在项目融资中直接担保是指有限责任的直接担保。担保责任根据金额或者担保的有效时间加以限制。常见的直接担保形式主要有项目完工担保、资金缺额担保。

2. 间接担保

在项目融资中间接担保是指担保人不以直接的财务担保形式为项目提供担保的一种财务支持。间接担保多以商业合同和政府特许权协议形式出现。常见的间接担保形式主要有“提货与付款”合同、“供货或付款”合同以及“无论使用服务与否均需付款”合同。

3. 或有担保

或有担保即针对一些由于项目投资者不可抗拒或不可预测因素而造成项目损失的风险所提供的担保。或有担保可分成3类：一是由于不可抗拒因素造成的风险；二是项目的政治风险；三是与项目融资结构特性有关，并且一旦变化将会严重改变项目经济效益的一些项目环境风险。

4. 意向性担保

严格意义上的意向性担保不是一种真正的担保，因其不具备法律意义上的约束力，仅仅表现出担保人有可能对项目提供一定支持的意愿，其经常采用的形式是支持信。

它起到的担保作用在本质上是由提供该信用的机构向贷款银行做出的一种承诺，保证向其所属机构（项目公司）施加影响以保证后者履行其对于贷款银行的债务责任。

3.9.2　融资信用保证的方法

信用保证结构的设计在一定程度上可以说是项目融资的生命线，项目融资的根本特征体现在项目风险的分担上，而信用保证结构正是实现这种风险分担的一个关键所在。

信用保证结构的核心是融资的债权担保，用于支持贷款的信用结构的安排是灵活的和多样化的。一个成功的项目融资，可以将贷款的信用支持分配到与项目有关的各个参与方，典型的方法包括：在市场方面，可以要求对项目产品感兴趣的购买者提供一种长期购买合同作为融资的信用支持；在建设方面，为了减少风险，可以要求承包公司提供固定价格、固定工期的“交钥匙”合同，可以要求项目设计者提供技术保证等；在原材料和能源供应方面，可以要求供应方在保证供应的同时，在定价上根据项目产品的价格变化设计一定的浮动价格公式。这些做法都可以成为项目融资强有力的信用支持，提高项目的债务承受能力，分散项目的风险。

第 4 章

项目运行环境与生命周期管理

项目所处的环境可能对项目的开展产生有利或不利的影响。这些影响的两大主要来源为事业环境因素和组织过程资产。事业环境因素源于项目外部的环境，事业环境因素可能对整个组织、项目组合、项目集或项目产生影响。组织过程资产源于组织内部，可能来自组织自身、项目组合、项目集、其他项目或这些的组合。

4.1 事业环境因素、组织过程资产和组织系统概述

4.1.1 事业环境因素

事业环境因素是指项目团队不能控制的，将对项目产生影响、限制或指令作用的各种条件。这些条件可能来自组织内部或外部。事业环境因素可能会提高或限制项目管理的灵活性，并可能对项目结果产生积极或消极的影响。

1. 组织内部的事业环境因素

（1）组织文化、结构和治理。其包括愿景、使命、价值观、信念、等级制度和职权关系、组织风格、道德和行为规范等。

（2）设施和资源的地理分布。其包括组织的位置、虚拟团队、共享系统和云计算。

（3）基础设施。其包括现有设施、设备、组织通信渠道、信息技术硬件的可用性和功能。

（4）信息技术软件。其包括进度计划软件工具、配置管理系统、进入其他在线自动化系统的网络界面和工作授权系统。

（5）资源可用性。其包括合同和采购制约因素、获得批准的供应商和分包商以及合作协议。

（6）员工能力。其包括现有人力资源的专业知识、技能、能力和特定知识。

2. 组织外部的事业环境因素

（1）市场条件。其包括竞争对手、市场份额、品牌认知度和商标。

（2）社会和文化影响与问题。其包括政治氛围、行为规范、道德和观念。

（3）法律限制。其包括与安全、数据保护、商业行为、雇佣和采购有关的国家或地方法律法规。

（4）商业数据库。其包括标杆对照成果、标准化的成本估算数据、行业风险研究资料和风险数据库。

（5）学术研究。其包括行业研究和出版物。

（6）政府或行业标准。其包括与产品、生产、环境、质量和工艺有关的监管机构条例和标准。

（7）财务考虑因素。其包括货币汇率、利率、通货膨胀率、关税和地理位置。

（8）物理环境要素。其包括工作环境、天气和制约因素。

4.1.2　组织过程资产

组织过程资产是执行组织所特有并使用的计划、过程、政策、程序和知识库，会影响对具体项目的管理。组织过程资产包括来自任何项目执行组织的，可用于执行或治理项目的任何工件、实践或知识，还包括组织以往项目的经验、教训和历史信息。组织过程资产可能还包括完成的进度计划、风险数据和挣值数据。在整个项目期间，项目团队成员可对组织过程资产进行必要的更新和增补。组织过程资产可以分为以下两大类。

1. 过程、政策和程序

过程、政策和程序通常由项目管理办公室或项目以外的其他职能部门完成。更新工作仅需遵循与过程、政策和程序更新相关的组织政策。其包括以下程序文件。

（1）指南和标准，用于制定组织标准流程和程序以满足项目的特定要求。

（2）特定的组织标准，如政策（如人力资源政策、健康与安全政策、安保与保密政策、质量政策、采购政策）。

（3）产品和项目生命周期，以及方法和程序（如项目管理方法、评估指标、过程审计、改进目标、核对单）。

（4）模板（如项目管理计划、项目文件、项目登记册、合同模板、风险描述模板、概率和影响矩阵，以及相关方登记册模板）。

（5）预先批准的供应商清单和各种合同协议类型（如总价合同、成本补偿合同和工料合同）。

（6）变更控制程序，包括修改组织标准、政策、计划和程序所须遵循的步骤，以及如何批准和确认变更。

（7）财务控制程序（如定期报告、必需的费用与支付审查、会计编码及标准合同条款等）。

（8）问题与缺陷管理程序（如定义问题和缺陷控制、识别与解决问题和缺陷、跟踪行动方案）。

（9）组织对沟通的要求（如可用的沟通技术、许可的沟通媒介、记录保存政策、视频会议、协同工具和安全要求）。

（10）确定工作优先顺序、批准工作与签发工作授权的程序。

（11）标准化的指南、工作指示、建议书评价准则和绩效评价准则。

（12）产品、服务或成果的核实和确认程序。

（13）项目收尾指南或要求（如项目终期审计、项目评价、可交付成果验收、合同收尾、资源分配等）。

2. 组织知识库

组织知识库是在整个项目期间结合项目信息而更新的。其主要包括以下几个方面。

（1）配置管理知识库，包括软件和硬件组件版本以及所有执行组织的标准、政策、程序和任何项目文件的基准。

（2）财务数据库，包括工时、实际成本、预算和成本超支等方面的信息。

（3）历史信息与经验、教训知识库（如完整的项目收尾信息与文件、关于以往项目选择、决策的结果以及从风险管理活动中获取的信息）。

（4）问题与缺陷管理数据库，包括问题与缺陷的状态、控制信息、解决方案以及相关行动的结果。

（5）测量指标数据库，用来搜集与提供过程和产品的测量数据。

（6）以往项目的项目档案（如范围、成本、进度与绩效测量基准，项目日历，项目进度网络图，风险登记册，风险报告，相关方登记册）。

4.1.3　组织系统概述

运行项目时需要应对组织结构和治理框架带来的制约因素。为有效且高效地开展项目，项目经理需要了解组织内的职责、终责和职权的分配情况。这有助于项目经理有效地利用其权力、影响力、能力、领导力和政治能力成功完成项目。

组织是一个开放且动态的系统，单个组织内多种因素的交互影响创造出一个独特的系统，会对在该系统内运行的项目造成影响。组织系统的三大决定因素包括治理框架、管理要素、组织结构类型。

系统是各种组件的集合，可以实现单个组件无法实现的成果。各种系统组件的相互作用创造出组织文化和能力。系统的五大原则是：系统是动态的；系统可以优化；系统组件可以优化；系统及其组件不能同时优化；系统呈现非线性响应。

系统通常由组织管理层负责。组织管理层检查组件与系统之间的优化配置，以便采取合适的措施为组织实现最佳结果。

1. 治理框架

治理是指在组织各个层级上的组织性或结构性安排，旨在确定和影响组织成员的行为。治理需要考虑人员、角色、结构和政策，并通过数据和反馈提供指导和监督。

治理是在组织内行使职权的框架，其主要包括规则、政策、程序、规范、关系、系统、过程。

治理框架会影响以下 3 方面内容。

（1）组织目标的设定和实现方式。

（2）风险监控和评估方式。

（3）绩效优化方式。

2. 管理要素

管理要素是组织内部关键职能部门或一般管理原则的组成部分。组织根据其选择的治理框架和组织结构类型分配一般管理要素。关键职能部门或一般管理原则包括以下几个方面。

（1）基于专业技能和可用性开展工作的部门。

（2）组织授予的工作职权。

（3）工作职责，开展组织根据技能和经验等属性合理分派的工作任务。

（4）统一指挥原则，如一位员工仅接受一个上级对其给出的指示。

（5）统一领导原则，如针对一组活动只能有一个计划或一个领导人，以及相同的目标。

（6）组织的总体目标优先于个人目标。

（7）支付合理的薪酬。

（8）资源的优化使用。

（9）畅通的沟通渠道。

（10）在正确的时间让正确的人使用正确的资源做正确的事情。

（11）公正、平等地对待所有员工。

（12）明确工作岗位的安全职责。

（13）确保员工安全。

（14）允许任何员工参与计划和实施。

（15）保持员工士气。

3. 组织结构形式

组织需要权衡以下两个关键变量之后才可确定合适的组织结构形式：一是可以采用的组织结构形式；二是针对特定组织如何优化组织结构形式的方式。因为要考虑各种可变因素，特定组织的最终结构是独特的。

在确定组织结构时，每个组织都需要考虑大量的因素，每个因素的重要性也各不相同。综合考虑各因素及其价值和相对重要性为组织决策者提供了正确的信息，以便进行分析。确定组织结构时应考虑的因素包括以下几方面。

（1）与组织目标的一致性。

（2）专业能力。

（3）控制、效率与效果的优劣。

（4）明确的决策升级渠道。

（5）明确的职权和范围。

（6）充分授权。

（7）终责分配。

（8）职责分配。

（9）设计的灵活性。

（10）运用简单的设计。

（11）实施效率。

（12）节约成本。

（13）物理位置。

（14）沟通的清晰程度。

4.2　项目生命周期

项目生命周期是一个项目从概念到完成所经过的所有阶段。所有项目都可分成若干阶段，且所有项目无论大小，都有一个类似的生命周期结构。其最简单的项目生命周期形式主要由 4 个主要阶段构成：启动项目、组织与准备、执行项目工作、结束项目（见图 4–1）。项目的阶段名称和数量取决于参与项目的组织的管理和控制需要，以及项目本身的复杂程度和所处行业，并且每个阶段还可再分解成更小的阶段。每个项目阶段都以一个或一个以上的工作成果的完成为标志。

大多数项目生命周期具有共同特点：对成本和工作人员的需求最初比较少；在向后发展的过程中，对成本和工作人员的需求越来越多；当项目要结束时，对成本和工作人员的需求又会剧烈地减少，如图 4–1 所示。

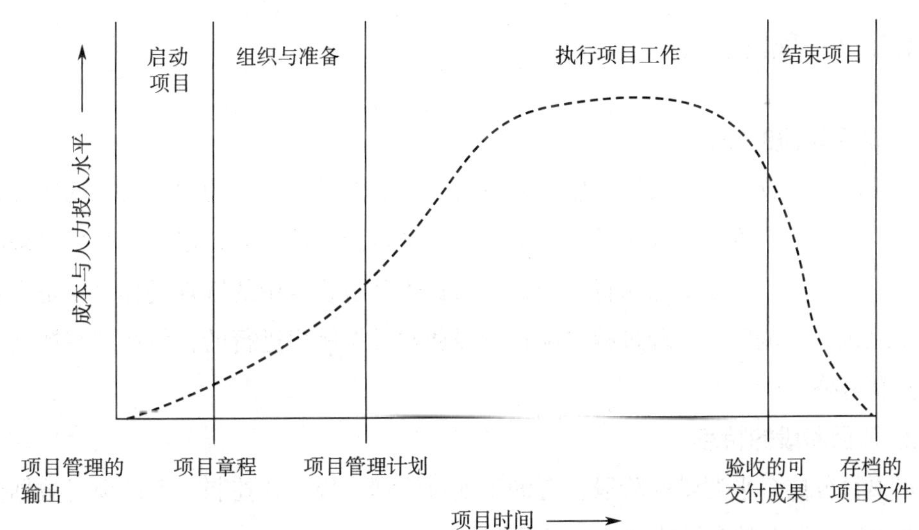

图 4–1　项目生命周期的 4 个阶段及其典型的成本与人力投入水平

在项目开始时，成功的概率是最低的，而风险和不确定性是最高的，变更的代价也比较低。随着项目逐步向前发展，成功的可能性越来越高，风险和不确定性不断降低，变更的代价越来越大，如图 4–2 所示。

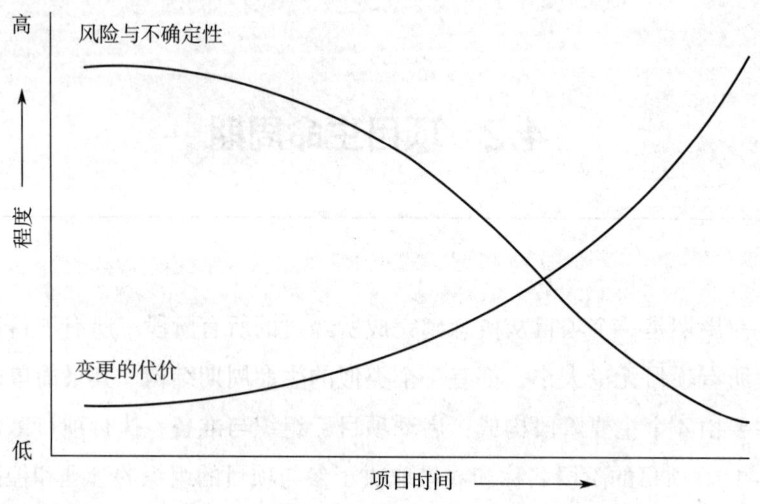

图 4-2　随项目时间而变化的变量影响

在项目启动阶段，项目涉及人员的能力对项目产品的最终特征和最终成本的影响力是最大的，随着项目的进行，这种影响力逐渐削弱了。这主要是由于随着项目的逐步发展，投入的成本在不断增加，而出现的错误也不断得以纠正。

4.2.1　项目阶段

1. 项目阶段的概念

项目可以分成不同的阶段。项目阶段是一组具有逻辑关系的项目活动的集合，通常是以一个或多个可交付成果的完成为结束。项目阶段通常与特定的可交付成果的形成相关。一个阶段可能重点执行某个特定项目管理过程组中的管理过程，但是也会不同程度地执行其他项目管理过程。项目阶段通常是按顺序进行的，但在某些情况下也可能会有重叠。

2. 项目阶段的特点

将项目分成合乎逻辑的阶段，有助于项目管理、规划和控制。不论项目被划分成多少个阶段，所有的项目阶段都有以下特点。

（1）各阶段的工作重点不同，通常涉及不同的组织，需要不同的技能组合。

（2）为了成功实现各阶段的可交付成果和目标，需要对各阶段及其活动进行独特的控制或采用独特的过程。

（3）阶段的结束是以作为阶段性可交付成果的工作产品的转移和移交为标志的。阶段结束点是重新评估项目活动，并变更或终止项目的时点。这个时点可称为阶段关口、里程碑、阶段审查、阶段门或关键决策点。在很多情况下，阶段收尾需要得到某种形式的批准，阶段才算结束。

当项目包含一个以上阶段时，需要把阶段按顺序排列，用来保证对项目的适当控制，并产出所需的产品、服务和成果。

阶段与阶段的关系有两种类型。一种是顺序关系，在顺序关系中，一个阶段只能在前一阶段完成后开始。这个关系减少了项目的不确定性，但也排除了缩短项目总工期的可能性。另一种是交叠关系，这种关系中一个阶段在前一阶段完成前就开始，类似于快速跟进。阶段交叠可能增加额外的资源，可能增加风险，也可能造成返工。

4.2.2　项目生命周期中的重要概念

项目生命周期中有3个与时间相关的重要概念，即检查点、里程碑和基线，描述了在什么时候对项目进行什么样的控制。

1. 检查点

检查点是指在规定的时间间隔内对项目进行检查，比较实际与计划之间的差异，并根据差异进行调整。可将检查点看作是一个固定“采样”时点，而时间间隔根据项目周期长短不同而不同，频度过小会失去意义，频度过大会增加管理成本。常见的间隔是每周一次，项目经理需要召开例会并上交周报。

2. 里程碑

里程碑是完成阶段性工作的标志，不同类型的项目，里程碑不同。里程碑在项目管理中具有重要意义。里程碑强制规定在某段时间做什么，从而合理分配工作，细化管理“颗粒度”。

3. 基线

基线是指一个（或一组）配置项在项目生命周期的不同时间点上通过正式评审而进入正式受控的一种状态。基线其实是一些重要的里程碑，但相关交付物要通过正式评审并作为后续工作的基准和出发点。基线一旦建立，其任务变化都需要受控制。

项目生命周期可以分成启动项目、组织与准备、执行项目工作和结束项目4个阶段。项目存在两次责任转移，所以开始前要明确定义工作范围。项目应该在检查点进行检查，比较实际和计划的差异并进行调整；通过设定里程碑渐近目标、增强控制、降低风险；而基线是重要的里程碑，交付物应通过评审并开始受控。

4.2.3　项目生命周期的模式

项目生命周期可以是预测型、迭代型、增量型、敏捷型的模式。

1. 预测型生命周期

预测型生命周期在生命周期的早期阶段确定项目范围、时间和成本。对任何范围的变更都要进行仔细管理。在项目结束时一次性交付最终产品。预测型生命周期也叫作瀑布型生命周期，如图 4-3 所示。

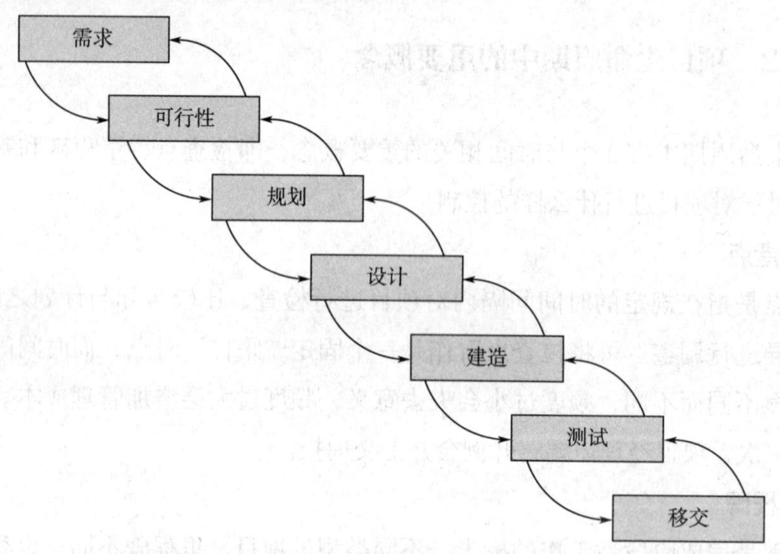

图 4-3　预测型生命周期

2. 迭代型生命周期

迭代型生命周期的项目范围通常在项目生命周期的早期决定，但时间和成本估算将随着项目团队对产品理解的不断深入而定期修改。迭代方法是通过一系列重复的循环活动来开发产品，其特点是反复求精，从模糊到清晰，如图 4-4 所示。

3. 增量型生命周期

增量型生命周期是通过在预定的时间区间内渐进增加产品功能的一系列迭代来产出可交付成果。只有在最后一次迭代之后，可交付成果具有了必要和足够的能力，才能被视为是完整的。增量开发模型的特点是逐块构建，每次构建一点点。增量型生命周期的特点是随着项目团队对产品的理解程度逐渐提高，项目阶段有目的地重复一个或多个项目活动。采用增量型生命周期项目的特点是项目复杂、目标和范围不断变化，相关方的需求需要经过与团队的多次互动、修改、补充、完善后才能满足，如图 4–5 所示。

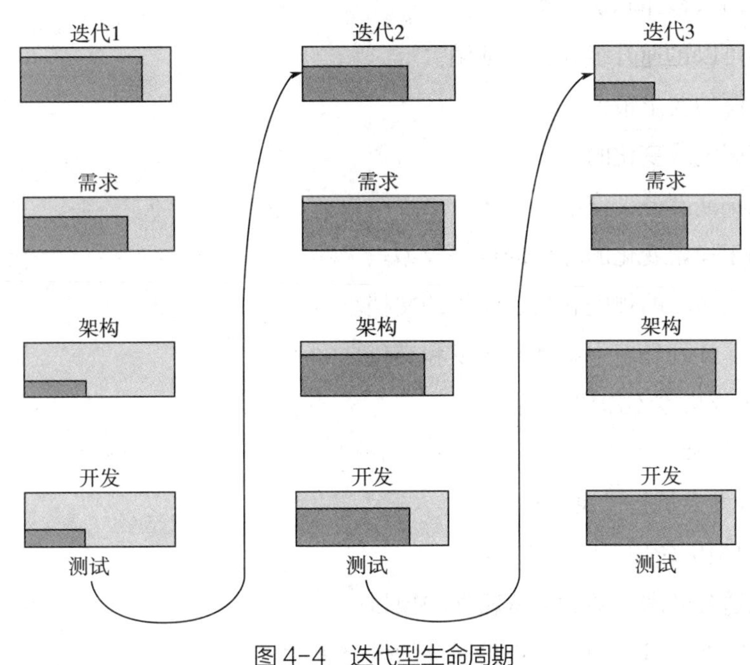

图 4–4　迭代型生命周期

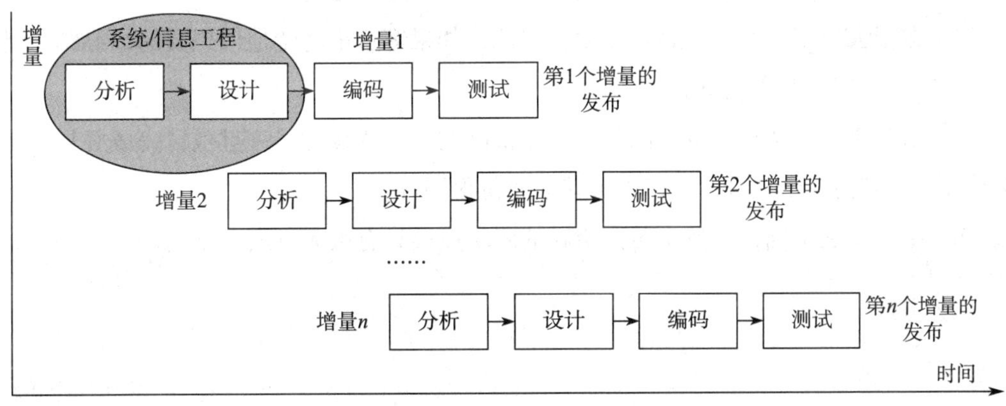

图 4–5　增量型生命周期

4. 敏捷型生命周期

敏捷型生命周期的特点是需求在交付期间频繁细化，频繁交付对客户有价值的各种子集（隶属于整体产品），在交付期间实时把变更融入项目，关键相关方持续参与。敏捷方法最近在软件世界中被广泛接受。但是，这种方法可能并不总是适用于所有产品。以下是敏捷型生命周期的一些优点、缺点。

（1）敏捷型生命周期的优点

1）是一种非常现实的软件开发方法。

2）促进团队合作和交叉培训。

3）功能可以迅速升级并得到证明。

4）对资源的要求最低。

5）适合固定或变化的要求。

6）提供早期部分工作解决方案。

7）适用于稳定变化的环境的良好模型。

8）具有最简单的规则和易于使用的文档。

9）在整体计划环境中实现并开发和交付。

10）很少或根本不需要计划。

11）易于管理。

12）为开发人员提供灵活性。

（2）敏捷型生命周期的缺点

1）不太适合处理复杂的有依赖性的项目。

2）可持续性、可维护性和可扩展性的风险更大。

3）总体规划、敏捷领导者和敏捷的项目管理实践是必需的。

4）在很大程度上取决于客户互动，因此，如果客户不清楚他们想要的最终结果是什么，项目很容易偏离轨道。

5）由于生成的文档最少，因此存在非常高的个人依赖性，一旦项目完成并且开发人员被分配到另一个项目，项目维护就会变得很困难。

6）由于缺乏文档，将技术转让给新的团队成员具有很大难度。

第 5 章

项目需求与范围监控

5.1 项目需求管理

需求是用户在某种场景下未被满足的期望。在项目环境下，项目需求指的是项目发起人、客户或其他相关方对项目本身和项目所交付的产品、服务或成果的需要和期望，通常要求是被书面记录的、可量化的。它既是项目进行工作分解结构（work breakdown structure，WBS）分解的基础，也是制订项目成本、进度、质量以及采购等项目管理计划的基础。

基于项目独特性和渐进明细的特点，项目的各类信息会随时间而逐渐变得清晰，项目的需求也会逐渐细化和具体化。项目所处的内、外部环境也会发生改变，有时甚至还会发生较大的变化，从而对项目需求带来影响。因此，项目需求也应该在整个项目生命周期中被有效监督并管理。

通常，对需求的管理分为需求搜集与确认、需求分析与排序、需求开发与实现、需求跟踪与验证，直到最后需求关闭等阶段。

5.1.1 需求搜集与确认

搜集需求就是为实现项目目标而识别、记录和管理相关方需要、需求和期望的过程。它为准确定义项目范围和产品范围奠定基础。

搜集需求旨在使需求明确化、具体化和书面化。因此，有效的需求通常要求符合SMART原则，即是明确的（specific）、可测量的（measurable）、可实现的（attainable）、相关性的（relevant）和有时限要求的（time-based）。搜集的需求需要被详细记录并形成需求文件，同时编制需求跟踪矩阵，以便后续对需求的状态进行跟踪和管理。

搜集和确认需求的方法有很多种，经常使用的有：观察与交谈、访谈、问卷调查、文件分析、引导与研讨技术等。

1. 观察与交谈

观察与交谈是指直接察看用户在各自的环境中如何执行工作、实施活动或完成任务的过程。当用户难以表述或者不愿意清晰地表述他们的需求时，就特别需要通过观察与交谈来了解他们的工作和使用细节。

2. 访谈

访谈是与相关方直接交谈来了解需求、需要和期望等信息的正式或非正式的方法。访谈的典型做法是向被访谈者提出预设的或即兴的问题，并记录被访谈者的回答。访谈的形式可以是一对一的，也可以是一对多或者多对多的。

3. 问卷调查

问卷调查是指设计一系列书面问题，向众多被调查者搜集信息的一种方法。该方法通常适用于受众多样化、搜集大量信息、被调查者众多或被调查者地理位置分散等情况。通过问卷调查搜集到的信息通常更易于后续的统计分析。

4. 文件分析

文件分析是指对项目章程、商业论证以及协议等文件进行分析，识别其中的需求、需要和相关方期望，从而获得其对项目和产品的需求。有助于获取需求的文件很多，包括但不限于：项目商业论证、协议、市场文献、业务流程规范、问题日志、投标邀请书、相关方登记册等。

5. 引导与研讨技术

在进行需求搜集时，还经常将引导技术和专题研讨会议结合使用，把主要相关方召集在一起识别、定义需求。该技术在快速定义跨职能领域的需求并协调不同相关方的需求差异方面应用较多。引导与研讨技术的常见具体应用方法包括以下几种。

（1）联合应用开发。联合应用开发通常适用于软件开发行业。该方法把业务领域专家和开发团队成员集中在一起，通过现场讨论、会议等面对面的沟通形式搜集需求、定义软件功能、改进软件开发过程。

（2）用户故事。用户故事经常产生于需求研讨会议中，是对用户所需功能和应用场景的一种简短文字描述。该方法经常用于敏捷环境下的项目中，它描述了诸如哪个相关方将从功能中受益、需要实现什么、期望从中获得什么利益等需求信息。

（3）质量功能展开。质量功能展开也称为“质量屋”，是从质量保证的角度出发，运用矩阵图解分析技术将搜集到的用户需求与开发工作相结合的一种结构化方法。这种方法通常在多职能团队将客户需求转换为产品规范和特性的产品研发阶段使用。

该方法将通过一定的市场调查方法（如倾听用户声音）搜集到的用户需求分解到产品开发的各个阶段和各专业领域中，再量化分析顾客需求与工程技术间的关联度，并对搜集到的需求进行分析、评估、分类和排序，找出对满足顾客需求贡献最大的措施，即关键措施，从而指导设计人员抓住主要矛盾，使得设计和制造的产品能真正地满足顾客的需求。

（4）原型法。原型法是指在投入大量的人力、物力、财力等资源实际开发预期产品之前，先采用较为经济的方法开发或制造出该产品的可局部或全部模拟运行的系统模型。用户在运行整个模型的基础上对其体验、评价，并据此提出对需求的早期反馈意见。该过程反复进行，使原型逐渐完善、用户需求逐渐清晰，直到完全满足用户期望。

原型包括缩微产品、计算机生成的二维或三维模型、实体模型或模拟系统等。因为原型是有形的实物，它使得相关方可以直接感性体验，而不仅限于抽象的需求描述。

原型法是一种渐进明细的方法，通常经历识别与搜集需求、初始模型构建、用户原型体验与验证、反馈意见搜集、原型修正与改进的一系列反复循环过程。

5.1.2　需求分析与排序

需求分析是对相关方的需求信息进行进一步澄清，并定义该需求对相关方的价值的过程。在对需求进行分析的过程中，对于用户无法清晰表述、不愿明确表达或者由于专业能力所限不能恰当表述的要求和期望，需要使用需求洞察和引导技术，透过表面深入察觉其内在的内容或意义。

对搜集到的所有需求进行分析后，通常还需要根据其对用户的价值大小、紧迫程度、资源限制情况、目标一致性以及需求之间的内部逻辑关系等进行优先级排序，从而最大化地实现项目价值，更好地满足相关方的要求和期望。

在敏捷项目环境下，为快速应对环境变化，早日实现项目收益，对需求的优先级进行评估和排序尤其重要。

对需求的优先级进行评估和排序，常用的工具和方法有莫斯科方法、帕累托分析、狩野分析等。

1. 莫斯科方法（Moscow method）

莫斯科方法将需求根据其重要性进行分类，分为以下 4 种类型：

（1）必须有（Must have）。项目必须有的基本需求，是第一优先级的需求，是必须实现的需求。

（2）应该有（Should have）。项目应该有的重要需求，此类需求如果不能按预期实现将极大地影响项目的成功交付和客户的满意度。

（3）可以有（Could have）。项目上可以有也可以没有的需求，如果能实现将对项目起锦上添花的作用，可以提高客户的满意度。

（4）不会有（Won't have）。明确不在产品或项目范围内的需求，即该类需求已经和客户沟通达成一致，是项目的除外责任，本项目过程中不会实现的需求。

2. 帕累托分析（Pareto analysis）

帕累托分析通过诸如问卷、访谈、专家判断、不记名投票等方法取得的统计数据，进行帕累托统计，利用 80/20 法则，用以界定需求列表中的关键功能或重要特性需求。

3. 狩野分析（Kano analysis）

根据客户对需求的满意度和需求被满足程度之间的关系进行分类，狩野分析通常分为以下 5 种类型。

（1）兴奋型。如图 5–1 中上方的曲线所示。兴奋型是指该需求如果没有实现，则不会有客户抱怨，如果实现则客户会感到超出预期的兴奋。

（2）期望型。如图 5–1 中中间的斜线所示。随着该需求的实现，用户的满意度也随之增加。

（3）基本型。如图 5–1 中下方的曲线所示。该类需求是项目的必要基本需求，如果没实现将引发客户的抱怨和不满。如果实现得很好，通常客户也不会赞美。

（4）无差异型。如图 5–1 中坐标中心的区域所示。对该类需求，不管有没有实现，客户都没有明显的感觉和差异。

（5）反向型。如图 5–1 中中间斜向下的斜线所示。对该类需求，如果实现将会引起用户的反感或抱怨，使用户满意度下降。

5.1.3 需求开发与实现

根据需求的优先级排序，在本阶段按计划开发和实现相关需求。在需求的开发和实现过程中，受限于开发团队的能力水平，项目所处的内、外部环境影响等因素，并非所有期望的需求都可以全部实现。因此，对于相关需求的开发和实现过程以及需求

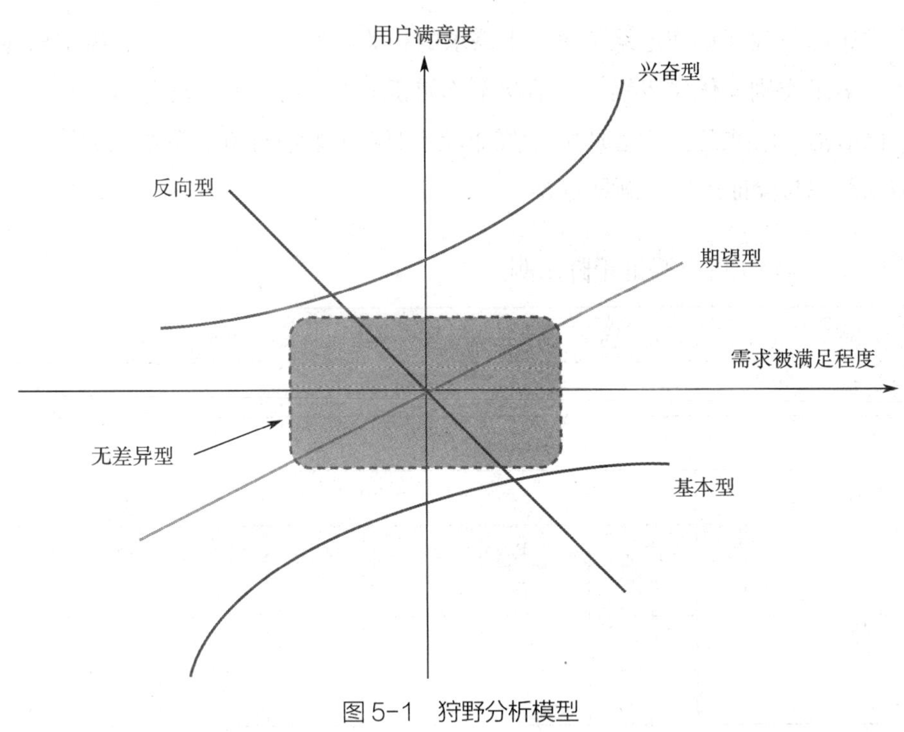

图 5-1 狩野分析模型

最终实现的程度，需要持续进行跟踪和验证。

5.1.4 需求跟踪与验证

需求跟踪与验证是指对已经搜集并分析的诸多需求，在其实现的过程中进行需求状态的记录、更新和管理，并对需求的最终实现程度以及客户期望的满足程度进行记录、验证和评估的过程。在需求跟踪与验证过程中识别、评估出的偏差，需要采取相应的纠正或预防措施，并决策是否需要实施变更请求以更新项目范围基准、进度基准等。

需求跟踪与验证过程最终结束于需求取消或关闭，即客户的需求或者因某种原因不再需要或不复存在；或者承载客户需求的产品、服务、成果在全部或者部分实现后移交给接收方。

需求跟踪与验证矩阵是经常使用的一种在整个项目生命周期中跟踪与验证需求的工具，它把每一个需求与业务或项目的目标联系起来，有助于确保每一个需求都具有直接或间接的商业价值。同时，需求跟踪与验证矩阵还为管理产品范围的变更提供了基础框架。

需求跟踪与验证矩阵记录了每一个需求的相关属性，如需求编号、需求描述、需求来源、需求类别、优先级别、当前状态（如新增加、已分配、已分析、开发中、验证中、已取消、已推迟、已完成等）、需求状态日期、验收标准、测试案例等。

需求跟踪与验证矩阵示例见表 5–1。

表 5–1 需求跟踪与验证矩阵示例

需求跟踪与验证矩阵								
项目名称								
成本中心								
项目描述								
需求编号	需求描述	需求来源	需求类别	优先级别	当前状态	需求状态日期	验收标准	测试案例
001–1.0								
001–1.1								
001–1.2								
001–1.2.1								
001–1.2.2								
002–2.0								
002–2.1								
002–2.2								

5.1.5 需求关闭

被验证已经实现的需求，其相关交付物和成果应该尽早移交给相关方，并关闭该需求。对于没有实现或者仅部分实现，但经过评估无须继续开发和实现的需求，也应该对其进行状态的记录、更新，并关闭。

5.2　项目范围定义和审核

5.2.1　定义项目范围

定义项目范围就是从需求文件中选取最终的项目需求，并制定出项目和产品的详细描述、工作边界以及验收标准的过程。在项目环境中，范围通常包含以下两层含义。

1. 产品范围

产品范围指的是项目计划交付的某项产品、服务或成果所具有的特征和功能。产品范围的边界和完成情况取决于产品需求，即根据相关用户要求和标准规范，产品、服务或成果所必须具有的条件和能力。

2. 项目范围

项目范围是为交付该项目所期望包含的典型特征与功能的产品、服务或成果而必须完成的过程和活动。项目范围的边界和完成情况取决于项目管理计划和基准，并与产品范围有着紧密的关系。因此，项目范围通常也包括产品范围。

定义项目范围主要在于识别和明确哪些工作应在项目内，哪些工作不应在项目内。随着项目信息的渐进明细，应该逐渐细化并更加具体地描述项目范围，并对相关的风险、假设条件、制约因素等进行分析并更新。所以，不论是在传统的预测型项目环境下，还是在敏捷型项目环境下，项目范围的定义过程都需要多次反复开展，或不断迭代。

定义项目范围的过程中应输出项目范围说明书，并对相关的假设日志、需求文件、需求跟踪矩阵、风险登记册、相关方登记册等项目文件进行更新。项目范围说明书主要包括以下内容。

（1）产品范围描述，是项目章程和需求文件中对将交付的产品、服务或成果的特征的具体描述。

（2）项目工作和可交付成果的详细描述，包括项目过程中的各种辅助或临时可交付成果，如项目过程管理报告、项目文件等。

（3）项目范围验收标准，即可交付成果通过验收的一系列必须满足的条件。

（4）项目除外责任，即已识别的、排除在项目之外的工作内容，有助于管理相关方期望和控制项目范围蔓延。

（5）假设条件和制约因素，即与范围相关的假设条件和制约因素，通常也在项目范围说明书中进行详细的描述和说明。

5.2.2 项目工作分解与验证

相比项目章程中包含的更高层级需求和初级范围信息而言，项目范围说明书是对项目范围组成部分的进一步详细和具体的描述。但在很多情况下，项目范围说明书并不足以支持项目团队协调有序地完成相关过程和活动，并交付预期的可交付成果；同时也难以满足在项目过程中协调资源、跟踪进展、评估绩效、控制偏差等实施管理活动的要求。

项目工作分解结构（WBS）是为实现项目目标、交付所需的可交付成果而需要实施的全部工作范围的层级分解。它组织并定义了项目的总范围，表达了当前项目范围中所规定的所有工作的可交付成果，是对项目可交付成果以及相关过程活动的进一步分解和细化。

1. WBS 的表现形式

WBS 的一种表现形式是树形结构形式，如图 5-2 所示，显示了某项目工作分解结构的一部分，其中若干分支已经向下分解到工作包层次。树形结构形式的优点是 WBS 的各层次结构清晰、直观，整体结构性强；其缺点是体现的信息简单，且在后续需要更新 WBS 时不易修改，该表现形式通常适用于中小规模的项目。

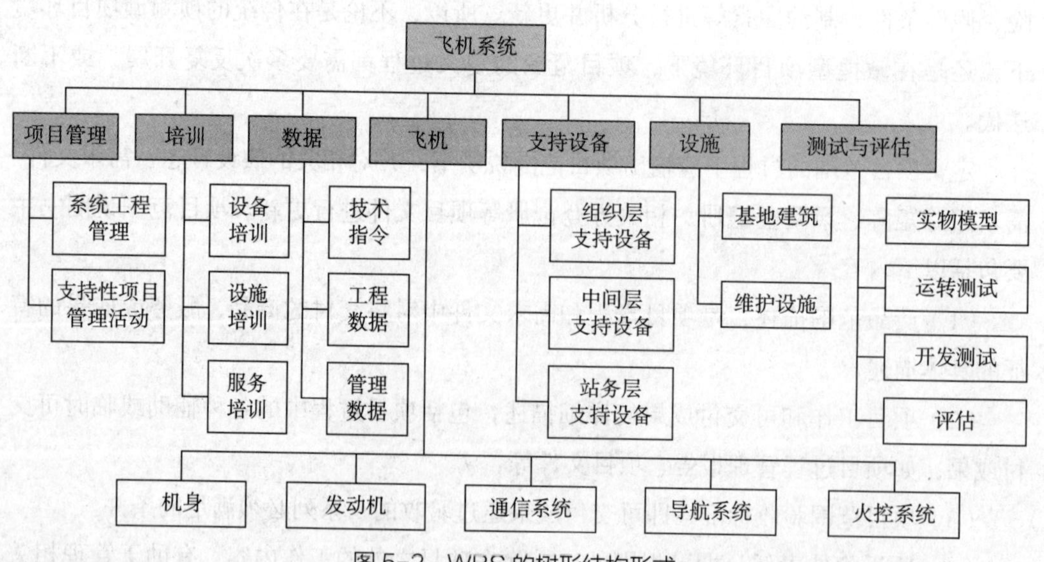

图 5-2 WBS 的树形结构形式

WBS 的另一种表现形式是列表形式。这种形式的优点是相比树形结构形式能够反映更多的内容和信息，缺点是不够直观，通常大型项目上采用较多。

2. WBS 的组件

在对项目范围和可交付成果进行逐级分解时，最终将在不同 WBS 结构层级下形成具有不同规模、复杂度和控制程度的组件。这些组件可按照类别分为以下几种。

（1）工作包。WBS 最底层的组成部分称为工作包，它是能够被独立评估资源、时间、成本的，是组织管理工作的主要依据。每个工作包都是一个且只能是一个控制账户的组成部分。

（2）控制账户。控制账户是项目的绩效测量管理控制点。在该控制点，把项目的范围、进度、成本等评价要素加以整合，并与原始绩效测量基准相比较，以测量项目的整体绩效。一个控制账户可以包含两个或多个工作包，也可以包含规划包。

（3）规划包。规划包是一种低于控制账户但高于工作包的工作分解结构组件，通常它的交付成果已知，但其详细进度、资源、成本等信息当前还无法明确。

WBS 中控制账户、规划包、工作包三者之间的联系和区别如图 5-3 所示。

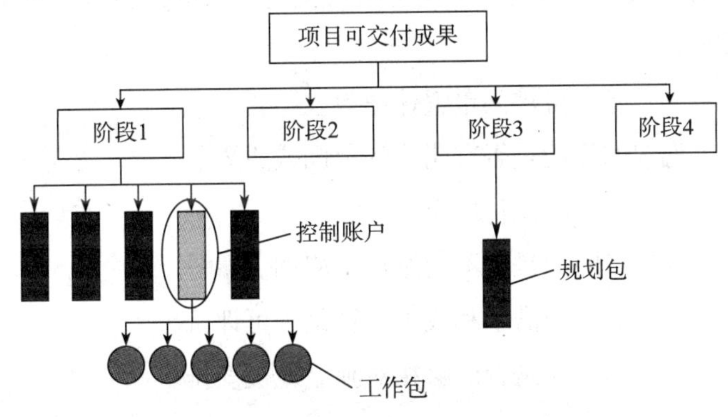

图 5-3　WBS 中的控制账户、规划包和工作包

3. WBS 分解和编制

编制 WBS 是基于项目范围说明书中确定的项目需要完成的诸项工作和成果，将之逐层分解为较小的、更易于管理和执行的组件的过程。

编制 WBS 的方法多种多样，常用的方法有使用组织特定 WBS 模板、自上而下分解等方法。WBS 的结构中每一层的分解可以采用不同方式，常见的方式有 4 种，包括：以项目生命周期各阶段划分作为分解的依据；以项目可交付成果作为分解的依据；以产品系统功能结构作为分解的依据；以项目团队地域或职能组织作为分解的依据。

基于项目工作的复杂性和项目过程管理控制的需要，WBS 分解的程度和层级也有所不同，通常将实现组织对项目的高效管理作为考虑要点。对于要在较远的未来才完成的可交付成果或者组件，当前无法分解为具体工作包时，可以将其临时定义为规划包。对于 WBS 中的规划包，项目团队需要随着项目信息的渐进明细，在未来某个时间对该交付成果或组成部分达成一致意见时，再分解出该 WBS 中规划包的相应细节，转为工作包。这种渐进的、循环的 WBS 分解技术，也称为滚动式规划。

要把整个项目工作分解为工作包，通常要开展以下活动。

（1）识别和分析可交付成果及相关工作。

（2）确定 WBS 的层级结构和每一层级的分解方式。

（3）自上而下逐层分解、细化。

（4）为 WBS 的各层级组成部分制定和分配编码标识。

（5）核实可交付成果分解得是否恰当。

4. WBS 评估和验证

评估、验证项目 WBS 分解的正确性，通常从以下几个方面进行。

（1）WBS 的控制账户、工作包的状态是否可度量。

（2）较低层次的组件是否是其相应上层可交付成果的必要且充分工作（即是否符合 100% 包含原则）。

（3）每个控制账户是否可被测量整体绩效。

（4）每一个工作包的活动是否有明确的范围或边界。

（5）工作包是否有具体的交付成果。

（6）每个组件的持续时间是否不超过规定周期。

（7）每一个工作包的资源需求和成本估算是否可评价。

（8）每一个工作包的工作是否能够相对独立地被安排。

5.2.3 项目范围基准

项目范围经过 WBS 分解后形成 WBS 和 WBS 词典两份文档。这两份文档和项目范围说明书在经过评审批准后，共同组成项目的范围基准。其中 WBS 词典是针对 WBS 中的每一个组件，详细描述其活动、进度和可交付成果信息的文件。WBS 词典对 WBS 提供支持，其中的部分信息由项目的其他过程创建，并在后期添加到词典中。WBS 词典中的内容可能包括：WBS 编码标识、工作描述、假设条件和制约因素、负责的组织或个人、完成时间、相关联的进度活动、所需资源、成本估算、质量要求、验收标准、参考文献、协议信息。

5.2.4　项目范围审核的依据和目标

对项目范围进行审核、批准后，输出项目范围基准。项目范围基准是后续进行项目进度、资源、成本、质量、风险、相关方等各领域管理规划和执行阶段工作的基础，对项目范围基准（即项目范围说明书、WBS 和 WBS 词典）的准确性、完整性、需求和目标的一致性等方面的审核，就显得尤为重要和必要。项目范围审核工作由项目团队、发起人或者客户等共同进行，会议、决策和专家判断是审核过程的常用工具和方法。

项目范围审核的依据包括以下几个方面。

1. 项目章程

项目章程中包含项目目标、高层级需求描述、项目边界定义、主要可交付成果、产品特征和审批要求等。

2. 需求文件

需求文件中识别了应纳入范围的需求。

3. 假设日志

假设日志中识别了有关产品、项目、环境、相关方以及可能影响项目和产品范围的假设条件和制约因素。

4. 项目范围管理计划

项目范围管理计划记录了应该如何计划、确认和控制项目范围。

5. 风险登记册

风险登记册包含了可能影响项目范围的应对策略，例如，改变项目或产品范围，以规避或者缓解风险。

6. 事业环境因素

事业环境因素，如市场条件、组织文化、管理制度、基础设施等会影响范围的定义过程。

7. 组织过程资产

组织过程资产，如过往类似项目的经验、教训与相似项目的项目档案，以及组织中用于制定范围基准文档（范围说明书、WBS、WBS 词典）的政策、程序和模板等，也会对范围的定义产生影响。

5.2.5 敏捷环境下的项目范围定义

在敏捷环境下，项目的需求可能经常变化，项目过程的模糊性和结果的不确定性一般也较高，在项目开始时通常无法准确定义项目的范围。敏捷环境下的项目范围，需要在项目期间持续不断地识别、定义和明确。在此种情况下，通常在项目早期缩短识别、定义和协商项目范围的时间，而在项目过程中通过有目的、有计划的构建和审查原型，并通过多次发布版本来明确需求。此时，项目范围会在整个项目期间被反复再定义，或者分阶段定义。

5.3 项目范围监控

5.3.1 确认范围

确认范围也称为范围验收，是指对已完成的交付成果进行正式验收的过程。目的是通过对项目过程中每一个可交付成果的确认来提高项目最终产品、服务或者成果获得验收的可能性。确认范围的过程通常由项目团队和客户（或项目发起人）共同进行，并由客户（或发起人）对可交付成果进行最终确认、审查和批准。

在可交付成果验收之前，通常还需要对项目的可交付成果进行质量检验，确保该可交付成果的正确性并满足预定的质量要求，即需要通过控制质量过程对在项目执行过程中输出的可交付成果进行测试和审查，确保其满足相关质量标准。项目的可交付成果在项目过程中从规划到最终验收，并移交给客户的过程，如图 5-4 所示。

对项目可交付成果的确认、审查和验收也需要有依据。相关的验收依据可以参考范围管理计划、需求管理计划、需求文件、需求跟踪与验证矩阵、范围基准、质量报告以及相关的工作绩效数据等。

5.3.2 控制范围

控制范围是指在项目的整个过程中监督并管理项目和产品范围状态变化，并对范

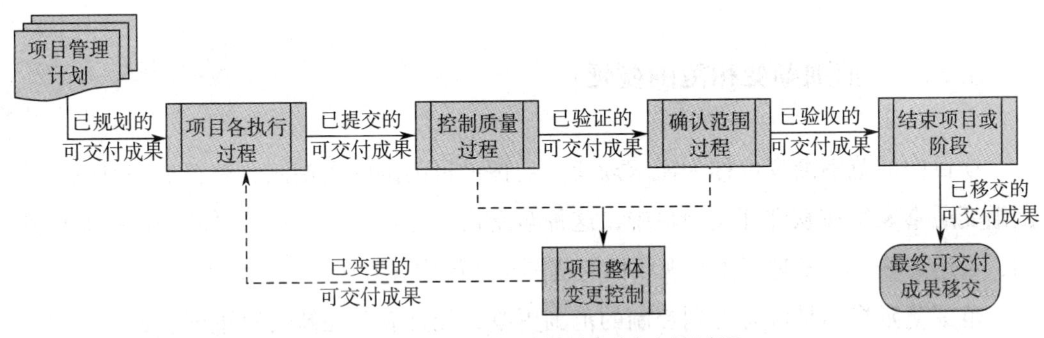

图 5-4　可交付成果从规划到移交的过程

围基准进行变更控制的过程。

项目范围的变化可能来源于以下方面：客户需求的变化、项目商业环境的变化、项目质量标准的变化、相关方对可交付成果的增加和删除、项目过程中发生的范围渐变和范围蔓延等。

针对已经发生的或者可能发生的范围变更，需要发起变更请求，并通过整体变更控制过程实施。通常，以下项目管理计划或项目文件可能在控制范围过程中发生更新。

1. 范围管理计划

范围管理计划中记录了管理项目范围的方式、方法，针对更新的项目范围，其管理方式、方法也可能发生更新。

2. 范围基准

在针对项目范围、范围说明书、WBS 和 WBS 词典的变更提出并获得批准后，需要对相应的范围基准文档进行更新，以便为项目绩效测量提供新的参考基准。

3. 进度基准和成本基准

项目范围发生变更后，可能会影响到项目的活动、过程或者阶段，进而影响到执行相关活动、过程或阶段所需的资源，从而需要修订项目的进度计划或者成本估算。如果所影响的进度计划或成本估算与原始基准偏差较大，则需要修订进度基准或成本基准，以便为项目绩效测量提供现实可行的依据。

4. 绩效测量基准

在针对项目范围、进度计划或成本估算的变更获得批准后，如果导致绩效测量基准的偏差超过既定的允差，同样也需要对绩效测量基准做出相应的变更。

5. 需求文件和需求跟踪与验证矩阵

如果项目范围的变化涉及需求的增加与删除等，需求文件和需求跟踪与验证矩阵也应该随同更新。

5.3.3 范围渐变和范围蔓延

项目中的范围渐变也称为需求渐变，是指项目范围的无控制、被忽视的更改。范围渐变通常发生在软件开发项目中，这种渐变很可能是客户与项目团队都没有意识到的，当达到一定程度时，才发现项目的范围与初始定义发生了较大偏差。

范围蔓延指的是没有得到控制的范围更改，经常表现在缺乏对进度、成本、质量和资源的影响分析或者没有得到关键相关方批准的情况下，增加产品的功能、特性或者项目的工作活动。

范围渐变和范围蔓延，都可能带来项目进度的延期、成本的增加、资源的浪费，甚至最终导致项目的失败，需要通过控制范围过程进行管理。

控制项目范围，要确保所有变更请求、推荐的纠正措施或预防措施都通过实施整体变更控制过程进行处理。在变更实际发生时，也要通过控制范围过程来管理这些变更。同时，项目需求和范围作为其他项目管理过程的基础，范围变更和控制过程应该与其他控制过程协调开展。

第6章 项目目标管理与监控

6.1 项目目标概述

6.1.1 项目的三大目标

在项目的需求和范围经过评审、确认，并形成基准后，在预定的时间和成本费用内，按照预定的质量标准完成可交付的产品、服务或最终可交付成果，并移交给客户，就成为项目的主要工作目标。通常，将完成项目所预定的进度、成本和质量并称为项目的三大目标，也称为项目执行过程中的三大制约要素。

这三大目标相互影响，相互制约。某一维度目标的调整或者变更都有可能导致另外两个维度目标的被迫调整和变更。同样，在项目过程中，若要确保某单一维度特定目标的实现，也可以通过调整或改变另外一个或两个维度的目标来实现项目整体的平衡。

在项目过程中，为了保证项目最终目标的实现，通常需要将项目进度、成本和质量目标进行逐级分解，细化为更小的，更易于管理、测量和监控的小目标。通过实现不同的多个小目标，从而支撑项目总目标的实现。

在对项目的进度、成本和质量目标进行分解、细化的过程中，将形成基于项目具体活动的进度计划、成本预算和质量规划。经过评审、批准的项目进度计划、成本预算和质量规划，将进而成为项目执行过程中对项目状态与过程绩效进行测量、监督和控制的基准。

在项目过程中，对项目质量、进度和成本三大目标的管理和监控是可交付成果验收前的必要步骤，并支撑最终可交付成果的成功移交，如图 6-1 所示。

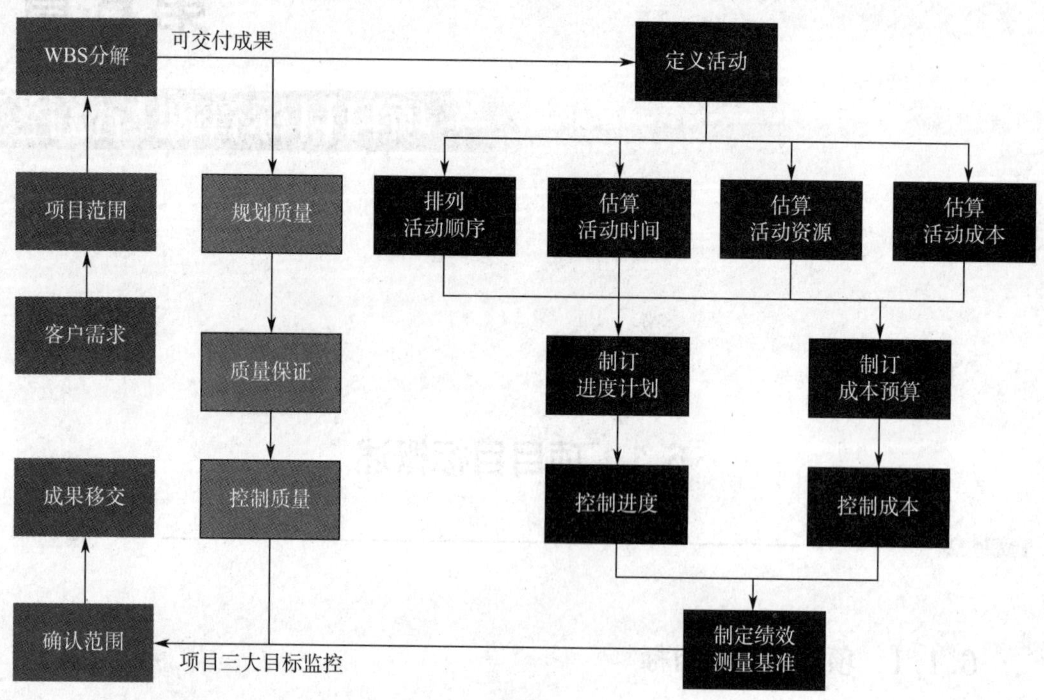

图 6-1　项目主要过程流向图

6.1.2　敏捷环境下的项目目标

在敏捷环境下，项目的目标通常聚焦于快速交付客户价值，以满足对项目内、外部环境的快速变化。相比于其他维度的项目目标和计划，敏捷项目的进度目标和计划是项目过程中管理和监控的重点。

敏捷项目的进度目标和计划通常是基于产品愿景和产品路线图驱动的。敏捷项目进度计划提供了一种高度概括的发布进度时间轴。同时，敏捷项目进度计划还确定了迭代（或冲刺）次数和迭代周期，使产品负责人和项目团队能够决定需要开发的内容，并基于业务目标、依赖关系、制约因素等确定满足产品放行所需的时间。

如图 6-2 所示为敏捷项目进度计划的一个示例。该示例同时展示了产品愿景、产品路线图、敏捷发布计划和迭代计划之间的关系。

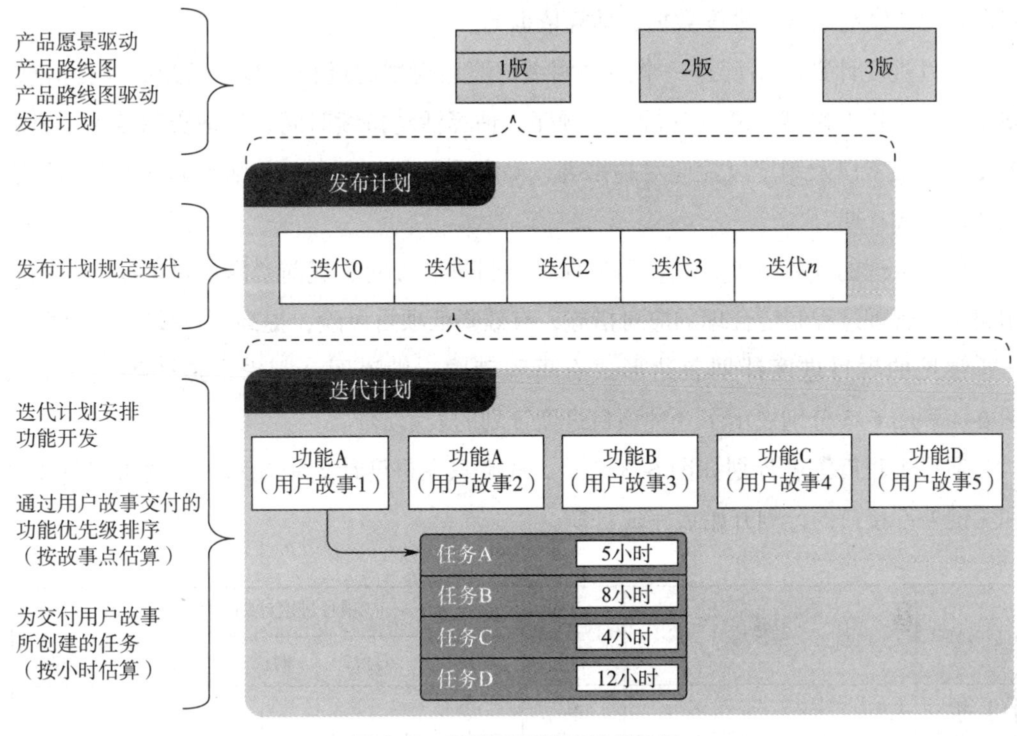

图 6-2　敏捷项目进度计划示例

6.2　项目进度计划与监控

监控项目进度是指监督项目实际进展、更新项目进度计划和管理项目进度基准变更的过程。其主要目的是在整个项目期间保持对项目进度基准的维护，并在实际进度偏差超过允差标准时，实施变更控制。

6.2.1　项目进度计划

项目进度计划是用来说明项目如何以及何时交付项目范围中定义的产品、服务或成果的一份或几份项目文件。

根据不同项目实践，项目进度计划通常包含进度基准文件、项目阶段和相关活动的起止时间、里程碑清单、进度网络图、项目日历等，还可能包含与进度计划相关的假设条件、制约因素、进度数据、估算依据等。

项目进度计划的制订是一个渐进明细、滚动规划的过程。基于已知的项目信息，使用恰当的进度模型，通过分析活动顺序、估算活动持续时间、评估资源需求、识别进度制约因素以及制定风险应对举措等，确定项目各阶段和相关活动的计划开始日期和计划完成日期。

科学合理的项目进度计划，可以保证项目进展方向、提前暴露项目难度，并通过相关项目管理过程制定合理的应对措施，有效降低项目风险，提高项目成功的概率。

常见的项目进度计划表达形式有里程碑图、横道图、逻辑横道图等。图 6-3、图 6-4 和图 6-5 分别展示了 3 种项目进度计划的表示形式。

项目里程碑进度计划如图 6-3 所示，通常只在进度计划中标示出主要可交付成果和关键外部接口的计划开始或完成日期。

活动标识	活动描述	日历单元	项目进度计划时间表				
			时段1	时段2	时段3	时段4	时段5
1.1.MB	开始新产品Z	0	◆				
1.1.1.M1	完成组件1	0				◇	
1.1.2.M1	完成组件2	0			◆		
1.1.3.M1	完成组件1和2的整合	0					◇
1.1.3.MF	完成新产品Z	0					◇

数据日期

图 6-3　项目里程碑进度计划

用横道图形式表示的项目概括性进度计划如图 6-4 所示，又称为甘特图。它以日期作为横轴，进度活动作为纵轴，活动持续时间表示为按开始和结束日期定位的水平横条。这种进度计划表示形式直观、易读，经常用于向管理层汇报项目计划和实际进展情况。

用逻辑横道图形式表示的项目详细进度计划如图 6-5 所示。从该图中可以看出，逻辑横道图这种表示形式不仅有活动日期，同时还展示了项目网络逻辑和项目关键路径活动等信息。

活动标识	活动描述	日历单元	项目进度计划时间表				
			时段1	时段2	时段3	时段4	时段5
1.1	开发和交付新产品Z	120					
1.1.1	工作包1：组件1	67					
1.1.2	工作包2：组件2	53					
1.1.3	工作包3：整合组件1和2	53					

数据日期

图 6-4　用横道图形式表示的项目概括性进度计划

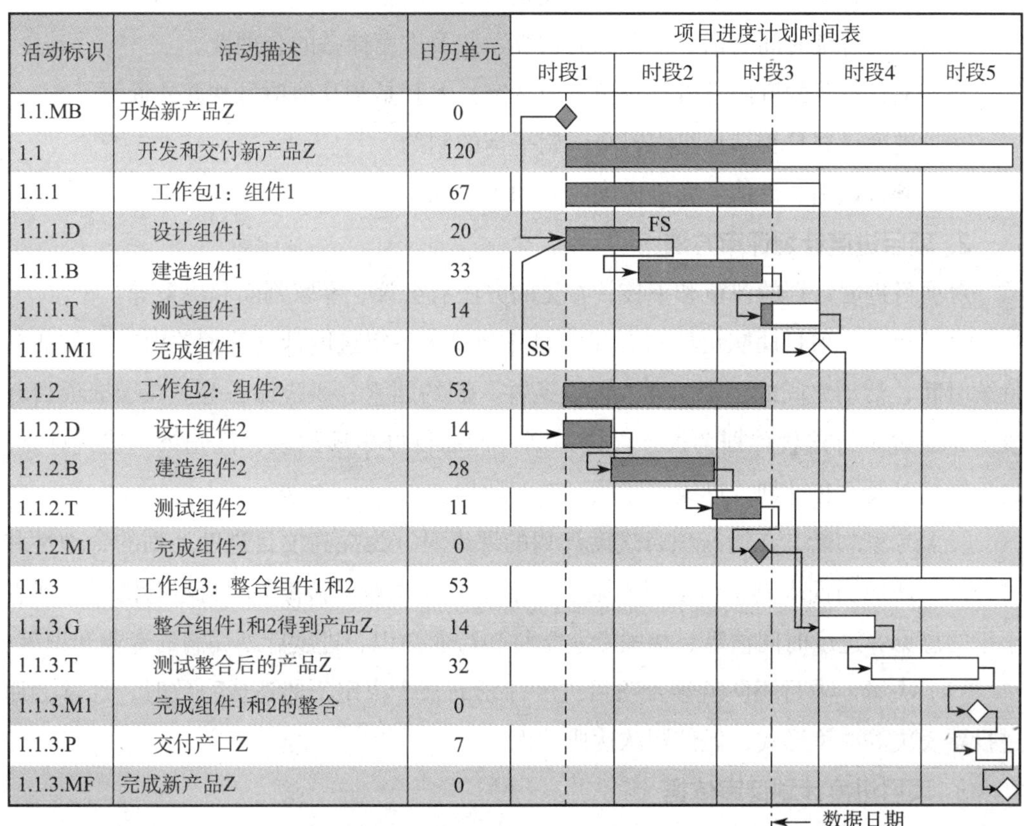

活动标识	活动描述	日历单元	项目进度计划时间表				
			时段1	时段2	时段3	时段4	时段5
1.1.MB	开始新产品Z	0					
1.1	开发和交付新产品Z	120					
1.1.1	工作包1：组件1	67					
1.1.1.D	设计组件1	20					
1.1.1.B	建造组件1	33					
1.1.1.T	测试组件1	14					
1.1.1.M1	完成组件1	0					
1.1.2	工作包2：组件2	53					
1.1.2.D	设计组件2	14					
1.1.2.B	建造组件2	28					
1.1.2.T	测试组件2	11					
1.1.2.M1	完成组件2	0					
1.1.3	工作包3：整合组件1和2	53					
1.1.3.G	整合组件1和2得到产品Z	14					
1.1.3.T	测试整合后的产品Z	32					
1.1.3.M1	完成组件1和2的整合	0					
1.1.3.P	交付产口Z	7					
1.1.3.MF	完成新产品Z	0					

图 6-5　用逻辑横道图形式表示的项目详细进度计划

6.2.2　进度计划评审

在项目进度计划编制过程中，需要项目团队成员和高层级管理团队对项目进度计划进行评审和批准。评审并批准通过的项目进度计划，将作为项目的进度基准和绩效评价依据，用于测量、监控、评估和汇报项目实际进展。

1. 项目进度计划评审组织

负责和参与项目进度计划评审的组织或个人，因不同的项目组织结构可能会有所不同，通常有项目经理、项目团队成员、PMO 组织、项目所隶属的项目集经理或项目组合经理、公司高层管理人员或其他项目关键相关方。

评审项目进度计划时，需要审查和评估的内容包括以下几个方面。

（1）进度计划是否满足项目目标和关键相关方的期望。

（2）进度计划模型的选择是否恰当。

（3）项目关键路径和活动间的依赖关系是否正确。

（4）活动持续时间的估算、资源的估算，以及进度储备的合理性。

（5）项目需要的资源是否与资源日历冲突，尤其是和其他项目共享的资源。

（6）进度计划是否满足组织资金限制平衡的制约。

（7）是否识别、评估了影响进度的制约因素和相关风险。

2. 项目进度计划评审方法

对项目进度计划的评审和审核，常见的方法有会议、专家判断和决策等。

（1）会议。项目团队可能需要经常召开会议来评审进度计划等相关内容，如活动持续时间、活动之间的逻辑关系、假设条件、制约因素、风险储备等。在敏捷项目环境下，通过举行迭代计划会议，讨论并制订产品待办事项列表、优先级、迭代计划、迭代周期以及发布计划，形成整体项目进度计划。

（2）专家判断。在进行项目进度计划的评审时，为提高项目进度计划的合理性和可行性，还应当征求具备包括但不限于以下相关专业知识和相关项目经验的个人或者小组的意见：进度时间估算、相关专业学科和行业知识、进度计划编制的专业知识等。

（3）决策。项目团队就涉及项目进度计划的某个决定不能达成一致时，经常会通过投票表决等决策形式，促使团队达成共识。

3. 项目进度计划评审依据

对项目进度计划的审核，主要目的是确认进度计划的严谨性、可操作性和可达成性，并消除团队成员之间可能存在的分歧，达成共识。因此，与制订项目进度计划相关的项目文件和信息，都可能会作为评审进度计划的依据，其包括以下几个方面。

（1）活动属性、活动清单和活动之间的依赖关系。

（2）资源需求、资源日历和活动持续时间估算依据。

（3）项目的诸多假设条件和制约因素。

（4）风险登记册和项目应急储备。

（5）项目进度网络图和关键路径。

（6）项目进度允差。

（7）采购协议。

（8）事业环境因素中的法规、行业标准，以及与相关方的沟通渠道。

（9）组织过程资产中的进度估算方法论、程序和模板，以及经验教训等。

6.2.3　项目进度监控与调整

监控项目进度是指监督项目实际进展、更新项目进度计划和管理项目进度基准变更的过程。其主要目的是在整个项目期间保持对项目进度基准的维护，并在实际进度偏差超过允差标准时，实施变更控制。

1. 项目进度绩效信息

项目进度绩效信息是指与进度基准相比较的项目进度实际执行情况。计算项目阶段、过程、活动的开始 / 完成日期的偏差，以及持续时间的偏差。

对于使用挣值分析方法的项目，项目的进度偏差和进度绩效指数通常记录在项目工作绩效报告中。

2. 进度预测

进度预测是指根据当前的信息和知识，对项目未来的条件、进展和时间进行估算或预计，并更新项目进度计划。随着项目的进行，项目和实际工作绩效信息、进度预测应该适时更新并重新发布。这些进度预测是基于项目过去的绩效数据，并取决于将采取的纠正措施、预防措施、进度风险储备等所期望带来的对项目未来进度的影响。

3. 项目变更请求

通过分析进度偏差、审查项目进度报告以及项目范围或进度计划的调整情况，可能会对项目的进度基准、范围基准以及项目管理计划的其他部分提出变更请求。

4. 项目管理计划更新

监控项目进度过程，可能导致对项目管理计划的组成部分（包括相关管理子计划）进行变更，如项目进度管理计划、进度基准、成本基准、绩效测量基准等。项目管理计划的任何变更都需要以变更请求的形式提出，并通过项目整体变更控制过程进行处理。

5. 项目文件更新

监控项目进度过程，还可能导致对项目文件的更新，包括：项目进度计划、进度数据、假设日志、估算依据、资源日历、风险登记册、经验教训登记册等。

在项目周期中，项目进度计划可能会因变更、延期、资源冲突等原因进行调整、优化或更新。根据项目进度计划需要调整或优化涉及的项目阶段、过程或者活动范围不同，其可以分为项目局部进度调整和项目里程碑进度调整。

（1）项目局部进度调整。局部的项目进度计划调整只需要对项目的特定过程或者活动的进度计划进行调整或者优化，同时该局部进度计划的调整、优化不影响项目的里程碑进度计划和项目最终完工时间。此种情况下被调整优化的项目过程或者活动，通常是在项目的非关键路径上。

调整局部进度计划的目的可能是因为组织资源平滑，也可能是为了满足项目特定的预算要求，如资金限制平衡；还有可能是为了解决项目局部工作的延期而安排的赶工活动等。

（2）项目里程碑进度调整。项目里程碑进度的调整，通常会影响到项目关键路径上的阶段、过程或者活动的进度计划，所以会改变项目的进度基准。此种情况下的进度调整，需要发起变更请求，并通过项目整体变更控制过程实施。

项目里程碑进度调整，可能是因为项目其他领域发生了变更请求，例如，市场环境变化导致项目目标改变，要求提前完工；也有可能是因为当前项目进度与基准相比已经出现较大偏差，需要变更后续项目进度计划和基准。

不影响项目进度基准、不影响项目局部阶段或过程的项目进度计划的变更，需要经过被影响到的项目相关方的评审，通常可以由项目经理批准后发布并实施。如果项目进度计划的变更影响到项目进度基准的更改，就需要通过变更申请的形式提出，并通过项目整体变更控制过程实施项目进度计划的更改。此时，进度计划的变更由至少包括项目发起人的项目关键相关方评审，并由项目变更控制委员会批准。

6.3 项目成本预算与控制

在项目的整个过程中，需要对项目的成本和资金需求以及实际使用状态进行监督，以保持对项目成本预算使用过程的管理和控制，并根据需要维护项目成本基准。在成本预算和控制过程中，主要目标包括以下两项：估算项目过程中需要的各类成本需求，并根据组织相关制度制订成本支出计划；在项目实际执行过程中，分析项目资金实际支出、对应工作的进展情况以及实现的工作价值之间的关系，并根据测量得到的偏差制定相应的纠正或预防措施。

6.3.1　项目预算制定与审核

1. 成本估算和预算制定

项目成本估算是对完成项目工作所需要的资源成本、应对已识别风险的应急储备，以及应对计划外工作的管理储备进行近似量化估算的过程，其目的是确定项目所需要的资金。成本估算时，需要识别、分析和权衡项目的备选成本方案并评估风险，如比较自制成本与外购成本、购买成本与租赁成本、其他可选资源方案等，以优化项目成本。成本估算时，应该考虑向项目收费的全部资源，包括人工、材料、设备、服务、基础设施等，还要考虑利率、通货膨胀、融资成本、风险储备、应急成本等特殊成本种类。

项目预算是经过批准的用于项目执行期间的全部资金，包括项目活动的估算成本汇总、应急储备、管理储备等。制定预算，是对项目总预算中管理储备之外的资金建立一个经过批准的、按时间段分配支出的成本基准的过程，从而可以根据成本基准监控项目绩效。

项目预算的组成部分以及它们之间的关系，如图 6–6 所示。项目工作包中所有活动的成本估算以及相关活动的应急储备汇总后，形成该工作包的成本估算；通过汇总项目控制账户下各个工作包的成本估算以及各工作包的应急储备，可得到该控制账户的成本；继续汇总项目中各控制账户的成本，就得到项目的成本基准。最后，在项目成本基准的基础上，增加项目的管理储备，形成项目的总预算金额。

项目的总资金根据项目活动的不同执行时间段进行分配、支出和使用，就得到一条以时间为横轴、资金累计值为纵轴的项目分阶段资金需求和支出曲线，如图 6–7 所示。实践中，项目资金通常是以增量的方式投入，并且呈现出非均衡的阶梯状。

2. 项目预算审核

在进行成本估算的过程中，为提高估算的准确度和精确度，通常需要对成本估算的结果进行评审或审核。评审时，除了对估算结果及其置信度进行评估外，还对估算方法或模型的选择、估算依据、假设条件、制约因素、应急储备合理性，以及汇率变动、通货膨胀等影响成本估算的事业环境因素进行审查和优化。对项目成本估算的评审，通常采用会议和决策的形式进行。

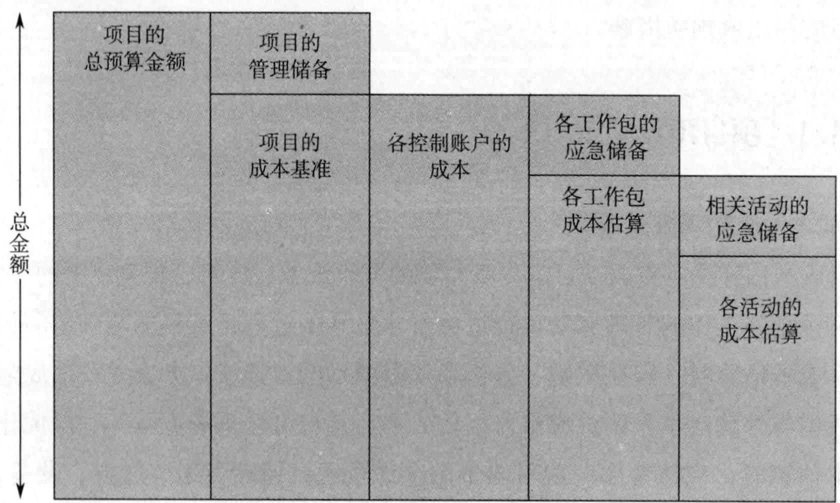

图 6-6　项目预算的组成

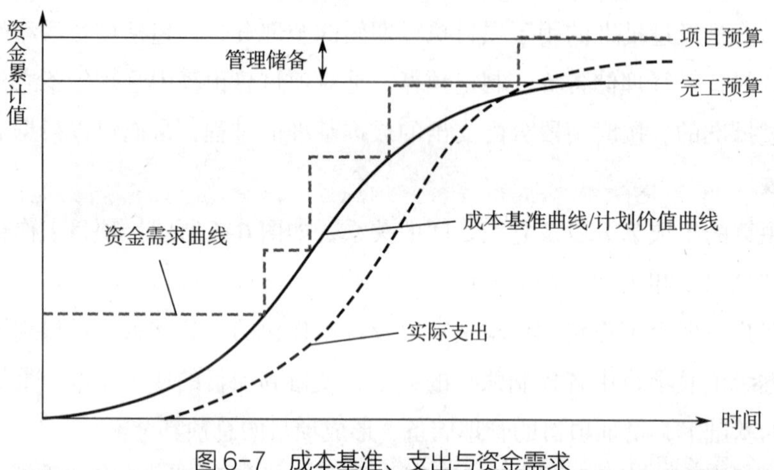

图 6-7　成本基准、支出与资金需求

项目的成本和效益目标等财务类指标，是衡量项目成功的重要因素。因此，与项目的其他基准和绩效评价指标一样，制定预算过程输出的成本基准和项目资金需求需要通过项目发起人或者高层管理者的审核并获得批准。

项目预算中的管理储备，通常用来应对不可预见的突发问题和未知风险。项目团队使用管理储备，需要经过项目发起人或者高层管理者的批准。管理储备被批准使用后，项目经理需要将授权使用的管理储备增加到项目成本基准中，并管理使用。在这一过程中，因为项目的成本基准发生了变更，需要通过项目整体变更控制过程实施。

另外，对于资金需求量较大或者持续周期较长的项目，如长期的基础设施建设、公共服务项目等通常会进行融资，并对资金的使用进行限制，以平衡组织的资金支出。

项目团队制定的预算是否满足组织的要求和限制条件，也需要项目发起人或者高层管理者进行整体评估、审核和批准。

3. 成本预算审核依据

项目的范围基准（包括范围说明书、WBS 和 WBS 词典）、进度计划、成本管理计划、资源需求、资源管理计划、商业文件以及项目风险等是进行成本估算和预算制定的主要依据。同时，项目的质量管理计划、所处的商业环境和市场条件、汇率变动、通货膨胀以及组织过程资产和经验、教训等也会对成本估算产生较大影响。

在审核并批准项目成本估算和预算时，主要依据的项目文档以及项目信息包括以下几个方面。

（1）范围基准。范围说明书中包含有项目期间的资金支出制约条件，以及其他财务假设条件和制约因素。项目 WBS 和 WBS 词典指明了项目可交付成果及其组成部分之间的相互关系，并描述了为产出可交付成果所需进行的工作和成本。

（2）进度计划。项目进度计划中包括项目可用资源的类型、数量、可用时间周期等。资源成本大小通常取决于使用时间的长短，并且资源的单位成本可能出现季节波动，这些因素都会对成本估算产生影响。另外，对包含融资成本（包括利息）的项目，项目进度计划也会对成本估算产生影响。

（3）成本管理计划。成本管理计划中规定了如何将项目成本纳入预算，以及需要的估算精确度、准确度、成本过程控制临界值、绩效测量规则，还有诸如战略筹资方案、汇率波动应对等细节信息。这些信息都直接或间接影响成本的估算结果和预算编制，同时也是成本估算和预算的审核依据。

（4）资源需求和资源管理计划。资源需求中明确了项目每个活动所需要的资源类型和数量。资源管理计划中提供了有关资源费率、差旅成本等估算信息，以及其他预见的成本信息，这些信息是整个项目在进行成本估算和预算时必须考虑的因素。

（5）商业文件。商业文件中的商业论证和效益管理计划描述了项目成功的关键财务因素、效益目标以及财务测量指标等信息，是审核成本估算和预算编制时必须考虑的依据之一。

（6）风险登记册。已识别的项目风险、风险优先级，以及针对风险所制定的应对措施、风险储备等详细信息，都会用于成本估算过程，并对项目成本估算带来影响。

（7）质量管理计划。质量管理计划中描述了项目管理团队为实现质量目标所需要的活动和资源。这些活动和资源也是成本估算的依据之一。

（8）商业环境和市场条件。项目可以从市场上获得什么产品、服务或成果，从哪里获得，有什么条件，以及区域性的供求状况等都会影响资源的成本估算。

（9）组织过程资产和经验、教训登记册。组织中的成本估算政策、模板以及与成本估算相关的历史信息、经验、教训等也可以运用到项目估算中，并且有助于提高成本估算的准确度和精确度。

6.3.2 项目成本预测和控制方法

项目执行过程中，对项目成本的控制主要包括：对导致成本基准变更的因素和风险施加影响；监督项目成本绩效，并分析其与成本基准间的偏差；确保成本支出不超过批准的资金限额；确保所有影响成本的变更得到及时处理，并管理这些变更；防止在成本或资金使用报告中出现未经批准的变更；向相关方报告所有经批准的变更及相关成本影响；设法把预测的成本超支控制在可接受的范围内。

在制定成本预算、预测和控制成本的过程中，以下工具和方法可能会经常被用到。

1. 专家判断

在进行成本偏差分析、成本绩效预测、项目财务分析时，经常需要拥有相关专业知识和经验的个人或小组参与，并提供合理建议或判断，为是否采取纠正或预防措施提供决策依据。

2. 资金限制平衡

对于项目的实施组织而言，通常不希望资金的阶段性支出发生较大的起伏，因此，在组织内通常会对项目资金的支出设定界限，或者在不同项目的资金支出之间进行整体平衡。

在制定预算的过程中，应根据组织对项目资金的限制，来平衡资金支出。如果发现资金限制与计划支出之间存在差异，则需要调整项目工作的进度计划，以平衡资金的支出水平。

通常，可以通过对项目进度计划内的特定工作包、里程碑进度或者某些关键项目活动设置强制开始时间和结束时间来实现组织对资金平衡的限制和要求。

3. 融资

有一些资金需求较大、占用资金时间较长的项目，通常会从组织外部获取资金，即融资。常见融资的形式有银行贷款、发行股票和债券、不动产抵押、银行承兑汇票、互联网金融平台融资等。通常来说，对于需要融资的项目，外部出资方可能会提出一些必须满足的资本收益和资金使用限制要求。

4. 预测技术

随着项目的进展，项目团队可以根据项目实际绩效测量结果，对未完成工作任务的成本绩效进行预测，从而判断是否需要采取纠正或预防措施。如果原计划的项目预算已经不可行，则项目团队需要根据当前项目信息和其他相关知识，对未完成的工作重新进行成本估算和预算。如需要对项目管理计划、成本基准等进行更新，则需要发起变更申请，并通过整体变更控制过程实施。

在成本控制过程中，常用的成本预测方法包括以下几种。

（1）定性分析法：是指利用有关项目信息，依靠相关人员的经验判断、专业知识和综合分析能力，运用逻辑思维等方法来预测未完成工作成本的方法。该方法通常适用于缺乏详细数据，难以进行定量分析的情况。

（2）历史成本法：是指利用组织以往类似项目的历史资料，采用一定的数学预测模型来分析、测算未完成工作成本费用的方法。运用这一方法时，要注意根据项目所处事业环境因素的变化对成本升降的影响，对预测结果进行必要的修正。

（3）趋势预测法：是指按时间顺序排列有关的历史成本资料，运用一定的数学模型和方法进行计算并预测未来成本的方法。趋势预测法包括简单平均法、加权平均法和指数平滑法等。

（4）因素分析法：是指根据项目活动成本与各种影响因素之间的内在联系，并考虑影响因素的变化来预测未来成本的方法。这种方法相对来说科学、准确，但通常需要较多信息和数据，计算工作也较为复杂。因素分析法包括本量利分析法、投入产出分析法、回归分析法等。因素分析法有时也称为因果预测法。

5. 备选方案分析

基于不同的项目实施方案和方法、不同的资源需求、不同的项目进度和质量指标，以及不同的资源限制和假设条件下，对项目的成本估算结果可能有不同的预期。备选方案分析就是对已识别的多个可选方案进行评估，并用来决定选择哪种方案的方法。

6. 储备分析

为了应对项目风险对成本带来的不确定性，成本估算中可以包括应急储备（也称为应急费用）。应急储备是包含在项目成本基准内的、用来应对“已识别到，但未能评估影响的”风险的一部分预算。应急储备的数量可以采用成本估算值的某一百分比或者某个固定值，也可以通过定量分析或专家判断来确定。

在成本控制过程中，使用储备分析方法来监督项目中应急储备和管理储备的使用情况，从而判断是否还需要动用以及是否要调整这些储备。应急储备，可以随着项目的进展而使用、减少或取消，是项目整体资金需求的一部分。如果已识别的风险没有发生，就需要从项目预算中扣除未使用的应急储备；同时，在项目过程中如果识别到新的风险，可能需要在项目预算中申请增加新的应急储备。

7. 质量成本分析

质量成本指的是组织为了保证和提高产品或服务的质量而支出的所有费用，还包括因为产品或服务没有达到质量标准、不能满足用户需求而产生的所有损失。

通常来说，为了使产品或服务达到并确保与要求相一致而进行的工作和努力称为一致成本；由于产品或服务不符合要求而引起的全部工作和损失称为不一致成本。

（1）一致成本。具体而言，一致成本主要包括以下两项。

1）预防成本：预防项目的质量低劣所带来的相关成本，如为保证质量满足特定要求而对相关人员的技能培训、生产前购买的必要检验设备等。

2）评估成本：为保障质量而对项目的可交付成果进行的评估、检查、测试所带来的相关成本，如检查的人工成本、试验测试费用等。

（2）不一致成本。不一致成本主要包括以下两项。

1）内部失败成本：因项目可交付成果与组织内部相关方的需求不一致而产生的相关成本，如产品出厂前发现缺陷后的维修返工、废品报废、产品返工后再次检验、生产停工整改等，都属于内部失败成本。

2）外部失败成本：是在产品或服务交付给客户后，发现质量问题而造成的各种损失，例如，客户损失索赔、客户现场维修费用、退换货费用，以及由此带来的潜在客户流失等，都属于外部失败成本。

6.3.3 基于挣值的成本控制方法

在成本控制过程中，挣值分析的方法以及基于挣值而进行的成本偏差分析、趋势分析和完工尚需绩效等数据分析方法较为常见。

1. 挣值分析

挣值分析将实际进度和成本的绩效与绩效测量基准相比较，从而判断项目实际进展与基准的偏离程度和原因，为是否采取纠正或预防措施提供决策依据。通常，在进行成本控制时需要计算并监测以下 3 个关键指标。

（1）计划价值（planned value，PV）。计划价值是指为完成某项目活动或工作而计划分配的经过批准的预算，其中可能包括应急储备，但不包括管理储备。在某个给定的时间点，计划价值代表着应该完成的工作和活动的总价值。有时计划价值的总和也称为绩效测量基准（performance measurement baseline，PMB），项目的总计划价值又称为完工预算（budgeted cost at completion，BAC）。

（2）挣值（earned value，EV）。挣值是对已经实际完成工作的测量值，也是该已经实际完成工作的经过批准的预算值。挣值的计算与绩效测量基准相对应，都是以计划的预算价值为测算依据的，所以，挣值不会大于相应活动和工作的计划价值。

挣值经常用于计算项目工作的完成百分比；如果为每一个项目的 WBS 组件规定进展测量准则，那么挣值也可以用来考核正在实施的 WBS 组件的进展。项目经理可以通过监测项目挣值的增量和累计值，来判断项目的当前状态和长期进展趋势。

（3）实际成本（actual cost，AC）。实际成本是在给定的时间段内，执行某活动或工作而实际发生的成本，也是为完成与挣值相对应的工作和活动而发生的实际总成本。为实现挣值所花费的任何成本都要计算到实际成本中。理论上，实际成本没有上限。

2. 成本偏差分析

成本偏差分析是通过比较计划成本和实际成本，来识别成本基准与实际项目绩效之间的差异，然后实施进一步的分析，以判断偏离成本基准的原因和程度，并决定是否需要采取纠正或预防措施。成本偏差分析包括以下几个方面。

（1）成本偏差（cost variance，CV）。成本偏差是在某个给定时间点的预算亏空或盈余量，表示为挣值与实际成本的差。公式为：

$$CV=EV-AC$$

它是测量项目成本绩效的一种指标。项目结束时的成本偏差，就是完工预算与实际成本之间的差。负的成本偏差一般是不可挽回的。

（2）成本绩效指数（cost performance index，CPI）。成本绩效指数表示为挣值与实际成本之比，用来测量已完成工作的成本效率。公式为：

$$CPI=EV/AC$$

当 CPI 小于 1.0 时，说明已完成的工作成本超支；当 CPI 大于 1.0 时，说明截至目前，成本有结余。

3. 趋势分析

趋势分析的目的是通过分析审查截至当前的项目绩效情况，来判断项目绩效是在改善还是恶化。在挣值分析中，通过对不同时间点的计划价值、挣值和实际成本这 3 个参数累计值的计算和分析，可以形成如图 6–8 所示的图形化的发展趋势曲线。借助此曲线可以判断项目未来绩效趋势，例如图 6–8 的曲线表明：截至当前该项目预算超支且进度落后。

随着项目进展，可以根据掌握的项目当前绩效信息和其他知识，预估项目未来的进展和事件，并对完工估算（estimate at completion，EAC）进行预测。预测的结果可能与完工预算存在差异，如果 BAC 已明显不再可行，就应该考虑对 EAC 进行预测，并考虑是否需要申请变更成本基准。

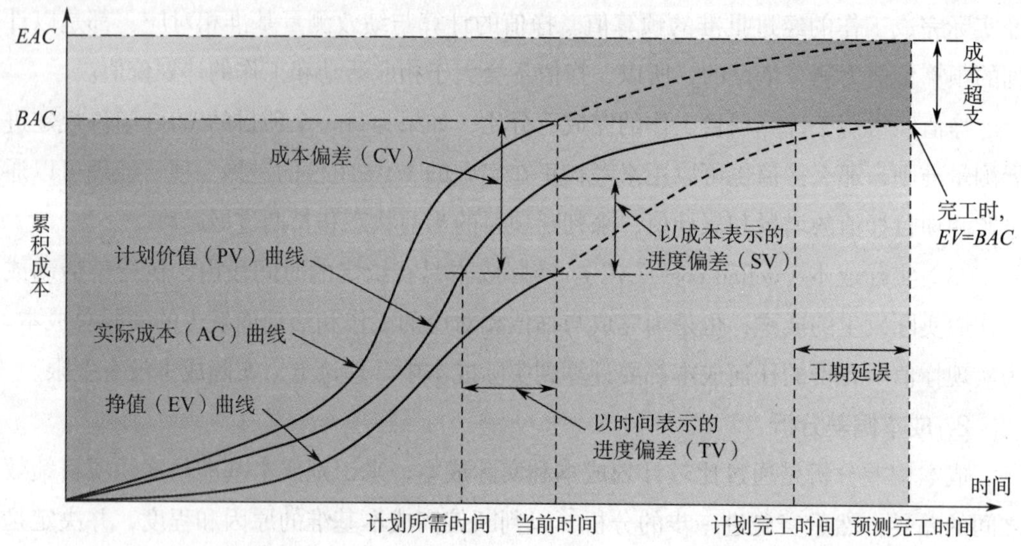

图 6-8　计划价值、挣值和实际成本发展趋势曲线

计算 EAC 时，通常用已完成工作的实际成本，加上剩余工作的完工尚需估算（estimate to complete，ETC）来表示。公式为：

$$EAC=AC+ETC$$

对于完工尚需估算的计算有许多方法，常用的方法如下。

（1）假设后续项目工作将按预算单价完成。这种方法意味着接受了项目当前累积实际绩效，并预计未来的工作都将按原始预算单价完成，即项目未完成工作的绩效与当前项目绩效趋势无关。公式为：

$$ETC=BAC-EV$$

此时，

$$EAC=AC+ETC=AC+(BAC-EV)$$

（2）假设未完成工作以当前 CPI 指标完成。在这种预测中，假设项目将按照截至目前的累计成本效率继续进行。公式为：

$$ETC=(BAC-EV)/CPI$$

此时，

$$EAC=AC+ETC=AC+(BAC-EV)/CPI$$

将 CPI 的计算公式代入上述公式中，即可得：EAC=BAC/CPI。

（3）假设进度绩效指数（schedule performance index，SPI）和 CPI 将同时影响项目的未完成工作。这种方法需要计算一个由 CPI 和 SPI 综合决定的效率指标，并假设剩余的项目未完成工作按照该综合效率指标完成。使用这种方法时，有时还要考虑 CPI

和 SPI 对项目未完成工作绩效影响的权重，如分别按照 80%/20%、50%/50% 或者其他比例的权重分配。公式为：

$$ETC=(BAC-EV)/(CPI \times SPI)$$

此时，

$$EAC=AC+ETC=AC+(BAC-EV)/(CPI \times SPI)$$

4. 项目完工尚需绩效指数（to complete performance index，TCPI）

项目完工尚需绩效指数是指为了实现特定的项目管理目标，剩余的工作实施所必须要达到的绩效指标，它是完成剩余工作所需的成本与剩余预算之比。公式为：

$$TCPI=(BAC-EV)/(BAC-AC)$$

如图 6-9 所示，如果累计 CPI 低于基准，那么项目的全部未完成工作都应该立即按 TCPI 的指标执行，才能确保实际总成本不超过批准的 BAC，如图 6-9 中最高的那条虚线所示。至于这种 TCPI 指标是否能够达成以及如何才能达成，就需要综合考虑包括风险水平、剩余时间、其他绩效指标等多种因素进行综合判断。如果经分析评估不可行，就需要把项目未来所需要的绩效水平根据完工估算进行调整，如图 6-9 中较低的那条虚线所示。

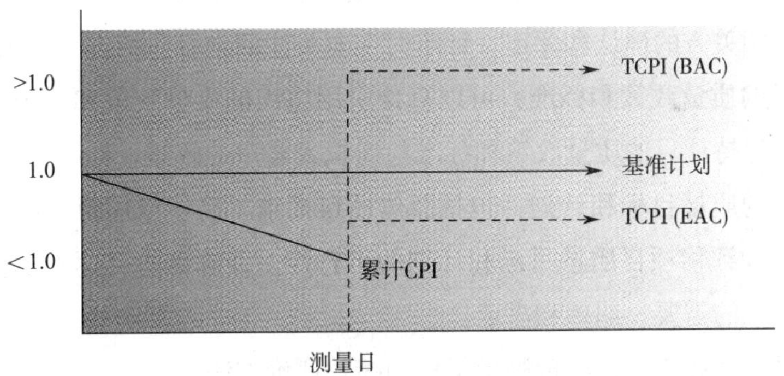

图 6-9　项目完工尚需绩效指数

6.4 项目质量控制

6.4.1 项目质量目标与计划评审

项目质量管理计划旨在确定项目管理过程及相应的可交付成果的质量标准，定义了项目和产品质量的可接受水平，并描述了如何通过具体质量活动（质量规划过程、质量保证过程和质量控制过程）来达到这些质量目标。

同时，在质量管理计划中，还描述了对不满足质量要求和目标的项目管理过程、活动以及产品、服务和成果的处理方式和需要采取的纠正措施。

1. 质量目标和计划评审内容

为确保质量管理计划中的各项质量活动在组织内、外部环境下具有可行性，并提高实现质量目标的可能性，质量管理计划在发布、执行前，需要项目团队、发起人或者客户等关键相关方的确认和评审。评审时主要关注的内容包括以下几项。

（1）项目的质量政策和标准：可以直接引用组织的质量政策和标准，也可以修改后引用，但要保持项目的质量政策和标准与组织或客户的政策、标准相一致。

（2）项目的质量目标和计划：包括总体质量要求、高层级质量标准以及满足客户期望的程度等；评估项目质量目标和计划的可行性，并确保将会达到质量要求，从而能够满足相关方的需要、期望和需求。

（3）质量角色和职责，质量测量指标和绩效评价方法。

（4）对工作过程和可交付成果的质量进行检查和评审。

（5）评估质量管理计划中规定的质量保证和质量控制的管理程序、活动和工作成果，确保项目工作过程和工作成果达到具体质量测量指标和质量标准。

（6）评审将用于质量控制的质量测试方法、质量测量指标、质量改进、纠正和预防措施，项目使用的质量工具、技术和模板，以及质量报告相关文件。

（7）监控项目过程中的相关方需求、要求和期望，提高过程和活动的效率和效果，以获得更好的成果和绩效，并提高相关方满意度。

（8）其他与项目质量有关的程序，如异常处理程序、持续改进程序、纠正和预防措施等。

2. 质量管理计划的审核依据

在不同的项目组织结构、不同的行业应用领域、不同的组织质量政策和质量目标下，项目的质量管理计划和质量管理过程会存在较大不同。因此，针对具体项目的质量管理计划在进行评审确认时，所依据的文档和信息也有差异，但通常来说，以下文件和信息是审核项目质量管理计划时需要参考的。

（1）项目章程。项目章程中包含对项目和产品的高层级描述，以及影响质量管理的项目审批要求、项目质量目标、项目成功的标准等。

（2）项目管理计划。项目管理计划中的需求管理计划、风险管理计划、相关方参与计划中提供了需求管理、相关方期望、风险管理的相关方法以及相关信息，这些信息和方法可能直接或者间接影响质量活动和相关质量测量指标。

（3）范围基准。范围基准中的范围说明书、WBS 和 WBS 词典中，记录了可交付成果的质量审查要求、过程以及验收标准等信息。这些信息需要用来确定项目的质量管理活动、质量审查标准、质量目标；同时，该范围基准中界定的质量标准的高低可能导致不同的质量成本，并进而影响项目成本。

（4）假设日志。假设日志中记录的与质量相关的假设条件和制约因素，影响质量管理计划。

（5）需求文件和需求跟踪与验证矩阵。需求文件和需求跟踪与验证矩阵记录了项目和产品为满足相关方期望应该达到的标准和要求，这些标准和要求中的质量要求，直接影响质量管理计划，如如何规划质量活动、如何实施质量控制、需要哪些质量测试等。

（6）风险登记册。其中包含可能影响质量要求的各种威胁和机会。

（7）相关方登记册。其中记录了关注质量和影响质量的关键相关方的需求和期望。

（8）事业环境因素。诸如政府法规、特定行业应用领域的规则标准、市场环境、组织结构、组织文化等，都可能直接或间接影响质量管理各过程。

（9）组织过程资产。组织中的质量管理体系、政策、流程、质量文档模板以及质量相关经验、教训和知识数据库等，都可能影响项目质量管理过程。

6.4.2　质量保证与质量控制

1. 质量保证主要工作

如果说质量规划过程是关注项目要达到的质量目标和如何达成质量目标，那么质量保证关注的是项目期间的质量活动如何实施。质量保证的主要目的是提高实现质量目标的可能性，并识别过程中的无效过程和导致质量低劣的原因，从而可以通过控制质量过程采取必要的纠正和预防措施。

质量保证通常被认为是所有人的共同职责，包括项目经理、项目团队、发起人、组织管理层，甚至包括客户。在质量保证过程中，这些角色的人数、具体工作和参与质量保证的程度，取决于项目所在行业和项目管理方法。通常来说，在敏捷项目中，质量保证工作由所有团队成员共同执行；在传统项目中，质量保证工作更多地由特定团队成员执行。

在不同行业和组织的项目中，质量保证工作内容可能各不相同。通常来说，主要有以下几个方面的内容：

（1）质量过程辅导。依据项目质量管理计划，对项目期间的各个环节以及各环节的具体质量活动进行指导和监督，确保相关质量活动按预期执行。

（2）质量过程检查。在项目过程中，对项目活动和可交付成果进行测试、检查和评估，包括参加相关评审会议、执行相关质量测试检验活动、检查可交付成果需求满足程度等。

（3）过程问题记录和跟踪。对过程检查中发现的不符合项，与相关方进行沟通，并跟踪不符合项直到问题得到解决或豁免。

（4）质量风险预警和报告。对在项目过程中识别的项目和可交付成果的质量状况进行分析、整理，并根据项目管理计划要求向相关方进行风险预警和报告。

（5）过程改进和根本原因分析。对项目过程中发现的严重质量问题，进行根本原因分析，并提出对策以及未来改进建议，以便于后续进行规避，持续改进。

2. 质量控制主要工作

质量控制过程是在用户验收和最终交付之前测量产品或服务的完整性、合规性和适用性，通过测量所有步骤、属性和变量，来核实与规划阶段所描述规范的一致性。

质量控制过程旨在检查具体的工作过程或可交付成果的质量，并记录检查结果，确定是否符合质量测量指标和相关质量标准。如果不符合，就要找出原因，并提出纠正措施（主要针对工作过程）或缺陷补救措施（主要针对可交付成果）。

质量控制的主要工作是检查并记录具体的工作过程的质量，包括以下几方面内容。

（1）检查并记录已完成的可交付成果是否符合质量要求。

（2）检查并记录已批准的变更请求是否实施到位。

（3）根据检查结果和相关计划，整理出工作绩效信息，并提出变更请求。

（4）质量控制需要在整个项目期间执行，以可靠的数据来证明项目已经达到发起人和（或）客户的验收标准。

第 7 章

项目资源管理与控制

为顺利完成项目，项目管理者需要规划、识别、估算、获取和管理项目资源，以确保在项目过程中项目团队在正确的时间和地点使用正确的资源完成相应的工作，实现项目目标。本章对项目资源管理规划、识别与估算、管理与控制进行详细阐述，并对项目资源冲突管理及跨文化项目资源管理进行探讨。

7.1 项目资源管理

7.1.1 项目资源管理规划

近些年项目资源管理的方法越来越多样化，对应产生了不同的资源管理战略。比如，由于各类资源越来越稀缺，很多行业出现了精益管理、准时制生产、自组织团队等项目资源管理战略。为了应对资源价格日益上涨，精益管理在建筑工程项目资源管理中一度十分受欢迎，其侧重点为如何更大程度地利用项目各类资源，减少资源浪费。近些年 IT 行业中由复合型人才组成自组织团队的资源管理战略也由于其能不断适应快速变化的环境进行建设性反馈的特点越来越受欢迎。不同的资源管理方法对资源管理中各方面的重视程度不同，对项目各项工作的决策标准存在一定程度的差异，对应不同的资源管理规划。

在项目初期，项目管理者需根据项目特点制定项目资源管理规划，定义如何估算、获取、管理和控制项目资源。在进行项目资源管理规划时，需考虑项目所处行业的资源获取情况、潜在资源的物理位置、项目易变性等特点。在进行项目资源管理规划时，也需考虑项目所处组织的组织环境。组织环境包括但不限于：组织文化，组织所拥有资源的地理分布、组织所拥有资源的可用性以及资源特征及能力、组织资源管理计划的通用实践、人力资源政策和程序、资源分配管理的政策等。

项目资源管理规划的制定可邀请有相关项目经验的专家组成工作组进行讨论，需充分识别项目资源估算、获取和管理中可能存在的风险，保证项目资源管理符合相关法律法规要求。在此过程中，专家组可利用不同形式的表格或工具分析项目所需资源，尤其是人力资源。可选择的形式包括文本型、责任分配矩阵或层级型，如工作分解结构、组织分解结构（organizational breakdown structure，OBS）、资源分解结构（resource breakdown structure，RBS）等。另外，项目资源管理规划阶段需制定项目如何分类、分配、获取和管理资源的指南。具体来说，需确定识别和估算项目所需资源的方法，制定项目所需资源的获取指南，确定项目团队组织图及其中所需的角色和职责，制定项目团队的定义、配备、管理和遣散指南等。

7.1.2 项目资源识别与估算

项目资源识别与估算是指识别执行项目所需的人力、材料、设备及设施等其他资源，并估算所需各类资源的种类、数量和特性。项目资源识别与估算需根据项目资源管理计划、项目文件以及项目所处企业环境与资产情况进行。其中，项目资源管理规划是指规划阶段制定的识别资源的方法、获取资源的指导及项目团队角色与职责、项目团队资源管理控制与资源管理绩效计划等。项目文件是指项目范围说明书、项目工作分解结构、项目活动的资源需求、项目进度计划、项目所需资源说明等。资源识别与估算也应考虑项目所处企业环境与资产，具体包括企业可用资源、企业资源配置的政策与程序、企业内部的估算数据以及企业所处市场条件等。项目资源的识别与估算应贯穿项目全过程，根据项目具体进展进行动态管理。

1. 项目资源识别与估算方法

项目资源识别与估算有多种方法，包括专家判断法、自下而上估算法、类比估算法、参数估算法、项目管理信息系统等。其中专家判断法是指聘用专业项目咨询机构或具备项目相关专业知识的专家对项目资源进行识别和估算的方法。自下而上估算法是对项目各工作所需资源进行识别和估算，并根据工作逻辑进行各级汇总，最终识别和估算项目所需资源。类比估算法是根据以往类似项目的相关资源情况进行估算，此类估算方法的精度相对较低，适用于前期项目活动不确定的情况。参数估算法是指根据公司积累的历史数据和项目参数，利用一定的数学模型对项目各活动变量所需资源进行估算。参数估算法的准确度取决于历史数据的准确性和数学模型的成熟度。项目管理信息系统是利用项目管理软件对项目各工作所需资源数量、时间及地点进行识别和估算，形成资源日历。

2. 项目资源识别与估算成果

通过项目资源识别与估算，应形成项目资源矩阵表、项目资源分解结构表、项目资源日历表和项目资源其他信息。其中，项目资源矩阵表（见表 7–1）应列明项目各项工作、各项工作所需的各类资源以及资源特征，如类型、能力等。

表 7–1　项目资源矩阵表

项目工作分解	资源需求				备注（类型、能力）
	资源 1	资源 2	……	资源 *N*	
工作 1					
工作 2					
……					
工作 *N*					

项目资源分解结构表（见表 7–2）应列明项目所需各类资源、数量及资源特征要求。

表 7–2　项目资源分解结构表

所需资源	资源要求		
人员	角色 1	角色 2	……
	数量	数量	
	能力与资质要求	能力与资质要求	
材料	材料 1	材料 2	
	数量	数量	
	参数要求	参数要求	
设备	设备 1	设备 2	
	数量	数量	…
	型号要求	型号要求	…
……			

项目资源日历表（见表 7–3）应列明项目所需各种资源的时间段，形成各类资源甘特图，便于制订资源采购计划。另外，应制定项目资源存在的各种风险及注意事项的相关文件。

表 7–3　项目资源日历表

项目所需资源	项目进度（周）								备注
	1	2	3	4	5	……		N	
资源 1									
资源 2									
资源 3									
资源 4									
资源 5									
资源 6									
……									
资源 N									

7.1.3　项目资源获取

1. 项目资源获取决策

根据项目资源识别和估算制定项目资源矩阵表、项目资源分解结构表和项目资源日历表，以及项目预算要求，项目管理者需对如何获取项目资源进行决策。项目资源获取决策应同时考虑项目所处组织的各项环境因素。首先应考虑组织内各类资源的可用性、能力水平或类型、资源成本经验等。其次应考虑组织的资源获取、分配政策和程序，以充分预估项目资源可获得性及申请时间等。最后，应考虑资源市场条件，包括资源市场价格、地理位置以及采购形式等。比如，通过招投标形式进行资源采购可引入平等竞争机制，可以吸引更多的供应商，增加选择机会、降低项目成本，不仅可以采购质量优的资源，而且可以提高资源获取的透明度，避免腐败。各项资源获取决策时应从多维度进行考虑。针对各类资源可建立多因素加权分析模型，对各项因素综合考虑，做出资源获取决策。

根据项目资源决策，项目管理者应制定详细的实物资源分配单以及项目团队资源派工单。其中实物资源分配单应将各类资源需要的时间和地点及资源来源进行详细记录。项目团队资源派工单应详细记录项目团队角色、职责及对应人员的能力、经验等基本情况。

2. 项目资源获取与控制

在项目资源采购时应重点关注关键资源的获取。项目关键资源包括：对多个任务有直接的关键作用的资源、稀缺并难以获得的资源、在特定任务中非常关键的资源、本项目以外的其他项目都需要的资源。这些关键资源的采购与获取会极大程度地影响项目进度，因此在资源采购时应进行重点关注和控制。

在项目资源获取过程中，项目管理者应与资源相关人员建立良好的人际关系，以便有利于在资源获取的过程中的谈判。相关人员包括项目所属组织的职能部门、其他项目团队和其他外部组织或供应商。组织职能部门往往掌握着组织内部的资源分配和调配，项目管理者需不断与职能部门人员谈判以确保项目及时获得所需的各项资源，直至项目完成。项目管理者同时需要与其他项目团队保持良好人际关系并不断进行谈判，确保稀缺资源或关键资源能合理分配或共享，满足项目需要。另外，项目管理者需与外部组织和供应商进行谈判，以确保项目及时获得所需资源。项目管理者与外部供应商谈判时应遵循相关法律、标准及既定流程和原则。

项目资源获取应进行动态控制。项目实施过程会受到很多因素的影响，各工作所需资源数量与时间会相应地受到影响，发生不同程度的变更。因此，资源获取计划需根据项目实际进展进行动态调整和更新。比如，在出现工作量增加或进度延迟时，项目所需各项资源的数量及时间均可能发生变化，此时需考虑如何纠正资源使用偏差。可制定 2 ~ 3 个资源使用偏差纠正方案，并进行成本效益分析及利弊分析，选择最佳纠正方案。同时，项目全过程中，需不断地对项目资源使用趋势进行分析和预测，以提前制定相应资源获取方案，确保项目及时获取所需资源。

7.2　项目团队组建与管理

7.2.1　组建项目团队

在项目资源规划阶段，根据项目目标，通过工作分解结构及工作说明可以计算完成项目各项工作所需的角色以及需要各个角色的时间和各个角色的工作职责、完成工作所需的能力、技能、知识和经验。为有效获取项目所需要的人力资源，项目管理者需考虑项目所处组织环境进行项目成员招募、谈判与决策。项目管理者可在企业组织的人力资源系统中了解组织有哪些人具备项目所需的技能，有哪些人有过类似项目的经验以及其中哪些人能在项目要求的时间担任这些角色。经过这一过程，项目管理者可预先选出项目团队成员候选者。项目管理者需对预选出的项目成员进行进一步的各方面分析，包括成员性格、团队合作能力、和谐性等方面。团队成员的各个方面需进行综合考虑，例如，某些成员之间存在冲突或曾产生过不和谐，则需要重新进行选择。经过慎重筛选，可逐步确定项目成员及其可承担的团队角色。

项目管理者在初步确定项目成员之后，需进一步分析项目拟定成员与项目其他相关方成员的和谐度，包括性格是否合适、之前是否有过合作以及合作的默契程度、是否产生过冲突等。这主要是因为项目是由多个项目利益方共同协作完成的，项目团队成员与其他参与方的配合程度决定了项目能否成功。因此，需要确保项目成员与其他项目相关方有较高的和谐性，可以配合完成项目工作。通过此步检查才能最终确定项目团队成员。

7.2.2 项目团队建设与管理

项目团队建设与管理是提高团队成员工作能力、促进成员间协作，以提高项目绩效的过程。美国项目管理协会（project management institute，PMI）根据塔克曼阶梯理论指出，项目团队建设一般会经历 5 个阶段。第一是形成阶段，此阶段团队成员开始相互认识，并逐渐熟悉自己在团队中的角色、工作职责和职权。第二是震荡阶段，此阶段项目成员开始从事项目工作，并开始讨论、制定和修改项目决策和管理实践。项目团队成员逐渐熟悉，并开始开诚布公地讨论表达对各项事务的不同观点，以增加互相协作的默契度。第三是规范阶段，此阶段项目成员开始调整自己的各项行为，各项目成员开始互相协作。第四阶段项目团队会进入成熟阶段，在此阶段，项目团队成员高效地按照项目组织的规定进行各项工作。第五，随着项目的完成，项目团队进入解散阶段，项目团队会逐步遣散人员，项目团队解散。每个项目团队经历各个阶段的时间长短不一，主要受到项目团队管理者的领导力、项目规模、团队成员情况等因素的影响。

为使项目团队尽快实现平稳、高效地运转，应制定项目团队的基本规则。项目团队基本规则包括项目团队价值观及目标、项目团队工作流程、项目团队组织架构及团队成员职权划分等。项目团队基本规则明确提出对项目团队成员的期望目标并规范项目成员在项目过程中的行为。项目团队基本规则的制定可邀请项目团队成员参与。通过讨论、沟通和制定项目团队基本规则，可以增加项目团队成员对项目价值观、团队成员的价值观的了解，并有利于项目团队成员更好地认可并遵守项目规则。在项目全过程中，项目经理需对项目团队的基本规则进行定期审查，并进行及时更新，以确保基本规则有利于团队合作并完成项目目标，提高生产力。

1. 项目团队价值观及项目目标

项目团队价值观与项目目标应紧密结合，并决定项目各项基本制度的设置。项目经理应向项目成员明确项目团队价值观及项目目标，包括项目工作范围、工作分解结构、质量标准、预算及进度计划等。在明确项目目标的基础上建立项目团队目标，团队目标应清晰、明确且易于衡量和接受。项目经理应进一步将团队目标进行合理分解，将分解后的团队目标与团队成员的个人目标有机结合，激励项目团队成员在项目过程中积极工作。

2. 项目团队组织架构及团队成员职权划分

项目团队组织架构及团队成员职权划分是项目团队最重要的基本制度之一。项目团队组织架构以项目组织图的形式进行明确，规定项目组织中的角色、职责与权力及相互报告关系。在此基础上，项目团队成员的角色、工作范围及职责与权力应进行明确的描述。每个项目团队成员的工作职责划分得越清晰，成员的工作内容就会越明确，成员间的协作越容易。若团队成员的工作职责不清晰、模糊，则很有可能导致项目过程中团队成员工作重复、互相推诿责任，甚至发生冲突，降低项目团队工作效率。另外，每个团队成员的职责与权力应相互对应，即团队成员必须履行的职责应与其拥有的决策权、签字审批权等权力相互匹配，项目成员才能高效地开展工作。

3. 项目团队工作流程

项目经理应规划好项目团队各项工作的工作流程。需要规划好的工作流程包括：项目的实施流程、项目团队的信息汇总及沟通流程、项目决策标准及流程、冲突处理流程及会议指南等。项目的实施流程是制定其他各项工作流程的基础。为顺利完成项目实施流程，项目各项信息应及时进行汇总及更新。定期项目会议、临时项目会议、工作群、邮件等沟通方式均可传递项目各项信息。制定明确的项目决策标准及流程有利于确保在项目全过程中践行项目团队价值观，并增加项目透明度，赢得项目团队成员的支持。另外，需建立明确的冲突处理流程，妥善解决项目过程中不可避免的冲突。只有制定明确的项目工作流程，并将其与项目团队建设有机结合，才能使项目成员有序开展各项工作，确保项目团队活力。

4. 项目成员绩效与奖励制度

为更好地激励项目成员完成项目目标，需将项目目标与团队成员的个人目标结合，制定有效的项目成员绩效制度。项目成员的个人绩效考核应与其薪资奖励直接挂钩，以最大程度激励项目成员完成个人绩效目标从而完成项目目标。除薪资外，其他形式的奖励包括口头奖励、成长机会、专业技能提升等。奖励设置应是项目成员所需要的，才能起到更好的激励效果。项目成员的绩效管理应贯穿项目全过程，即应制定具体的项目绩效考核制度，定期对项目团队成员的工作表现进行跟踪和反馈，并核定对应的项目成员绩效。只有动态地、定期地对项目成员绩效进行核定，才能有针对性地鼓励、督促、培训或改进项目成员工作技能，更有效地完成工作任务，促进项目目标的实现。同时，应对项目整体绩效进行动态评价，以使项目成员持续地认识到其工作价值，分享经验信息，提高项目绩效。更为重要的是，绩效动态评价有利于项目管理团队及时掌握项目情况，识别出所需改进、培训、协助的方面，以提升项目绩效。

5. 项目成员培训与团队建设

为了提高项目成员的整体能力，需根据项目需要制订相应的成员培训计划，并将相关成本纳入项目预算中。培训可包括对成员进行管理技能、软件、技术等方面的正式的或非正式的培训。培训应有针对性，即对处于不同岗位的项目成员提供其完成工作需要的相关培训。如在项目过程中观察、评估项目成员缺乏某方面的能力，则可开展计划外的相关培训。同时，为培养和增强项目团队的凝聚力，需制订项目团队的团队建设计划。团队建设可采用各种活动形式，帮助团队成员建立良好的社交关系。尤其是项目团队建立初期，通过非正式的活动，项目团队成员可增进彼此的了解和信任，有利于促进项目团队较快地进入成熟阶段，提高团队成员协作效率。在项目过程中，项目经理可根据项目环境变化和团队需要，持续开展团队建设。尤其是项目发生变更、项目成员离职或新的项目成员加入时，需通过培训或团队建设的形式帮助新成员快速融入项目团队。

7.2.3 项目团队冲突管理

在项目全过程中不可避免地会出现团队成员间的冲突。项目团队成员个人工作风格的不同、个人意见的分歧、稀缺资源的竞争、管理程序的冲突、项目进度冲突、项目优先权的冲突等都会引起团队成员间的冲突。项目冲突不应被简单视为负面存在，有效的冲突管理可改进项目工作方式，提升项目工作效率。例如，管理程序的冲突可视为优化项目管理实践、提升管理流程效率的机会；意见的分歧可视为不同的理解方式，可能碰撞出创新性的解决办法，改进决策。因此，应采取积极的、非负面的态度思考和应对冲突。

项目经理对项目冲突的管理往往决定着项目的成败。为了更有效地管理项目过程中的冲突，需在项目初期制定相应的团队基本规则和规范。同时，需要采用成熟的项目管理实践，对项目组织架构、角色及分工、沟通原则等做出明确的规定，尽量减少冲突。具体而言，需清晰定义项目目标，明确项目各项工作的优先权。制订清晰的项目管理和作业计划，对项目组织角色、分工等进行明确划分（如 7.2.2 所述）。另外，建立积极沟通的项目氛围，增进项目各方相互理解，可有效地减少冲突。在冲突管理中，项目经理需充分发挥其情商、影响力和领导力。项目经理需敏锐地了解、评估和管理项目各方的情绪，并在此基础上预测项目成员的行为及对项目目标的可能影响。同时，项目经理应准确抓住冲突双方的关注点和矛盾点，以有效地处理冲突。项目经理应充分发挥其在项目团队中的影响力，积极倾听各方观点，清晰表达观点和立场，并能说服他人，以促进各方达成一致意见，解决冲突。项目经理需要充分利用其能力和技巧，领导和激励团队成员有效沟通并高效工作。

上述措施可在一定程度上减少冲突，但不会完全避免冲突。冲突发生时，项目经理需着眼于项目目标，合理解决冲突。美国项目管理协会（PMI）提出了 4 种解决冲突的方法：回避，即回避已经发生的或潜在的冲突，在一定程度上推迟问题直至准备充分；包容 / 调解，即强调双方一致的地方，考虑对方的需要，双方各自退让一步，达到双方均满意的结果；命令，即利用权力来强制推行某一方观点，压制另一方观点，以解决紧急问题；合作，即综合考虑冲突双方不同观点，用合作的、积极对话的态度引导双方进行沟通，达成共识。项目经理在处理冲突时，可根据具体冲突的特点考虑采用哪些办法进行解决。第一，应考虑冲突的重要性与激烈程度，即冲突对完成项目目标的影响程度。第二，应考虑解决冲突的紧迫性，即是否需要马上解决，稍做回避是否影响项目目标完成。第三，应考虑涉及冲突的双方人员的相对权利和资源，并考虑如何及怎么解决冲突。第四，考虑维护冲突双方良好关系的重要性，即双方合作对项目目标完成的影响程度。第五，还需考虑冲突能否永久解决。根据上述因素，项目经理应立足于实现项目目标，选择如何处理冲突。

项目冲突可能会影响项目原定的各项计划，造成资源调配、工序调整、人员变更等。因此，项目过程中需根据冲突处理情况及时对项目计划进行更新。同时应将冲突记录在项目日志及项目经验、教训记录中，以方便相关知识积累，便于后续项目吸取相关经验、教训。

7.3 项目组合、项目集和项目资源配置与优化

大型企业往往根据其企业战略需要布局多个项目组合、若干个项目集。项目管理者需站在企业视角，综合考虑多项目同时运作时的资源配置，力求提高资源配置效率，降低企业成本，实现企业利益最大化。

7.3.1 项目组合、项目集、项目资源统筹管理

多项目管理与单项目管理的最主要的区别是多项目资源管理主要从实现项目目标出发，重点考虑如何在各个项目中合理采购、分配和管理各项资源。为对项目资源统筹管理，实现企业的项目组合、项目集及项目间的有效的资源分配，企业需采取以下步骤。

1. 建立项目资源池

项目组合资源管理具有系统性、创造性和目的性等特点。企业应根据项目组合所需的关键资源建立统一管理的资源池。资源池是指管理项目组合资源的数据库，其中应记录核心资源的各项信息，包括状态、准备、可采购渠道、（人力资源）能力、经验及培养记录等。此处所指资源不局限于物料，还包括硬件设施、人员、文档等项目完成所需要的各类资源。资源池中各项资源的相关信息需及时更新，以便及时掌握各类资源的可获得性，为各项目组合资源管理提供最新参考信息。

2. 建立资源池基本运行制度

资源池不仅是对各项目所需资源进行的简单记录，为有效地服务于项目组合资源统筹管理，资源池还需要建立一系列的基本运行制度，保证资源池的及时更新和高效统筹管理。资源池应该建立的运行制度包括：资源信息更新记录制度、资源池使用制度、项目资源选拔与分配制度。首先，资源信息更新记录制度是指各项资源状态信息需及时更新，包括资源存量、所处项目、资源状态等方面。各项资源信息更新需根据性质制定即时、每天或每周的更新制度，只有各项资源状态及时更新才能为资源优化配置提供基础参考数据。其次，项目资源池应建立开放的使用制度，即一定级别的企业员工均可访问企业资源池，了解各项资源的状态，以便其进行单项目的资源管理。

再次，项目组合资源管理需建立明确的资源选拔制度，即制定根据单项目或项目集所需资源特点在资源池中进行资源查询、选拔与分配的制度。简化的资源池运行模型，如图 7-1 所示。资源池的各项信息须与企业各职能部门结合，以提高资源分配效率，进而提高企业效益。

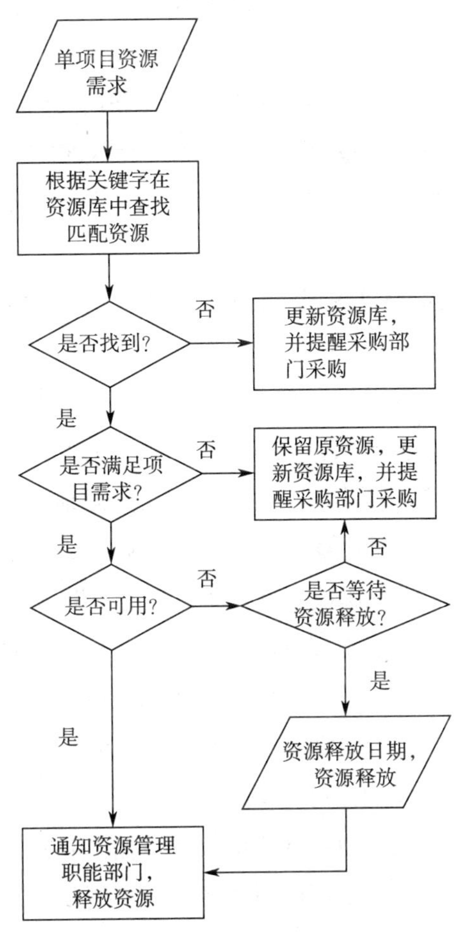

图 7-1　简化的资源池运行模型

3. 优化资源获取

项目集以及项目组合所需资源往往会有所重复，共同资源意味着公司对包括人力、物料、设备等在内的各项资源有较为稳定的需求。项目集及项目组合管理者可根据项目集所需共同资源与资源供应商建立良好的稳定关系。在长期资源采购过程中，可筛选质量好、价格低的优秀供应商，建立优秀供应商目录。加强与供应商的业务联系和沟通，建立长期合作关系，实现与供应商的共赢。

7.3.2 项目组合、项目集、项目资源冲突管理

企业同时开展多个项目，往往会产生各项目之间资源的争夺，尤其是稀缺资源。例如，每个项目经理都希望技术骨干加入自己的项目团队。多项目间的资源冲突是项目滞后或失败的主要原因之一。多项目实施过程中，资源约束会带来项目进度、成本等方面的变化。由于项目各工序具有关联性，某工序的延迟会导致后续工序的滞后积累。因此，企业资源管理者需对各项目所需的关键资源进行统筹分配，优化项目组合、项目集与项目之间的资源配置冲突管理，将有限的资源分配给最有利于实现企业发展战略的项目。

1. 项目组合资源配置潜在冲突风险分析

项目组合、项目集和项目之间的资源冲突管理需要先进行资源配置潜在冲突分析，了解各项目资源需求，尤其是关键资源。为确保项目在工期约束条件下顺利完成，可对项目各工序进行分析，计算出项目关键路径。项目关键路径上所需资源即为项目的关键资源。如果无法在指定周期提供关键线路所需资源则无法按期完成项目。根据各项目关键线路所需关键资源，可计算出项目组合、项目集所需的各项关键资源。

根据项目组合所需的关键资源数量及时间，需进一步考虑企业所具备的资源情况，了解各项资源有无约束性，即企业能为项目组合、项目集和项目提供的各项资源数量能否满足多项目的需求。资源可分为消耗型资源和可更新资源。消耗型资源是指不能重复使用的资源，如建设项目所需要的混凝土、钢筋等资源，一旦在某一项目中使用，就不能重复地在其他项目中使用。可更新资源是指可以重复使用的资源，例如，人力或者设备，在某个时间段在某项目中使用结束后可抽出并投入到其他项目中使用。确定资源约束性时，需考虑消耗型资源的可采购性及可更新资源的时间安排，综合确定项目组合、项目集及项目间的各项资源约束性，识别出项目组合资源分配的主要冲突。

2. 项目组合、项目集、项目资源分配优先级

在项目组合冲突资源管理中，需根据企业战略目标对项目组合进行优先级排序。能够达到企业战略目标的项目组合或能够更有效地帮助企业实现战略发展目标的项目应优先排序，在资源分配过程中享有资源优先获取权。进行项目组合优先级排序时需考虑多方面的因素，包括：项目开展是否决定企业开发新的市场领域；项目开展是否对企业声誉有较大的影响；项目自身经济效益；项目开展对企业与所涉及企业的合作关系的影响；项目开发是否有利于企业获得新技术等。企业管理者需根据企业发展战略目标，赋予上述各因素一定的权重，并进行打分，从而对项目组合的优先级进行

排序。

为了实现项目组合价值最大化，项目组合管理者需慎重考虑项目组合各组成部分，进一步确定组合中各组成部分的优先级。优先级确定的原则是保证最有利于实现企业战略目标的组成部分获取其所需要的各类资源。确定项目组合中各项目集和项目的优先级时，需要对项目周期、风险、投入、收益、所需资源等方面进行综合分析。制定了项目优先级之后，关键资源需要根据优先级排序进行分配，优先级越高的项目越先分配到关键资源。

此外，还需要对项目组合的项目优先级进行持续监控。随着项目的进行与组织经营环境的变化，有必要在项目执行过程中对各项目的优先级进行定期的监控，以保持项目优先级的评定与组织战略目标之间的一致性。一般会选择在单个项目完成重大里程碑之后或者客户需求出现重大变化的情况下，对项目组合中的每个项目的优先级重新进行评估与调整。

3. 项目组合、项目集、项目资源冲突优化管理

在确定了项目间的资源冲突，并建立了多项目间的资源分配优先级之后，多项目间的资源冲突管理可转化为共享或冲突资源在项目组合、项目集及项目间的排序问题，即需进一步进行资源在项目间分配的优化分析。市场上有很多可供选择的多项目资源优化分析软件。通常情况下，这些软件是根据不同计算算法建立的多项目资源分配计算模型，通过设定各约束条件和各项目标，对资源分配进行优化分析。

在设定资源分配计算模型的约束条件时，需首先设置企业所具备的各项资源的约束条件。其次需考虑项目之间及项目各工序之间的相互关系，包括：项目间是否存在互斥，即项目间是否存在非此即彼的关系；是否相互依赖，即某项目的完成是否是另一项目开始的前提条件，或某项目的某一项工序的完成是否是另一项目某一工序完成的前提条件；是否存在紧前关系，即某一项目是否必须在另一项目开始前完工；是否存在时间关系，即项目和项目工序所需资源的时间是否重叠。这些相互关系需要转化成资源分配时的约束条件，进行优化计算。在设定资源分配计算模型的各项目标时，需充分考虑项目组合、项目集和项目的效益、工期、成本等各类目标。同时需考虑制定的项目组合、项目集和项目的优先级。通过输入各项资源及项目所需资源信息，对多项目间的资源分配进行优化计算，实现企业资源价值最大化。

7.4 跨文化项目资源管理控制

随着全球化，越来越多的企业进入其他国家从事商业活动，或利用国际供应链中不同资源供给价格优势降低运营成本。跨文化背景下，项目外部利益相关者和内部成员有较强的文化差异，包括但不限于宗教信仰、风俗习惯、思维方式、法律制度、工作方式等。文化差异对项目资源管理带来一定的挑战。

7.4.1 项目跨文化资源需求供给分析

跨文化背景项目资源管理需要根据项目的跨文化背景，对各类资源的需求进行分析。尤其是，跨文化背景项目对人力资源的需求与常规项目不同，需额外考虑项目不同文化背景下对不同人力资源的需求。比如根据项目所在国相关法律要求，是否需要雇佣本地劳动力及所需雇佣劳动力的数量。需要注意的是，在进行所需国外劳动力估算时，需考虑项目所在国劳动力的作息时间、薪资要求、工作效率等因素。这些因素往往跟国内劳动力的情况存在很大的不同，尤其是作息时间，很多国外劳动力拒绝加班工作。其次还需考虑项目管理者是否从国内企业派往国外，及所需办理的相关签证手续和成本。

跨文化背景下的项目资源供给也有所不同，需要在制定项目资源管理规划时进行充分预判。需充分了解项目所在国的各个资源供应商的工作方式与沟通方式。在国际建设工程项目中存在大量由于不熟悉当地材料供应商工作方式与沟通方式导致所订购的材料无法按照约定时间供应，进而导致施工环节无法衔接、工期延误的案例。因此，在制定跨文化项目资源管理规划时，需获得充分的、准确的项目各类资源供应信息，以减少资源供给无法满足项目需求进而导致项目失败的风险。

7.4.2 项目跨文化资源管理策略

1. 人才本土化策略

为有效地进行跨文化项目资源管理，尤其是充分了解不同文化背景下的资源需求和供给情况，项目可采用人才本土化策略，即可聘用项目所在地的律师、会计师协调项目相关法律、财务事务。同时，可聘用项目所在地的人员担当项目外事联络人员。他们深谙项目所在国的文化传统、法律法规及各方工作方式，能顺畅地与项目所在国的各部门及各个资源供应商进行有效沟通，达到化解文化冲突，促进有效合作的目的。

2. 项目跨文化培训

在跨文化项目中，为更好地帮助跨文化工作的人力资源适应不同文化，需制订详细的培训计划。培训计划需包含 4 个维度，新工作角色和职责培训、心理适应培训、跨文化互动培训、跨文化人员项目组织文化培训。首先需对本国项目成员在项目中承担的工作角色和工作职责进行详细说明和沟通，对在跨文化背景下的新的工作角色可能会带来的工作压力和“工作 – 家庭平衡”问题进行提醒和引导。通过对外派工作所带来的职业能力提升、视野开阔、财富积累等优势及对未来提升家庭生活质量的愿景进行详细说明，引导和激励项目成员尽快适应新的项目角色。其次，需对项目成员可能产生的心理问题进行讲解，帮助成员了解并积极主动地进行自我心理调节。同时对企业的支持机制、同事支持机制及家庭支持机制进行详细说明，明确项目成员可以寻求帮助的渠道，帮助项目成员顺利实现从危机期到调整期再到成长期的心理适应过渡。再次，培训计划需包含对新文化中的语言、沟通方式、生活及思维习惯、价值观念、相关法律的详细讲解，为项目成员融入新的文化背景提供基础。跨文化培训可由企业内部的培训部门组织，也可委托外部培训机构进行。最后，需要对项目所在国聘请的人员进行培训，讲解项目组织文化、工作模式等，增加不同文化背景人员对项目目标、项目组织方式的认可，提高项目团队合作效率。

第8章

项目信息与沟通监控

8.1 项目信息管理与监控

8.1.1 项目信息管理的目标与过程

1. 项目信息管理的目标

项目信息管理与监控涉及搜集、储存、传播、封存与最终销毁信息，这个过程的目标包括以下几个方面。

（1）精确一致地捕捉数据。

（2）从原始数据中开发有用的信息。

（3）在有用信息的生命周期中，安全地维护数据并使其可被查阅。

（4）支持有效的决策与沟通。

2. 项目信息管理过程

在项目组合、项目集与项目的全生命周期中将会产生大量数据。项目管理团队需要获得原始数据，对其进行分析与解释，产生信息。典型的项目信息管理程序如图 8-1 所示。

任务书一旦发布就会产生数据，因此，在项目生命周期的早期，就需要定义信息管理程序与职责。这通常需要遵循组织标准，但对于特定情境，比如法律法规或安全要求，可能需要对其做些调整。项目信息管理计划将制定信息管理标准。

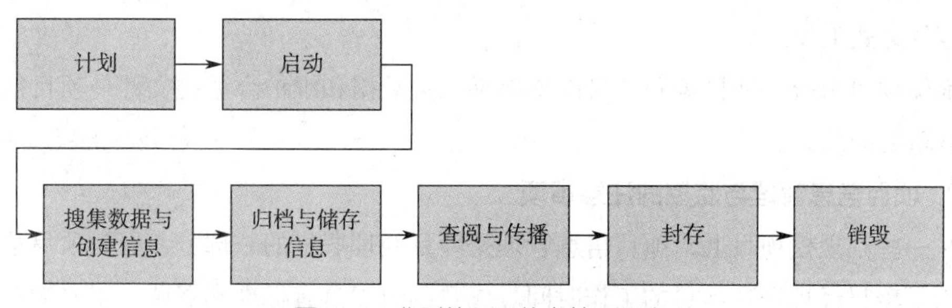

图 8-1　典型的项目信息管理程序

在项目生命周期的早期，数据搜集将聚焦于需求管理与制定解决方案，然后就转移到编制管理计划与交付计划上，展现解决方案如何具体实施。随着工作的推进，将持续搜集绩效数据以支持监控。

项目管理者必须以一致的方法精确搜集数据，这样数据才可能转换成对项目组合、项目集与项目管理团队及相关方有用的信息。如果采用标准技术来捕捉和分析数据，用标准文件来呈现作为结果的信息，项目任务就会更加清晰而且容易达成。很多组织开发电子模板，以确保数据具有一致性。关键文件需要进行配置管理（如版本控制），项目信息管理计划则定义信息如何进行分类与储存。设计储存信息的时候，项目管理者必须考虑项目信息的可访问性、安全性与保密性这几个关键问题的平衡。

很多管理计划会明确相关文件如何分配，其中项目相关方管理计划尤为重要。文件的时间分配可能会在沟通计划中加以明确，而项目信息管理必须能够支持这些要求。

8.1.2　项目信息监控

1. 项目信息监控的内容

有关项目组合、项目集与项目的大部分信息的适用时间是短暂的，即随时间的推进会被新信息所替代。但这并不意味着这些信息就应该被销毁。在项目生命周期期间，应封存被替代的信息，以备未来之需。这对于合同文件来说尤为重要，原因在于在项目进行过程中出现分歧时可能会调取这些合同文件。组织政策经常会规定档案维护的时机，这一特征在组织内部的一些领域比较明显，比如财务会计必须履行法定年度报告和审计等职责义务。

一些包含了不同内在固有价值的信息被总结为经验、教训。此类经验、教训将组成项目信息管理系统的部分内容，成为项目知识管理系统的一部分，便于项目经理从其他人身上学习，进而促进组织自身的能力成熟度发展。因此，这些系统需要以类似的兼容的方式工作。

确保项目组合、项目集和项目能够捕捉相关数据和维护合适的文件是项目信息监控非常重要的部分。

2. 项目信息管理与监控的注意事项

在一些小规模项目上，项目信息管理是项目经理职责的一部分，因为项目信息管理占用了项目经理管理项目的工作时间。成熟的组织具有标准和资源，用以减轻事务性管理特别是小型项目经理的重担，而且组织会确保所有的项目经理都能理解有效信息管理的重要性。

项目组合、项目集与大型项目则需要额外人员来帮助进行信息管理，这些人员通常作为项目支持办公室的一部分。

项目组合、项目集与项目需要强调以下 3 个特别事项。

（1）所有项目组合、项目集、项目与组织日常业务运行的信息管理的一致性。

（2）项目组合和项目集内部信息管理的协调。

（3）以合适的方式区分项目组合、项目集与项目不同层次的信息。

一致性对数据与信息都很重要，并要求有一个共同的系统来记录与分配数据。每个项目管理团队能在项目组合或项目集内获得相关的信息，以便更好地管理项目集、项目和日常业务运行。比如，应确保一个跨国项目集里的所有项目以同一种货币来报告成本，用同样的机制来计算汇率。若没有此类一致性，就不可能自动汇总信息以创建项目集的整体全貌。

项目组合管理团队可能还需要负责知识管理与发展能力的成熟度。因为项目信息管理与这两个方面紧密联系，项目组合管理团队必须具有长远的视角，以确保实行有利于组织的最佳实践。

8.2 项目沟通管理与监控

8.2.1 项目沟通概述

1. 项目沟通的概念

沟通是指有意或无意的信息交换。交换的信息可以是想法、指示或情绪。信息交换的形式包括书面形式、口头形式、正式或非正式（用正式纸质或社交媒体）、手势动作等。

沟通是指用各种可能的方式来发送或接收信息，或者通过沟通活动（如会议和演讲），或者以工件的形式（如电子邮件、社交媒体、项目报告和项目文档）。

项目管理者的大多数时间均用于与团队成员和其他项目相关方沟通，包括来自组织内部和组织外部的人员。不同相关方可能有不同的文化和组织背景及不同的专业水平、观点和兴趣，有效的沟通能够在他们之间架起一座桥梁。

2. 项目沟通的分类

沟通活动可按多种维度进行分类，包括以下几种。

（1）内部沟通和外部沟通。内部沟通主要针对项目内部或组织内部的相关方，而外部沟通主要针对外部相关方，如客户、供应商、其他项目组织、政府、公众和环保倡导者等。

（2）正式沟通与非正式沟通。正式沟通有报告、正式会议、相关方简报和演示等，而非正式沟通指采用电子邮件、社交媒体、网站以及非正式临时讨论的一般沟通活动。

（3）向上沟通、向下沟通和横向沟通。向上沟通主要针对高层相关方，向下沟通针对承担项目工作的团队和其他成员，横向沟通针对项目管理者或团队的同级人员。

（4）官方沟通与非官方沟通。官方沟通一般指的是向监管机构或政府部门呈交报告，非官方沟通指的是采用非正式的手段，来促进和维护项目团队及其相关方对项目情况的了解和认可，并在他们之间建立强有力的关系。

用于开展沟通的活动和工件多种多样，包含从电子邮件和非正式对话到正式会议和定期的项目报告。为了成功管理与项目相关方的关系，沟通应既包括制定策略和制订计划以便创建合适的沟通工件和开展合适的沟通活动，也包括运用相关技能来提升计划或即兴沟通的效果。

成功的沟通包括两个部分。第一部分是根据项目及其相关方的需求制定适当的沟通策略。从该策略出发，制订沟通管理计划，来确保用各种形式和手段把恰当的信息传递给相关方，这些信息构成成功沟通的第二部分。沟通管理计划定义了信息的搜集、生成、发布、存储、检索、管理、追踪和处置。最终，沟通策略和沟通管理计划将成为监督沟通效果的依据。

8.2.2　项目沟通管理与监控的方法

1. 项目沟通管理计划

在项目组合、项目集和项目环境中，制订和审核项目沟通管理计划时需要着重关注以下几点。

（1）沟通管理的原则和目标。

（2）沟通管理的职责。

（3）项目的情境对沟通管理有何影响。

（4）沟通管理的程序。

（5）如何与项目相关方建立沟通关系？

（6）如何避免误解从而减少冲突？

（7）如何建立信心与信任？

（8）相关方与团队成员的投入。

（9）如何进行沟通管理流程保证？

2. 项目沟通监控的目标

项目沟通监控是确保项目及其相关方的信息需求得到满足的过程。项目沟通监控的主要作用是按沟通管理计划和相关方参与计划的要求优化信息传递过程，使信息得以有效交换并达成共识。这个过程的目标是传递相关信息，确保信息被理解。

3. Berlo 沟通模型

沟通可以采取很多形式，最明确、主要的形式有书面、口头、肢体语言。但沟通会被许多其他因素所改变，例如，沟通是正式的还是非正式的、积极的或消极的、有意识的或无意识的。

Berlo 沟通模型（见图 8–2）提供了简单的结构来增强对沟通的理解。戴维·贝罗（David Berlo）于 20 世纪 60 年代创建了他的沟通理论，由于其包含 4 个构成要素：来源（source）、信息（message）、渠道（channel）与接收者（receiver），也被称为 SMCR 模型。

（1）来源。所有的沟通都有来源。来源可能是个人、群体或组织。将需要沟通的信息进行“解码”，是来源的工作。来源进行解码的方式受到几个属性的影响，如其沟通技能，对听众的态度，所具有的关于信息内容的知识、社会体系与文化。

（2）信息。来源必须解码信息，以确保信息包含了正确的内容。这种情况下，“内容”意味着沟通的一切，无论有意地还是无意地，沟通的要素可以包括演示过程中运

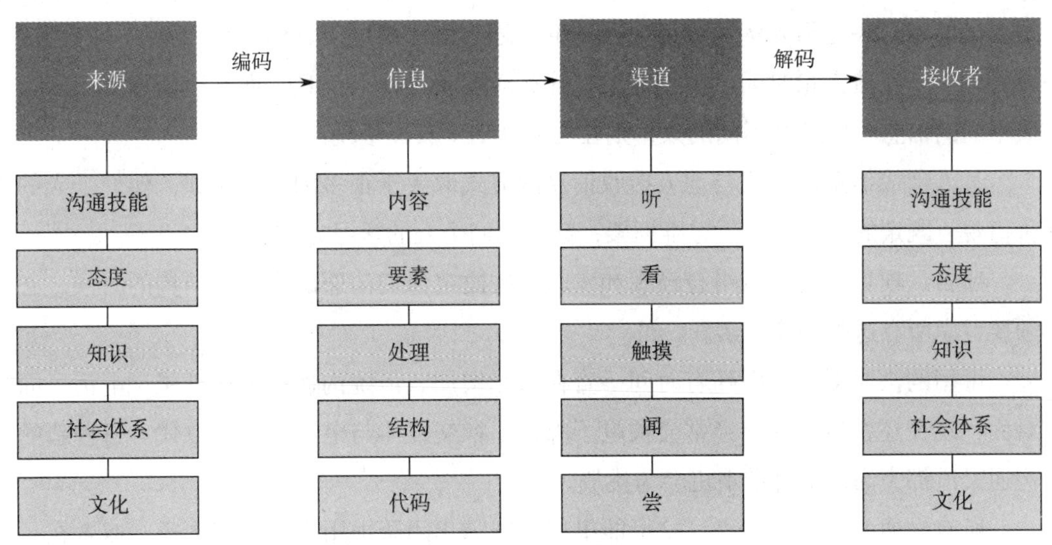

图 8-2　Berlo 沟通模型

用的讲话、肢体语言和幻灯片。沟通可以是凝重的或轻松愉快的、正式的或非正式的，必须与来源接收者如何理解这些信息保持一致。

除了最简单的信息，所有信息都需要结构化，这样信息的多个层次就以逻辑的、累计的方式进行。还需要对它们进行合适的编码，最明显的例子即为用接收者能够理解的语言来编码。

（3）渠道。Berlo 的渠道与 5 种感觉相关，其认为信息传递不应该仅依靠文字。在项目、项目集与项目组合环境里的沟通，几乎很少有机会包括触觉（触摸）、嗅觉（闻）与味觉（尝），而是不可避免地专注于听与看。在现代社会，听与看可以转译成演示、电子邮件、视频会议、简报、播客等渠道。这种现代变化并没有改变接收者正确解码信息的能力，而是为信息传递提供了正确的渠道。

（4）接收者。接收者是预期接收信息的个人、群体或组织。其必须解码信息，影响解码的因素与影响最初编码的因素类似。

在大部分项目、项目集与项目组合情况下，项目、项目集和项目组合管理团队为来源，而项目相关方则为接收者，这就是强调理解项目相关方的原因。只有当项目、项目集和项目组合管理团队理解相关方时，其才能对信息进行编码，并利用合适的渠道最大化沟通的有效性。

如果管理团队与相关方之间缺乏有效沟通，项目或项目集就几乎没有机会获得成功，这就是沟通计划文件的重要性所在。

沟通的基本要素包括发出信息的人、交流该信息的渠道和接收该信息的人。

将项目、项目集与项目组合经理和发起人视为沟通的主要来源，这些人员首先必须要做的事是决定需要沟通什么以及与谁沟通。该法则可以具体呈现，例如，在相关方管理中，花费大量时间了解谁需要在什么时间获得什么信息。而这些信息如何转换成不同的信息、传递给不同的人，则在沟通计划中具体呈现。

某人形成信息的方式与他人接收信息的方式取决于很多因素，例如，他们个人的价值观、既定的兴趣爱好、思维框架，甚至他们个人的学习方式。

项目、项目集与项目组合经理和发起人在决定他们沟通的内容与结构的时候，必须要考虑所有这些影响因素。

可用的沟通渠道范围随着时间一直在持续增加。传统沟通渠道如纸张、电话、面对面，现在还在运用，但经常会被电子邮件、社交媒体与电话会议等取代。每种新的沟通渠道都为沟通本身带来机会与挑战。

所有沟通都会遇到障碍。这可能出现于国际化团队中用不同语言沟通，或者在一个嘈杂的环境中试图让别人听见你讲话。使用习惯性首字母缩略词与行业术语，能够使沟通变得更为高效，但会疏远那些并不熟悉这些用法的人员。隐性的障碍还可能包括有冲突的过往，或缺乏信任。所有这些，都必须作为沟通流程的一部分加以考虑。

4. 项目沟通管理与监控的注意事项

不管项目、项目集和项目组合的复杂度如何，沟通的基本原则是完全一致的。然而，如何运用基本原则，则在较大程度上受到项目工作所处情境的影响。

对于小规模、不复杂的项目，大部分的沟通都是口头的。只要关键决策都加以记录，并以不主要依赖记忆与口头翻译的形式进行沟通即可。

当项目规模越来越大、越来越复杂，标准化文件的使用就显得越发重要。这使更多人员得以更容易地参与到准备、接收具有一致性信息的工作中来，当然，需要进行适当调整以适应情境。

对于构成因素较多的大型、复杂项目，或包含诸多项目的项目集，沟通的受众规模扩大且多元化。要非常谨慎、仔细地规划沟通，不同信息之间的协调一致变得更为重要。在这一点上，项目、项目集与项目组合经理可以作为项目或项目集内专门支持团队的一部分，监督那些负责大量沟通工作的人员。

项目集与项目组合会使用很多渠道进行大量的沟通。其中一些沟通是正式的，但大部分沟通是非正式的。

正式沟通的信息可以通过正式的项目信息管理程序来处理。非正式沟通的有效性取决于个人的能力，项目、项目集与项目组合经理的领导力以及组织的成熟度。

在项目组合的层面，管理团队需要专注于沟通的协调，但更重要的是创建一种伦理道德框架内的、可以进行有效沟通的文化。

5. 项目沟通管理与监控的发展趋势和新兴实践

项目高级管理人员需要时刻关注项目沟通管理的发展趋势和新兴实践，以便更好地执行监督任务。

在关注相关方以及认可相关方的有效参与对项目及组织的价值的同时，也要认识到制定和落实适当的沟通策略对维系与相关方的有效关系是至关重要的。项目沟通管理与监控的发展趋势和新兴实践包括以下几个方面。

（1）将相关方纳入项目评审范围。每个项目的相关方社区中，都包括被项目团队确定为对成功达成项目目标和组织成果不可或缺的个人、群体和组织。有效的沟通策略要求定期而且及时地评审相关方社区，以及管理成员及其态度的变化。

（2）邀请相关方参加项目会议。项目会议应邀请项目外部甚至组织外部的相关方参与。敏捷方法中的一些做法适用于任何类型的项目。例如，简短的每日站会。在每日站会上，项目团队和主要相关方就前一天的成绩和问题以及当天的工作计划展开讨论。

（3）社交工具的使用日益增多。以硬件平台、社交媒体服务和个人便携设备为代表的社交工具已经改变了组织及其人员的沟通和业务方式。在公共 IT 基础设施的支持下，社交工具将不同的协作方式融合在一起。网络社交是指用户建立关系网络，与他人共同拓展兴趣和进行活动。社交媒体工具不仅能支持信息交换，而且也有助于建立更深层次的信任和社群关系。

（4）多面性沟通方法。制定项目相关方沟通策略时，通常应考虑所有可用的技术，并从中做出选择；同时也应该尊重因为文化、实践和个人背景而产生的对沟通语言、媒介、内容和方式的偏好。可以根据需要采用社交媒体和其他先进的计算机技术。多面性方法能够提高与不同年代和文化背景的相关方进行沟通的效果。

第 9 章 项目风险与应急管理

9.1 项目风险管理概述

9.1.1 风险的概念、风险三要素

1. 风险的概念

风险是一种不确定的事件或条件，一旦发生，会对至少一个项目目标造成影响，如范围、进度、成本和质量。需要注意的是，对于同一个项目，要区别风险和风险的起因。例如，一个项目只有一个供应商，这是一个确定性的事件，那么它是一个制约因素，但却是风险的起因。该供应商有可能会倒闭，这就是一个不确定性的事件，会成为项目的风险。

2. 风险三要素

风险有 3 个要素，即风险事件、风险发生的概率、发生风险所产生的影响。根据风险三要素的已知或未知情况，可以将风险划分为 3 种类型。

（1）已知 - 已知风险。风险事件已知，发生的概率和影响也已知。例如，项目前期预算不够的发生概率约为 20%，一旦发生，就会造成工程延期的后果，可能导致收益损失。

这类风险可以完全识别，并能够提前制定出具体的应对措施。其成本直接计入项目各项活动中，属于成本基准的一部分，包含在预算中。

（2）已知 - 未知风险。风险事件已知，但发生的概率和影响不确定。例如，项目

所在行业近期会出台新政策，但具体政策内容未知，其发生的概率和影响也未知。

这类风险需要用应急计划应对，其成本要列入项目的应急储备中，作为项目成本基准的一部分，算进预算中。

（3）未知 - 未知风险。风险事件未知，发生的概率和影响也未知，三要素全未知。例如，突发的新型冠状病毒肺炎疫情造成了项目全方面停滞。

这类风险无法被提前识别，如果发生就只能用权变措施应对，其造成的成本需要动用管理储备，而管理储备不会列入项目的成本基准。对于未知 - 未知风险，项目经理很多时候无法调配组织资源，需要向上申请。

9.1.2　单个项目风险和整体项目风险

我们知道，项目是具有独特性的工作，它的独特性决定了它必然充满风险性。在项目开展的过程中，既有各种假设条件和制约因素，又有各种相关方的冲突和变化。所以，无论是项目还是项目集和项目组合，都需识别和管理过程中的风险，以期平衡风险和收益。

每个项目都存在两个层面上的风险：一是影响项目达成目标的单个项目风险，二是单个项目风险和具有不确定性的其他因素共同导致的整体项目风险敞口。

单个项目风险是指一旦发生，会对一个或多个项目目标产生正面或负面影响的不确定事件或条件。例如，项目团队某成员离职，造成其负责的部分工作不能按正常进度进行。

整体项目风险是指不确定性对项目整体的影响，是相关方要面临的项目结果正面和负面变异区间。它源于包括单个项目风险在内的所有不确定性。例如，项目的各类风险可能致使项目整体被取消。

“风险”是个中性词，无论是单个项目风险还是整体项目风险，都有正面和负面之分，正面风险即机会，负面风险即威胁，对于项目管理来说就是要提高机会，降低威胁。只有规避或减轻负面风险，利用或强化正面风险，才能把项目风险敞口保持在可接受的范围之内，最大化实现项目利益。反之，如果没有妥善处理威胁，就可能会带来成本超支、质量不合格、绩效不佳等问题；如果没有利用好机会，也会错失项目能够获得的众多好处，如声誉无法提升等。

项目风险管理的目标就在于提高项目积极事件的概率和影响，降低项目消极事件的概率和影响。

需要强调的是，风险管理工作不是单独出现在项目的某个环节，开展项目风险管理的过程应该贯穿项目进行的始终，并且在此期间不断调整和迭代。

9.1.3　风险态度、风险偏好、风险承受力和风险临界值

风险态度（risk attitude）指的是个人或组织对风险的看法，可以理解为自己认为项目会冒多大的风险。例如，对于开发新的一条产品线，总经理认为很大可能会因为市场接近饱和而无法实现预期盈利，项目经理认为这样的风险很小。

风险偏好（risk appetite）指的是个人或组织愿意冒多大的风险，可以分为高风险偏好（愿意冒险）和低风险偏好（规避冒险）。例如，个人理财中，高风险偏好的人大多会选择股权投资类的高风险产品，低风险偏好的人大多会选择固定收益类的低风险产品。

风险承受力（risk tolerance）指的是个人或组织可以承受的最高风险程度。例如，一个人面临经济风险，只有 10 万元的偿付能力，超出自己的风险承受能力就会破产。通常，个人或组织的风险偏好应该小于其风险承受力。

风险临界值（risk threshold）反映的是个人或组织的风险偏好程度，是项目目标可接受的变异程度。可以理解为：在这个临界值之内，个人或组织可以接受，不需要采取应对措施；超过临界值，则需要采取预防或应急措施。例如，一个风险承受能力只有 10 万元的人，可以设置 6 万元为自己的风险临界值，一旦超过就要采取措施来预防破产。通常，风险临界值要低于风险偏好。

在项目管理中，项目经理应该明确规定风险临界值，并传达给项目团队和相关方，同时反映在项目的风险影响级别定义中。

9.1.4　项目风险管理的新趋势

当前，项目风险管理越来越受到关注，并且被运用到更广泛的背景和情境中。基于此，项目风险管理衍生出了新的外延。

1. 非事件风险

非事件风险主要有两种类型。

（1）变异性风险。某些已规划决策的关键方面存在不确定性，可带来变异性风险。例如，施工阶段出现反常天气；人力效率远低于预期值；行业法规突然发生改变等。

（2）模糊性风险。对未来可能发生的事情存在不确定性。例如，项目本身系统复杂，不了解项目方案的要素等。

2. 项目韧性

随着对“未知－未知”因素重要性的认识，人们越来越重视一些“突发性风险”，这类风险因为不能被提前识别和规划，所以要通过加强项目韧性来应对。例如，为这类风险留出合理的预算和时间，采用灵活的项目过程，或事先明确突发性风险可以调整的项目范围和策略的领域等。

3. 整合式风险管理

项目存在于组织背景中，在项目、项目集、项目组合和组织层面都存在不同风险，所以需要从整体角度来理解项目风险，不能只见树木不见森林。

9.1.5　项目调整时需要考虑的因素

运用项目风险管理的手段需要根据项目规模、项目复杂性、项目重要性、开发方法等进行调整。

项目规模：项目是否大到应该采取更详细的风险管理方法？或者项目是否小到只需要用简化的风险管理过程？

项目复杂性：由于项目复杂性提高，是否要求采用更稳健的风险管理方法？或者项目是否简单到只需要用简化的风险管理过程？

项目重要性：项目的战略重要性有多大？项目的风险级别因为创造突破性机会、克服组织经营的障碍或涉及重大产品创新而提高了吗？

开发方法：它是否是瀑布型项目，风险管理过程可以相继或重复开展；或此类项目是否采取敏捷型方法，需在每个重复过程的开始阶段以及执行期间处理风险？

9.2　规划风险管理

9.2.1　规划风险管理的概念、作用与发生时间

规划风险管理就是描述如何实施项目的风险管理活动的过程。

它的作用是：第一，确保风险管理的程度、项目的风险大小和重要程度匹配。假如项目优先级很高且项目比较复杂，那么风险管理的程度就要稍微高一些。最直接的

内容是，用多少储备和预算来做项目的风险管理。第二，为风险管理活动本身安排资源和时间，为评估风险奠定一个共同认可的基础。例如，对于风险的发生概率和影响，要有一个标准来判断什么是大、什么是小；发生多大的风险动用多大的资源来应对等，都需要在这个阶段明确规定。

规划风险管理的发生时间是：仅开展一次或仅在项目的预定义点开展。该过程应该在项目构思阶段就开始，并在项目规划阶段的早期就完成。

9.2.2 规划风险管理的主要工作

在规划风险管理的工作中，应该邀请项目相关方来参加，一起讨论风险管理将要怎么做，做到什么程度，要采取什么做法来满足主要相关方的需要，并在最后编制出风险管理计划。

确定风险管理计划是本过程最重要的工作内容，相关方应尽可能参与编制工作。

9.2.3 规划风险管理的依据与成果

规划风险管理过程最重要的是各相关方一起确定怎样进行风险管理活动，所以最重要的成果就是风险管理计划。为了编制该计划，需要有项目章程的指导、项目管理计划中的各个子计划作为参考、项目文件中的相关方登记册来邀请相关方，同时还需要考虑事业环境因素和组织过程资产。

9.3 识别项目风险

9.3.1 识别项目风险的概念、作用与发生时间

识别项目风险是指识别单个项目风险以及整体项目风险的来源，并记录风险特征的过程。

它的作用是：记录单个及整体项目风险，汇集信息来应对已识别的风险，便于应对已知－已知风险。

它需在整个项目期间开展，并且鼓励所有项目相关方参与单个项目风险的识别工作，原则是要风险前置、尽早参与，并且应该采用统一的风险描述格式来描述和记录单个项目风险。

在识别项目风险的过程中，可以为单个项目风险指定风险责任人，其职责包括方案设定和持续跟踪，稍后在实施定性风险分析的过程中再确认。也就是说，风险责任人最早在识别风险时就要考虑，最晚在风险分析时就要确认。

需要注意的是，识别项目风险是一个不断迭代的过程，需要在项目过程中反复进行。实际操作中，一些公司在每周周会时都会做识别项目风险的工作，它的好处是，越频繁地关注风险，风险管理的工作就会越容易。

9.3.2　识别项目风险的主要工作

在识别项目风险的工作中，同样需要相关方积极参与，一起讨论本项目可能面临哪些单个项目风险（并确定风险来源），有哪些不确定性会给项目带来整体项目风险（列出导致风险的因素）。在这个过程中，识别出的全部单个项目风险都需要写入风险登记册，重要的单个项目风险概况和整体项目风险的情况都要写入风险报告。风险登记册主要供项目团队在项目进程中使用，风险报告则方便报送给相关方。

9.4　实施定性风险分析

9.4.1　实施定性风险分析的概念、作用与发生时间

项目实施定性风险分析的过程，主要是评估单个项目风险发生的概率和影响，继而对风险进行优先级排序，不涉及整体项目风险的评估。

它的作用是：重点关注高优先级的风险，为后续定量风险分析及风险管理活动提供基础。

它在整个项目期间开展，只要识别出风险就要进行分析。

没有实施定性风险分析，就无法对后面的重点项目风险和整体项目风险进行定量分析，也无法给出风险解决方案，所以这个环节非常关键。但人们对大小的认知总是

主观的，所以这种评估具有主观性，因此，需要认清和管理本过程关键参与者对风险所持的态度。同样，因为各方所持风险态度具有主观性，所以找出并纠正偏见就是引导者的一项重要工作。

本过程会为每个单个项目风险确认责任人，以便由他们负责规划风险的应对措施，并确保应对措施的实施。但项目经理不可能是所有风险的责任人，因为风险的持续管理需要投入大量的工作和精力，项目经理应该是一个整合者的角色。

除了单个项目风险以外，本过程也需要对整体项目做定性分析，以便决定项目是否需要变更或提前终止。

在敏捷开发环境中，实施定性风险分析的过程需要在每次迭代开始前进行，也就是风险前置的过程。

9.4.2　定性风险分析的主要工作

在实施定性风险分析的过程中，主要是对项目风险进行主观分析，将风险发生的概率和影响用一些数字进行描述，并根据数字大小进行风险排序。排序后，重要的风险需要进入下一步定量分析，一般风险可以直接规划风险应对，低级别的风险列入观察清单即可。

9.5　实施定量风险分析

9.5.1　实施定量风险分析的概念、作用与发生时间

实施定量风险分析，就是在定性分析的基础上，就已识别的单个项目风险和不确定性的其他来源对整体项目目标的影响进行定量分析。定性风险分析基于主观判断，而定量风险分析本质上是客观的数学模型输出结果。

它的作用是：量化整体项目风险敞口，提供额外的定量风险分析信息，以帮助制定风险应对规划。

定量风险分析不是简单的计算题，而是需要建立比较复杂的数学模型，因此需要专门的软件、专业的知识、额外的时间和成本，所以它并非在每个项目都必须发生。

如果使用，它在整个项目期间持续开展。定量风险分析也可以在规划风险应对过程之后开展，以分析已规划的应对措施对降低整体项目风险敞口的有效性。

9.5.2　定量风险分析的主要工作

在实施定量风险分析的过程中，需要做两件事。第一，对上述定性风险分析中挑选出来的最严重的单个项目风险做客观的定量分析。第二，将这些定量分析的结果和其他不确定性的情况输入到特定的数学模型中，进而计算输出项目的整体项目风险，并为其确定应急储备。

事实上，一些中、小型项目可能会跳过定量风险分析阶段，也有许多单个项目不需要此步骤。所以，定量风险分析并不是所有项目中都必需的。但进行定量风险分析后，结果应该写入风险报告，作为项目整体风险情况汇报给相关方。

9.6　规划风险应对

9.6.1　规划风险应对的概念、作用与发生时间

规划风险应对过程指的是为处理整体项目风险敞口，以及应对单个项目风险，制定可选方案、选择应对策略、商定应对行动。

它的作用主要是：制定风险策略，分配资源，更新计划。

它在整个项目期间持续开展。因为规划风险应对需要制定很多个方案，从中选择一个最优的。

规划风险应对是为了最小化单个威胁，最大化单个机会，并降低整体项目风险敞口。风险敞口是指在某个项目、项目集和项目组合中，针对任一特定对象，而适时做出的对所有风险的潜在影响的综合评估。

9.6.2　规划风险应对的主要工作

在规划风险应对的过程中，主要的工作是制定单个项目风险及整体项目风险的应

对措施和策略。在这个过程中，可能会重新开展识别风险、分析风险的过程，即不断调整项目。这个工作结束后，需要对风险登记册和风险报告进行更新。风险应对策略和措施需要定期或不定期地审查和更新，以保证其在项目进行中保持有效性。

9.7 实施风险应对

9.7.1 实施风险应对的概念、作用与发生时间

实施风险应对，就是执行商定的风险应对计划的过程，是风险管理的具体落实和执行阶段。这个过程的必要性在于，项目风险管理的一个常见问题是，对风险只记录分析，不付诸行动进行应对。所以在进行项目风险管理时，风险应对责任人要努力实施商定的应对策略，风险才能得以管理，责任人要积极组织所需资源，来增加机会、减轻威胁。项目经理作为整体项目的负责人，需要根据规划风险应对过程的结果组织所需资源，处理整体项目风险，使其处在合理水平上。

它的作用是：确保按计划执行商定的风险应对措施，在执行过程中管理项目风险敞口、最小化单个项目威胁、最大化单个项目机会。

它需要在整个项目期间开展。

9.7.2 实施风险应对的主要工作

实施风险应对的过程属于项目的执行过程组内容，其主要工作是，单个项目风险的负责人和项目经理根据风险应对的规划，组织资源，实施策略。单个项目风险的策略实施情况，写入风险登记册；整体项目风险的策略实施情况，写入风险报告。

9.8　监督项目风险

9.8.1　监督项目风险的概念、作用与发生时间

监督项目风险是在整个项目生命周期内监督商定的风险应对计划的实施、跟踪已识别风险、识别和分析新风险、评估风险管理有效性，包括风险审计、风险再评估等。

它的作用是：使项目决策都基于整体项目风险敞口和单个项目风险的当前信息。

它需要在整个项目期间开展。

风险监督在风险管理过程中的流程大致如图 9-1 所示。识别风险类型之后，对已知 - 已知风险，制定并执行商定的应对措施；对已知 - 未知风险，制订并执行商定的应急计划。如果商定的措施或计划无效，则执行弹回计划。对未知 - 未知风险，如果已经发生，就需要制定并执行权变措施；如果尚未发生，则需更新风险登记册、进行风险分析（定性、定量）、规划风险应对、实施风险应对、持续监控。

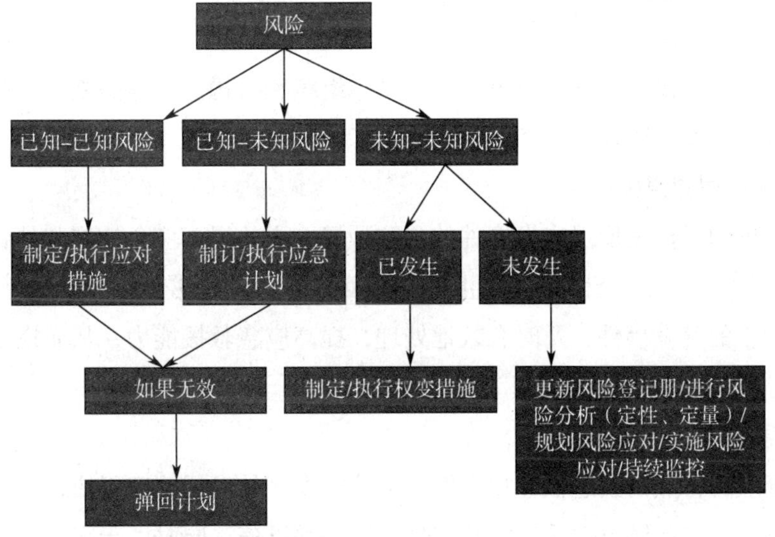

图 9-1　风险监督流程图

9.8.2 监督项目风险的主要工作

监督项目风险属于项目的监控过程组内容，其主要工作是：监督和控制单个项目风险和整体项目风险的应对策略实施情况，同时检测残余风险，识别和分析新风险。在这个过程中，需要不断更新和完善风险登记册和风险报告的相关内容。其中，开展风险审计、评估风险管理的有效性是该过程中的重要内容。

9.9 项目应急管理

9.9.1 项目应急管理的概念

项目应急管理指的是在突发事件爆发前、爆发后以及消亡期间，通过一系列有效的管理活动，采取各种方法与技术，调动各种资源来预防和处理突发事件，以便恢复正常状态，维持稳定的管理过程。

1. 应急管理的主体

应急管理的主体是处理突发事件的人员、组织和机构。客体是处置的各类突发事件，包括潜在的和已经爆发的突发事件。

2. 应急管理的目标

应急管理的目标是增强突发事件的预防预警能力，提高应急响应和处置能力。针对潜在的突发事件，排查隐患，防止爆发突发事件，从而使公共利益避免遭受损失；针对已经发生的突发事件，及时有效地处理，提高应急救援能力，从而恢复稳定和协调发展。

3. 应急管理的特点

应急管理的特点是紧迫性和权变性。由于突发事件发展速度很快，可能产生次生和衍生的灾害，引起链条效应，因此应急反应必须迅速。同时由于突发事件的实际情况各异，因此必须根据具体情况制定方案，使应急反应措施适宜有效。

4. 应急管理的过程

应急管理的过程既有突发事件爆发后的应急响应、应急救援、应急处置，也有突发事件爆发前的预防和应急准备，以及突发事件消亡之后的修复与重建。这就决定了应急管理不是权宜之计，而是一个长期持续的过程。

9.9.2　项目应急管理的原则

项目应急管理的基本原则包括以下几项。

1. 预防为主，预防与应急相结合

把预防摆在首位，将预防和应急联系起来，将突发事件爆发前的常态与爆发后的非常态相结合。

2. 以人为本，降低损失

保障群众生命财产安全，维护社会稳定是应急管理的根本目标。要采取各种有效手段和措施，减少突发事件的影响范围，减少危害。

3. 广泛动员，形成合力

突发事件影响范围大，单靠一方力量难以应对，因而要充分动员，依靠大众，形成协同救援机制，实现灵活机动、有序联动。

4. 统一指挥，分级处置

应急行动要坚持统一指挥、分级负责、属地为主，有序安排各方救援力量参与应急。结合突发事件爆发地点、规模、性质、波及范围确定所需的救援力量和资源。

5. 依法治理，加强宣传

完善法律法规，将突发事件应急管理推上规范化、制度法、法制化轨道，维护公众的合法权益，加大宣传、教育、培训力度，普遍提高大众自救互救能力，增强忧患意识。

6. 加大投入，科技引领

坚持科技引领，加大应急管理科研投入，研发实用性安全防护装置和应急产品，同时提高风险监测和预警技术水平，增强突发事件的预防能力，提升应急管理科技支撑能力。

9.9.3　项目应急管理的过程

项目应急管理的全过程可以划分成 4 个阶段（简称四阶段模型），分别是预防（prevention）、准备（preparation）、反应（reaction）和恢复（recovery）阶段。

1. 预防

防范风险作为应急管理的起点，是避免爆发突发事件的有效途径。此外，预防是应急的基础，是应急管理过程的首要环节，在应急管理中占据非常重要的地位。根据经验和规律，针对可能爆发的突发事件，应综合考虑相关诱因，查找和消灭事故隐患；建立风险监测机制，开展项目风险监测和预警，辨别风险潜伏期的征兆，及时排除隐患；强化现场安全监管，立足长效管理，实现关口前移，超前防范，从源头上扼制风险源，避免爆发突发事件。

2. 准备

应急准备是应急管理过程中的关键环节，是指针对潜在风险，为应对突发事件，提高应急组织能力，有效减少损失而提前进行的各种准备，包括组建专业应急救援队伍，建立应急指挥调度组织，落实相关人员的责任，编制应急预案并且进行演习，准备、维护应急设备以及物资、医疗保障等，其目标是保障突发事件应急响应所需要的人、财、物。

3. 反应

应急反应是应急管理最核心的过程，包括接警、报告险情、启动响应、决策分析、指挥协调、发布权威信息、抢险救援等环节。应结合项目实际设计应急响应流程，当爆发突发事件的时候，立即采取应急行动，控制险情扩展，最大限度地避免人员伤亡，降低经济损失。

4. 恢复

突发事件的威胁和危害基本得到控制和消除之后，应针对事故造成的损失和影响，迅速开展后期处理，包括现场清理、善后处置、恢复施工、重建设施、事故调查、追究责任和总结评估等，逐步恢复到正常状态。在突发事件消亡期，对其发生的原因要展开调查，评估本次应急行动的成效，总结经验，吸取教训，杜绝类似事件再次发生，并为下一次开展预防和应急工作做好准备。

9.9.4 项目应急管理的系统和方案

1. 项目应急管理系统

项目应急管理系统通常应包括预警系统、识别系统、实施系统以及评估系统。预警系统就是对潜在的突发事件进行监测、预测和预控，争取避免突发事件的发生。当面临无明显预兆的突发事件（如自然灾害）以及预控失败无法避免的项目突发事件时，就要启动识别系统，分析突发事件的类型和级别，调动系统资源，拟定处理方案，并对方案的可实施性进行评估，选定实施方案。在实施过程中，要按照实施系统标准和要求，根据情况不断修订计划，灵活应对。评估系统旨在对突发事件进行总结评价，不断完善系统资源，提高项目突发事件预防能力和突发事件管理水平。

应急管理系统的构建要坚持预防为主、平战结合、快速响应、全员全过程管理的基本原则，它的基本功能包括应急准备、应急响应、应急恢复。

2. 项目应急管理组织系统

项目应该成立突发事件应急管理领导小组，由项目经理、职能部门负责人、分包单位负责人担任成员，下设应急管理办公室。应急管理领导小组的主要职责是进行突发事件应急管理决策，负责应急预案的组织、实施和应急过程中的指挥，协调各应急工作小组的救援工作。应急管理办公室是应急管理的办事机构，负责分析、处理现场应急处置小组报送的信息，为应急管理领导小组决策提供参考意见；向上级有关部门报送应急动态信息；必要时，接受新闻媒体采访，发布经主要负责人批准的应急救援信息。各小组成员负责工作范围内的应急管理工作，组织实施相关应急预案，督促落实领导小组的指示及有关决定，及时向上级主管部门报送紧急、重要的情况，指导和协调各部门做好相关类别突发事件的预防、应急处置和调查处理等工作。

3. 项目应急处置综合预案

项目应急处置综合预案就是根据发生和可能发生的突发事件，事先研究制订的突发事件的应对计划和综合方案。做好应急管理的预防工作，首先要组织员工学习现场应急处置综合预案。要想让现场应急处置综合预案落在实处，除了项目管理层明确各自职责，履行各自应急任务外，还需要组织开展针对员工的项目现场应急处置培训。

4. 项目应急沟通计划

项目应急沟通对于妥善处理项目突发事件对项目带来的负面影响具有重要的意义。项目应急管理预案中应该制订项目应急沟通计划，明确可能受到突发事件影响的相关方，规划好必要的沟通渠道。应急管理组织平时要加强与相关方之间的沟通。突发事件发生时，应迅速启动项目应急沟通计划，明确传播媒介和传播对象，抢占信息源，避免媒介传播中错误信息的发布。突发事件过后，要与相关方全面沟通，针对企业形象的受损程度开展相应公关活动，以最大程度减少危机对项目声誉的破坏，恢复正常状态的公关活动。另外，企业平时应注意累积项目沟通资源，与公众和媒体建立良好关系，在客户和社会大众以及政府中树立正面的形象，以便项目发生突发事件时获得公众同情和支持，占据有利地位。

5. 项目应急管理能力建设方案

项目应急管理能力指的是项目组织应对和消除突发事件，使突发事件造成的损失程度降低到最小的能力。如果项目组织不能采取及时有效的措施，或者采取措施不正确，就会造成事态的恶化，给突发事件应对造成更大的困难，因此，项目组织的应急管理能力直接决定了应急管理的效果。

项目应急管理能力的提升应该从影响项目应急管理能力的 5 个因素来进行，即人员因素、设备因素、管理因素、环境因素和文化因素。人员因素指的是人员素质的高低和应急能力直接决定了项目安全应急管理能力的水平。设备是实施有效应急管理的条件保障，应急设备的质量如何，是否易于操作和使用，日常维修保养和定期检测工作是否到位，都在一定程度上影响着项目的应急管理能力。管理因素主要包括应急预案和应急组织的有关情况。环境因素指的是项目在应急处置时外部机构的辅助配合程度，如外部的救援机构抵达现场的速度、补给和专家配备的数量。文化因素指的是项目应急管理过程中的安全应急文化和安全应急的氛围对项目应急管理能力有非常重要的影响。如果项目应急文化很浓厚，每个人都对安全十分重视，那么项目的安全事故一定会大大地减少，甚至不发生任何安全事故，不存在任何安全隐患。

第 10 章

项目相关方管理与监督

10.1 项目相关方管理计划审核

10.1.1 项目相关方的概念

项目相关方是与项目、项目集和项目组合有利益关系的个人或团体，这些个人或团体或参与项目工作，或受到项目成果的影响。

大部分项目、项目集和项目组合有很多利益各不相同，有时甚至是竞争关系的项目相关方，这些个人与团体能够对项目工作的成败产生至关重要的影响作用。

与项目相关方一起工作是很多项目管理过程的重要组成部分。例如，需求管理是基于项目相关方的要求与需求，风险管理是基于理解项目相关方对于风险的偏好与态度。

10.1.2 项目相关方管理的核心概念

每个项目都有相关方，相关方会受项目的积极或消极影响，或对项目施加积极或消极的影响。有些相关方影响项目工作或成果的能力有限，而有些相关方可能对项目及其期望成果有重大影响。关于重大项目的学术研究及分析强调了结构化方法对识别所有相关方，进行相关方优先级排序，以及引导相关方参与的重要性。项目管理者和团队正确识别并合理引导所有相关方参与的能力决定着项目的成败。为提高项目成功的可能性，应该在批准项目章程、委任项目管理者以及团队开始组建之后，尽早开始识别相关方并引导相关方参与。

相关方满意度应作为项目目标加以识别和管理。有效引导相关方参与的关键是与所有相关方（包括团队成员）保持持续沟通，理解相关方的需求和期望，处理所发生的问题，管理利益冲突，并促进相关方参与项目决策和活动。

10.1.3　项目相关方管理计划

项目相关方管理计划具有一定的结构性，内容一般由以下几部分组成。

1. 介绍

计划必须考虑工作的情境。一个组织部门内部的小型项目所编制的项目相关方管理计划与一个公众眼中较大项目集的项目相关方管理计划存在相当大的差异。介绍部分应描述工作背景，并明确该文件与其他相关文件，如风险管理计划如何关联。

2. 角色与职责

对于较小的项目，项目相关方管理的总体责任可能落在项目经理的肩上；对于较大型的项目集或项目组合则可能落在专门的专家团队肩上，但很多人将担负项目相关方管理的职责。

促使项目相关方积极参与的一个重要方面，是分派团队中合适的成员来维护项目相关方关系。这部分内容要描述项目相关方管理的原则，也要显示在项目、项目集与项目组合组织架构内沟通的路径。

3. 信息管理

定义项目相关方登记册与项目相关方沟通计划的构成与格式，同时应注意根据工作需要对项目相关方登记册的范围与沟通计划进行调整。

任何要求的进展报告，应该与报告的目的、时间与预计的接收人一起描述。

4. 保证

针对项目管理中每个管理过程都需要有一个角色去执行项目保证功能，通过评审等活动确保项目管理的流程得到有效执行。这里要描述保证评审所需的成功项目相关方管理标准。

5. 预算

与项目相关方的沟通会产生成本，这些成本应该包括在预算中。项目相关方管理计划不包含这些预算，但要描述预算是否存在、如何管理预算以及预算数字放在哪里。

6. 交互界面

在项目、项目集和项目组合管理的各个方面，都必须考虑项目相关方。应将项目相关方信息与收益、问题、风险等方面的文件相连接。此部分定义如何管理这些界面以及它们之间的相互参考。

10.1.4　项目相关方管理计划的审核

项目相关方管理计划作为项目规划的输出，需要高级项目管理人员进行审核，一旦批准，管理项目相关方的资源就需要调集到位，准备执行启动步骤。

为了实现项目收益，识别项目相关方和引导项目相关方参与的过程需要动态迭代开展。虽然项目相关方管理计划仅讨论一次，但是，项目管理者应该持续开展识别相关方、排列其优先级以及引导其参与等活动。至少要在以下时间点开展这些活动：项目进入生命周期不同阶段；当前相关方不再与项目工作有关，或者在项目的相关方社区中出现了新的相关方成员；组织内部或更大区域的相关方社区发生重大变化。

与此同时，项目相关方管理计划也要进行相应更新，高级项目经理需要对更新的计划进行持续的审核和监督。

10.2　项目相关方监督

10.2.1　项目相关方监督的目标

项目相关方监督确保项目相关方以合适的方式参与项目、项目集和项目组合的所有方面。这个过程的目标是：确保理解所有项目相关方的想法和态度；影响项目相关方，在任何可能的地方获得项目相关方的支持；最大化支持项目的项目相关方的影响，最小化不支持项目的项目相关方的影响。

10.2.2　监督项目相关方管理的过程

需要被监督的项目相关方管理过程有 6 个步骤（见图 10–1）。

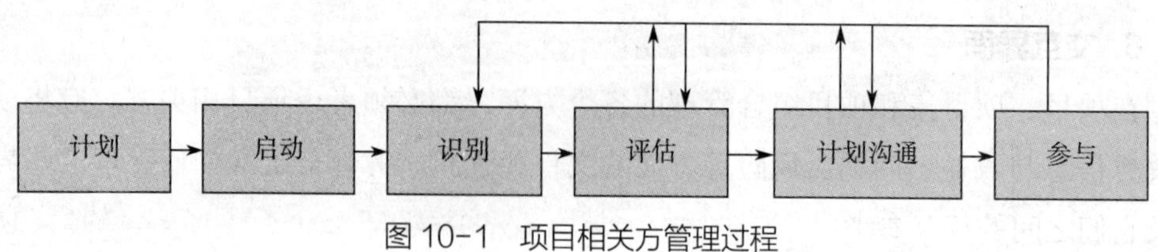

图 10-1　项目相关方管理过程

项目相关方识别包括访谈、头脑风暴、检查清单、汲取经验教训等。通常通过项目相关方地图理解项目相关方及其不同相关方利益之间的关系。常见的项目相关方种类包括：执行工作的人员、承包商与供应商；受到项目产出或成果影响的个人与团体；承办组织的负责人、客户或创办人；政府机构与团体。

更详细的项目相关方地图将根据项目相关方在工作中的利益及其对工作执行方式产生的影响，来评估每个项目相关方。那些具有直接影响目标能力的项目相关方，有时候被强调为关键项目相关方。

评估每个项目相关方时需要思考的典型问题是：项目工作将如何影响这些项目相关方？项目相关方对于项目工作持哪种态度（支持、反对或模棱两可）？项目相关方的期望是什么？如何管理这些期望？谁与/或什么是项目相关方对于项目看法的主要影响源？谁是与项目相关方进行紧密联系的最佳人选？

一旦对项目相关方进行了评估，就可以编制项目相关方管理计划，从关注其利益与影响力的视角，与项目相关方进行沟通。与项目相关方接触的原则需要在项目相关方管理计划中加以陈述，在沟通计划中则详细说明如何进行沟通。

针对具有高层级利益与影响的项目相关方的沟通计划，不同于针对具有较低层级利益与影响的项目相关方的沟通计划。同样的，与那些对于项目工作持主动积极态度的项目相关方的沟通，也不同于那些对项目工作持被动消极态度的项目相关方。

沟通规划将识别与每个项目相关方进行紧密联系的理想人选。在很多情况下，项目、项目集与项目组合经理会自己承担该工作，但号召同伴、高级经理或其他更合适该位置的人，也是非常有用的。通常由项目发起人与更高级别项目相关方进行紧密联系。

当项目相关方的观点、看法、角色或态度等，在项目整个生命周期中发生变化的时候，项目相关方管理就变得更为复杂了。出于这个原因，项目相关方管理过程的 6 个步骤必须在整个生命周期过程中反复进行。

10.2.3　项目相关方监督的注意事项

在小型项目上，项目经理可能能够在项目发起人的帮助下，识别项目的所有项目相关方。一张简单的项目相关方地图将满足需要，与项目相关方的沟通活动可能包括在项目计划中。项目相关方管理是一项重要的活动，对于小项目亦然。项目经理可以通过理解项目相关方，花费时间与项目相关方紧密联系并影响项目相关方，对项目最终的成功产生巨大的影响。

在项目集与大型项目中，应该在不同的层面创建项目相关方地图，这是项目经理与项目集经理的职责。项目相关方应该只在其具有可识别的利益或影响的地图上出现。那些在项目中具有利益的项目相关方，应该出现在项目层面的项目相关方地图中。那些在诸多项目中或在受到项目影响的正常经营中获利的相关方，应该还要出现在项目集层面的项目相关方地图中。

项目相关方在多个项目中具有利益时，项目集层面的项目相关方地图必须清晰地区分其在各个项目中的利益与影响，以确保项目相关方只出现在一个沟通计划中。

在结构化的项目组合中，管理团队需要协调项目组合内所有构成项目、项目集与正常经营的项目相关方管理活动。管理团队还必须维护项目组合范围的项目相关方管理计划，这个计划需要覆盖以下几个方面：整体项目相关方管理政策，包括关键项目相关方团体与它们之间的界面；如何对项目相关方管理政策进行监督；如何对项目与项目集层面的项目相关方管理进行协调与支持；搜集并宣传高级管理层对于项目组合流程与项目组合内容的支持。

项目相关方管理可以说是结构化项目组合中最具挑战性的活动之一。如果一个组织当地区域的项目相关方管理做得不好，项目组合内的变更管理就会受到重大影响甚至破坏。

10.3 项目相关方冲突管理

10.3.1 冲突管理的目标

冲突通常被看作是负面的东西，而且对达成项目、项目集和项目组合的目标具有不利的影响。然而，冲突的一些方面，可以被积极运用。并且，认识到冲突管理与冲突解决两者之间的差异是很重要的，后者只是前者的一个方面。

冲突管理的目标是：利用冲突的正向积极方面；解决组织的和人际的冲突；将冲突对于目标的影响最小化。

项目、项目集和项目组合的环境，是人们在崭新的、不断变化的情况中，临时性聚合在一起共同工作以达成一系列目标的环境，这几乎就是一个设计出来产生冲突的情境。

有研究总结出了项目冲突的 7 个主要来源：进度安排、优先级、人力、技术主张、程序、成本、人员个性。

10.3.2 管理相关方的冲突

显然，冲突对实现目标具有潜在的不利影响。尽管项目、项目集和项目组合经理可能非常善于解决冲突，但对项目相关方的冲突加以管理，在冲突发生前就预防、避免冲突的发生是非常重要的。

1. 冲突管理的步骤

有研究总结出了冲突管理的 5 个步骤（见图 10-2）。这些流程活动对在项目、项目集和项目组合中管理相关方的冲突极具参照意义。

图 10-2 冲突管理 5 个步骤

预测几乎是规划的同义词，项目、项目集和项目组合经理需要花费很多时间在规划上。在识别步骤中，大量时间应花在努力预测潜在的资源冲突上，然后消除或减少冲突，这有望降低冲突发生的概率。

比如针对需求管理与项目相关方管理功能，可筛选出潜在的冲突来源，并制订计划来处理冲突。风险管理在此也是关键功能，因为它也要识别潜在的冲突来源，制定各种应对措施。

任何规划都不能消除所有的冲突来源，管理团队必须运用控制技术与同理心来识别明显的技术方面、微妙的人的方面以及临时出现的冲突。

最后一个步骤是“解决”。鉴于项目、项目集和项目组合管理的本质，该过程中的步骤与很多其他项目管理流程相似。

项目、项目集和项目组合经理应该对冲突有所预料，但不必寻求避免所有的冲突。某种程度上的冲突可以被视为建立高绩效团队的一个必不可少的部分。不同意见能帮助个人进步发展，并提供学习经验，但必须对此加以谨慎、仔细地管理，以防止产生负面效果。

当负面冲突不可避免发生的时候，就需要解决冲突，以降低其引起的损害。

个人之间的冲突，可能突然爆发，也可能逐渐发生；它们可能是单一的事件，也可能是很多小事件的逐步积累。冲突的强烈程度，通常用事件的量级和它们发生的频率来描述。

潜在冲突的显性特征可能包括敌对状态、缺乏合作或明显而直接的挑战。隐性冲突可能通过沟通风格的变化、选择退出团队活动、消极的妨碍性或破坏性行为来体现。

假如冲突不加以解决，就可能产生破坏。冲突带来不确定性、影响士气、削弱团队的效能，最终可能导致目标实现的延期，甚至失败。

2. 冲突风格清单和冲突模型

行为科学家肯尼斯·汤玛士（Kenneth Thomas）与雷夫·克理曼（Ralph Kilmann）制定了冲突风格清单。他们在自信和合作这两个个人特征的象限上安排了 5 种冲突解决办法。

他们还开发了 Thomas-Kilmann 冲突模式（见图 10-3），用以识别处理冲突时个人的自然倾向。

（1）竞争型。喜欢这种风格的人倾向于采取坚定的立场，因为他们对自己的立场很有信心。他们通常处于具有一定权力的职位。

当冲突需要紧急解决时、当解决方案不是一般常规方案时或者当对方努力利用情况来实现自身优势时，这种风格是有用的。

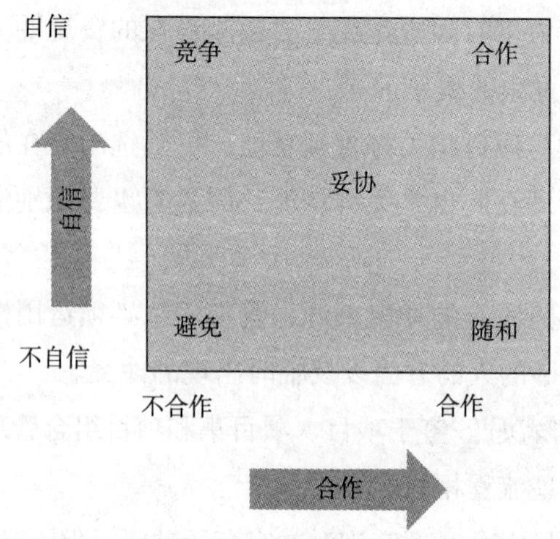

图 10-3　Thomas-Kilmann 冲突模式

一定要注意不要不适当地使用这种风格，因为有些人会觉得他们已经在争论中失利，而且会感到很气愤。

（2）合作型。合作风格是努力去满足每个参与者的需求。具有这种风格的人仍然会自信，但是与“竞争”风格不同的是，他们承认每个人的观点都是同等重要的。这种风格尝试将许多观点结合在一起，以达到最佳的解决方案。这一风格应该是管理中解决冲突时首先采用的风格。

（3）妥协型。妥协往往意味着所有各方只感到部分满意。妥协意味着每个人都必须放弃一些东西，但当冲突对项目、项目群和项目组合目标的影响超过打破各方之间僵局的影响时是有用的。这种方法很可能在生命周期的交付阶段使用。

（4）随和型。这种风格表明，有人准备好满足他人的需要并牺牲自己的需求。这对于项目、项目群、项目组合经理来说是一个不太合适的风格，因为他们的首要任务是满足项目、项目群、项目组合的目标。只有当这一风格是解决冲突的唯一办法、而不解决的影响比必要的让步更严重时，这种风格才应该被采纳。

（5）避免型。喜欢这种风格的人会试图避开冲突，或将其传递给他人。只有当项目、项目群、项目组合经理真正相信别人能更好地解决冲突时，这种风格才是可以接受的。

例如，对于一名项目、项目群、项目组合经理来说，将解决与资深相关方冲突的责任转交给发起人是完全合理的——但是，应该以一种建设性的方式，而不是忽视问题、希望依赖赞助商来解决问题。

10.3.3　项目相关方冲突管理的注意事项

随着项目工作复杂度的提高，冲突的整体强烈程度也随之增加。当项目的规模和复杂度提高的时候，参与项目的人员数量、多元化程度、产品的数量都会随之增加，以至于目标都可能发生调整。如果要实现收益，项目变更管理就必须做得很成功。

随着相互依赖关系（如项目集内部的项目）与相互关系数量的增加，复杂度也随之提高。

当项目成为项目集，项目集成为项目组合，项目高级管理人员花费在冲突管理上的努力也随之增加。做好冲突管理主要是为项目相关方管理、团队合作、风险管理等方面进行有力支撑。

在项目集与项目组合中，管理团队必须协调解决其构成项目与项目集内的冲突。也许一个项目相关方处于项目集里两个项目的争执冲突中，而这些争执冲突正以不同的方式加以解决，项目集和项目组合管理团队需要对正在解决的冲突进行全局掌控。

第 11 章

项目采购与合同管理

11.1 项目采购管理

11.1.1 招标的类型

工程招标的方式有公开招标、邀请招标等，不同招标方式有其特点及适用范围。

1. 公开招标

公开招标是指招标人通过公开媒体（如网络、报纸、电视等）发布招标公告，邀请不特定的法人或者其他组织投标，且对投标人数量不做十分具体的限定。

《中华人民共和国招标投标法》规定，依法必须进行招标的项目，其招标投标活动不受地区或者部门的限制。

这种招标方式的特点是业主选择范围大，投标人之间竞争充分，有利于降低报价，缩短工期，提高工程质量。但招标所需时间较长，业主管理工作较为复杂，如资格预审及评标工作量大、耗时长、费用高，且必须严格认真，以防止不合格投标人混入。在此过程中，严格的资格预审十分重要。

2. 邀请招标

邀请招标也称选择性竞争招标，是指业主根据工程的特点，有目标、有条件地选择几个企业或者其他组织，以投标邀请书的方式邀请其投标。这是国内外经常采用的招标方式。采用这种招标方式，业主的事务性管理工作较少，招标所用的时间较短，费用低，业主可获得一个比较合理的价格。国际工程经验证明，如果技术设计比较完备，信息齐全，签订工程承包合同最可靠的方法是采用邀请招标。

我国的招标投标法规定，采用邀请招标，投标人数量不得少于 3 家。

11.1.2　政府投资项目招标类型

政府投资建设项目是指以政府为投资主体，由政府来筹集资金进行投资的建设项目。根据《政府投资条例》(中华人民共和国国务院令第 712 号)，政府投资是指在中国境内使用预算安排的资金进行固定资产投资建设活动，包括新建、扩建、改建、技术改造等。政府投资项目的采购方式有 6 种，分别为公开招标、邀请招标、竞争性谈判、询价采购、单一来源采购、竞争性磋商。

这 6 种招标方式中，公开招标和邀请招标的范围和特点与一般工程的招标活动项目类似，下面对其他 4 种方式做简单介绍。

1. 竞争性谈判

竞争性谈判，是指采购人或者采购代理机构直接邀请 3 家以上供应商就采购事宜进行谈判的方式。

竞争性谈判在以下情形下经常被采用：政府发出招标通知后，没有供应商来投标的，没有合格标的或者重新招标没能成立的；具有技术复杂或性质特殊，不能够确定详细规格和具体要求的；客户紧急需要而采用招标不能满足客户要求的；采购对象独特而复杂，以前不曾采购过且很少有成本信息，不能事先计算出价格总额的。

竞争性谈判中，采购周期短，采购流程简单。采购方有较强主动性。竞争性谈判中，可以通过多轮谈判报价使采购方获得满意的价格。竞争性谈判增加了中小企业中选的概率，且符合政府节约采购资金的原则。但是竞争性谈判也有自身缺点：一对一的秘密谈判可能会出现参与者之间串通舞弊现象；另外，竞争性谈判最低价中标规则也可能导致部分供应商为中选而恶意压低价格，扰乱市场秩序，增加采购方风险。

2. 询价采购

询价采购是指对几个供货商（通常至少 3 家）的报价进行比较以确保价格具有竞争性的一种采购方式。

询价采购，就是我们通常所说的货比 3 家，是一种相对简单而又快速的采购方式。这种方法一般适用于技术标准、规格统一的现成货物和服务，市场成熟，货源充足，单价较小又差别不大，且主要比较价格，无须进一步考察评价供应商的能力和货物、服务采购情况。

在询价采购中，供应商只有一次报价的机会，且中途不能进行更改，这使得供应商为了在竞争中胜出，会尽最大力量降低报价，从而减少采购成本。同时，询价采购还减少了讨价还价的环节，大大节约了采购时间。然而，由于询价采购重视的是供应商之间的价格，而忽视供应商的产品质量和售后服务质量，所以在后续的服务过程中很容易出现问题。

3. 单一来源采购

单一来源采购是指只能从唯一供应商处采购，或者发生了不可预见的紧急情况不能从其他供应商处采购，或者为了保证一致性或配套服务从原供应商添购原合同金额10% 以内的情形的政府采购项目，是采购人向特定的一个供应商采购的一种政府采购方式。

单一来源采购由于采购产品和服务的渠道单一，采购程序简单，需要的手续较少，所以在需要紧急采购时能起到很大的作用。但是，由于缺乏必要的竞争，单一的供应商会抬高货物价格，同时，为了获得更多利益，谈判的过程中可能出现贿赂现象。

4. 竞争性磋商

竞争性磋商，是指采购人、政府采购代理机构通过组建竞争性磋商小组（以下简称磋商小组）与符合条件的供应商就采购货物、工程和服务事宜进行磋商，供应商按照磋商文件的要求提交相应文件和报价，采购人从磋商小组评审后提出的候选供应商名单中确定成交供应商的采购方式。

竞争性磋商适用于：政府购买服务项目；市场竞争不充分的科研项目，以及需要扶持的科技成果转化项目；技术复杂或者性质特殊，不能确定详细规格或者具体要求的项目。

竞争性磋商可以解决因产品繁杂、技术复杂、设计不充分或价格多样等原因造成的采购问题，达到采购目的，提高采购工作效率和政府资金的使用效益，降低废标率。然而，竞争性磋商过程中的无限制磋商容易导致竞争者虚报价格。秘密洽谈的方式也容易增加采购人员腐败的机会。由于竞争性磋商的透明度不高、主观随意性大、易滋生腐败，因此必须加强对采购工作的监督。

11.2　项目合同体系结构

现代工程中，由于项目发包模式的多样化，合同关系和合同体系也很复杂和不确定。合同体系中，业主和工程承包商是合同体系中两个最主要的节点，决定着合同体系结构。我国目前常用的有设计－招标－建造（design-bid-build，DBB）、设计－采购－施工（engineering-procurement-construction，EPC）、公共部门与私人企业合作等项目采购模式，从业主和工程承包商的合同关系角度出发，构成了不同的合同体系。

11.2.1　DBB 合同体系结构

DBB 模式又称平行发包方式，是传统的、国际上通用的项目采购模式，我国工程建设领域大部分也采用这种方式。这种方式最突出的特点是强调工程项目的实施必须按照设计－招标－建造的顺序进行，只有一个阶段结束后另一个阶段才能开始。采用这种方式时，业主与设计承包商、施工承包商、货物供应商、项目管理方分别签订合同，施工承包商为了完成合同任务，必须将许多专业工程或工作委托出去，同时完成自己所需的设备和材料采购任务，因此必须签订很多合同。

按照上述分析和项目任务的结构分解，能够得到不同层次、不同种类的合同，它们共同构成施工合同体系（见图 11-1），合同体系内合同之间存在着复杂的内部联系。

11.2.2　EPC 合同体系结构

与平行发包方式不同，总承包方式是近年来国际工程中常用的现代项目采购方式，国际上常分为设计－施工（design-build，DB）总承包和工程（EPC）总承包，我国统称 EPC 方式。这种发包方式下，在项目的初始阶段，一家或者几家有资格的承包商（或具备资格的设计咨询公司），根据业主的要求或者设计大纲，由承包商或会同自己委托的设计咨询公司提出初步设计和成本概算进行投标，中标的承包商将负责该项目

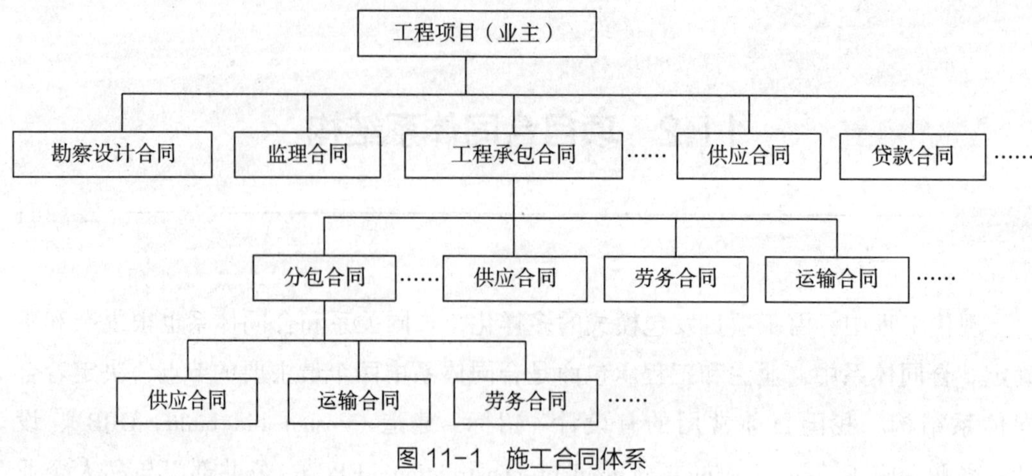

图 11-1　施工合同体系

的设计和施工。这种方式近年来在我国得到了政府的大力推广和建筑企业的广泛欢迎，得到了越来越多的应用。

这种方式下，业主授予工程承包商的合同范围更大，设计、施工一体化，既减轻了业主的项目管理任务，EPC 总承包商也可以充分发挥管理协调作用，促进设计和施工的深度融合。EPC 方式下业主和承包商的合同管理体系如图 11–2 所示。

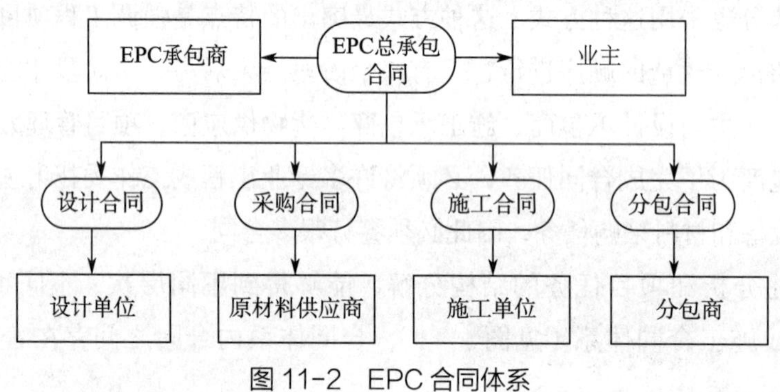

图 11-2　EPC 合同体系

11.2.3　PPP 合同体系结构

PPP 方式是 20 世纪 80 年代在国外兴起的基础设施建设项目依靠私人资本进行融资、设计、施工和运营的发包模式，或者说是基础设施国有项目民营化。在我国，由于参与企业的属性多元，我国又称其为政府和社会资本合作模式。这种模式下，政府开放本国基础设施建设和运营市场，授权项目公司负责筹资和组织建设，建成后负责运营及偿还贷款，规定的特许期满后，再无偿移交给政府。这种模式下，除可行性研究外，项目其他任务均交由项目公司完成。因此，政府的合同关系最单一，仅与项目公司签订特许合同，其他包括设计、施工、运营、采购、融资合同均由项目公司负责签订和实施，因此，项目公司的合同关系最为复杂，如图 11-3 所示。

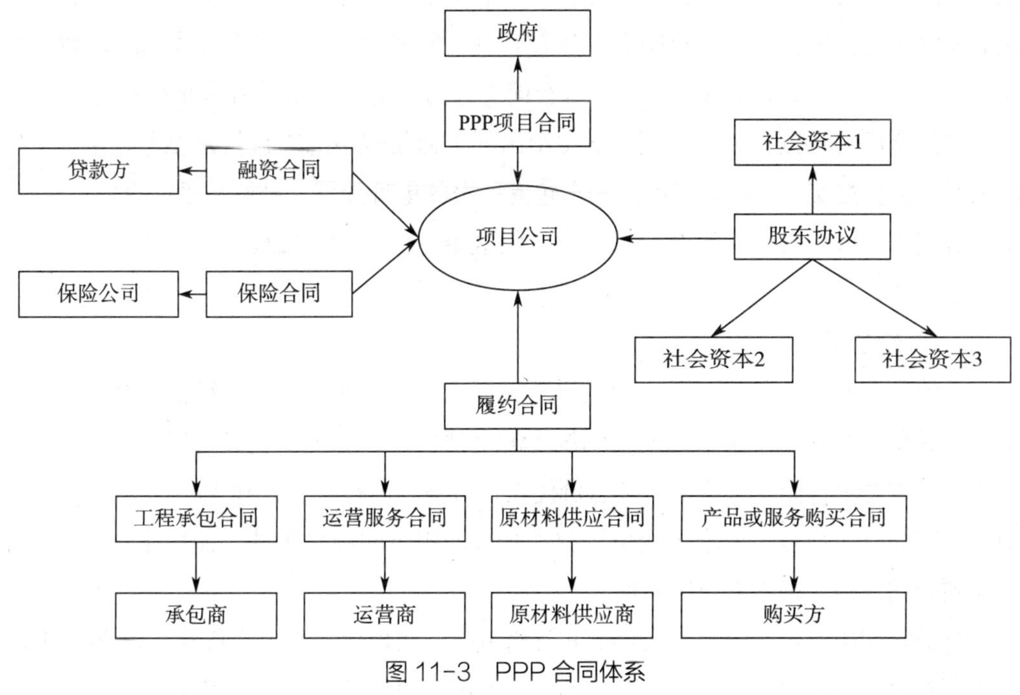

图 11-3　PPP 合同体系

11.3　项目合同类型与风险分担

11.3.1　项目合同类型

工程合同类型有很多种不同的划分方法，最常采用的是按计价方式划分，可分为总价合同、单价合同、成本加酬金合同、目标合同等。不同种类的合同有不同的应用条件及不同的义务和权利分配，对合同双方有不同的风险，应按工程的具体情况选择适宜的合同类型。有时在一个工程承包合同中，根据项目组件或管理，还可采用不同的计价方式。

1. 单价合同

单价合同是最常见的合同种类，适用范围广，如国际咨询工程师联合会工程施工合同和我国的建设工程施工合同示范文本。在这种合同中，承包商仅按合同规定承担报价风险，即对报价（主要为单价和费率）的正确性和适宜性承担责任；而工程量变化的风险由业主承担。由于风险分配比较合理，能够调动承包商和业主双方的管理积极性，所以可以适应大多数工程。单价合同又分为固定单价和可调单价等形式。

单价合同的特点是单价优先，业主给出的工程量表中的工程量是参考数字，而实际工程款结算按实际完成的工程量和承包商所报的单价计算。虽然在投标报价、评标、签订合同中，人们常常注重合同总价格，但这个总价并不是最终合同价格，而单价才是决定性的。

2. 总价合同

总价合同又称作包干合同，一般要求投标人针对合同规定的工程范围和承包商义务报出总价，在这个价格下完成合同规定的全部项目。总价合同又可以分为固定总价合同和可调总价合同。总价合同是总价优先，价格不因环境变化和工程量增减而变化。通常只有设计（或业主要求）变更，或符合合同规定的调价条件，如法律变化，才允许调整合同价格，否则不允许调整。

这类合同中承包商承担了工程量和价格风险。在现代工程中，特别在合资项目中，业主喜欢采用这种合同形式，因为工程双方结算较为简单、省事。而且在总价合同的执行中，承包商的索赔机会较少（但不可能根除索赔）。在正常情况下，可以免除业主由于要追加合同价款、追加投资带来的需上级（如董事会、股东大会）审批的麻烦。

但由于承包商承担了全部风险，报价中不可预见风险费用较高。承包商报价的确定必须考虑施工期间物价变化以及工程量变化带来的影响。同时，在合同实施中，由于业主风险较小，所以业主干预工程实施过程的权力较小。

3. 成本加酬金合同

成本加酬金合同是与固定总价合同截然相反的合同类型，在合同签订时不能确定具体的合同价格，只能确定酬金（间接费和利润）的比率。工程最终合同价格按承包商的实际成本加规定比率的酬金计算。招标文件应说明中标的依据和作为成本组成的各项费用范围，通常授标的标准为酬金比率。

这类合同的使用范围有限，一般仅在工程内容及其经济技术指标尚未完全确定而又急于上马的工程，旧建筑物维修、翻新的工程，带研究、开发性质的工程或时间特别紧急，要求尽快开工的抢救、抢险等工程中使用。

4. 目标合同

目标合同是固定总价合同和成本加酬金合同的结合与改进形式。在这些项目中，承包商在项目可行性研究阶段，甚至在目标设计阶段就介入工程，并以总承包的形式承包工程。

目标合同规定了工程建成后的生产能力（或使用功能）与预计工程总成本（或目标价格）。目标合同也有许多种形式，如成本加固定费用合同、成本加定比费用合同、成本加奖金合同、成本加保证最大酬金合同、最大成本加费用合同等。

11.3.2　项目风险分析与风险责任分配

1. 工程风险

根据风险来源，工程风险大致可以分为以下几类。

（1）工程环境的风险。工程环境可分为外部环境和内部环境。外部环境因素有社会、政治、法律、财政金融、技术、经济、自然和竞争环境等；内部环境因素有企业战略、政策和制度、组织结构、角色和责任、能力、资源和知识、内部利益相关者价值观、组织流程等。

（2）工程技术和实施方法等方面的风险，如技术风险、材料风险、施工方案或工艺风险、劳动力风险、安全风险、操作不当风险等。

（3）项目组织成员资信和能力风险。业主方，如经营不善风险、支付风险、业主要求变化等风险；承包商方，如财务状况恶化、技术能力差、施工力量不足、装备水平差、管理能力低下等风险；项目管理方，如管理能力低下、不作为、职业道德水平低等风险；其他方风险，如政府机关工作人员、城市公共供应部门（如水、电等部门）的干预、苛求和个人需求；项目涉及的居民或单位的干预、抗议或苛刻的要求等。

（4）项目实施和管理中的决策风险。例如，项目决策错误；工程相关的产品和服务的市场分析和定位错误，进而造成项目目标设计错误；业主的投资预算过低、质量要求过高、工期限制得太紧，项目目标无法实现；对环境调查和预测错误导致的报价错误风险；工程范围不准确，技术要求不确定等风险。

2. 工程项目合同风险

工程项目合同是进行工程风险分配和管理的工具。合同风险是指与合同相关的，或由合同引起的不确定性。它包括以下两类风险。

（1）工程风险，通过合同定义和分配，规定风险承担者，则演化为成为承担者的合同风险。

（2）合同缺陷导致的风险

1）条款不全面、不完整，没有将合同双方的责权利关系全面表达清楚，没有预计到合同实施过程中可能发生的各种情况，导致合同实施过程中的激烈争执，最终导致损失。

2）合同表达不清晰、不细致、不严密、有错误和矛盾、二义性，由此导致双方错误地计划和实施准备，推卸合同责任，引起合同争执的情况。

3）合同签订、合同实施控制中的问题。对合同内容理解错误，不完善的沟通和不积极的合同管理等。

3. 合同风险责任分配

（1）风险分配的重要性。合同风险如何分配是决定合同形式的主要影响因素之一。合同的起草和谈判实质上是风险分配问题。作为一份完备、公平的合同，不仅应对风险有完整的预测和定义，而且应全面地落实风险责任，在合同双方之间公平、合理地分配风险。

合理且明确地分配风险有以下几项好处。

1）承包商报价中的不可预见的风险费较少，业主可以得到一个合理报价。

2）减少合同的不确定性，承包商可以准确地计划和安排工程施工。

3）可以最大限度地发挥合同双方风险控制和履约的积极性。

4）从整个工程的角度，使工程的产出效益最好。

（2）合同风险的分配原则。风险分配的一般性原则为由最有控制力的一方承担风险。人们对工程合同风险的分配做了许多研究，在现代工程项目中，合同风险分配逐渐走向综合性，有效结合了各种理论、方法和原则的优点。

1）效率原则。按照效率原则，合同风险分配应从工程整体效益出发，最大限度地发挥双方的积极性。风险分配必须有利于项目目标的成功实现。

2）具有合理性，符合公平原则。这包括但不限于：承包商承担的风险与业主支付的价格之间应体现公平，风险责任与权利之间应平衡，风险责任与机会对等，所承担的风险是能力范围内和合理的等。

3）符合工程惯例，即符合通常的工程处理方法。一方面，惯例一般比较公平、合理，较好地反映双方的要求；另一方面，合同双方对惯例都很熟悉，工程更容易顺利实施。

4）在风险分配中要考虑现代工程管理理念和理论的应用，如体现风险共担、利益共享的双赢理念等。

11.4　项目合同实施控制

11.4.1　合同实施控制的特点

现代工程项目是通过合同运作的，参加单位通常用合同连接，以确定在项目中的地位和责权利关系，合同定义着工程的目标（工期、成本和质量）和各方的工作权利、管理程序，所以合同实施控制有其特殊性。

1. 合同实施控制是实现工程项目目标的保证

工期、成本、质量是由合同定义的三大目标，承包商最根本的合同义务是实现这三大目标；而且工程的范围、安全、健康、环境体系也是由合同定义的，所以合同实施控制具有综合性的特点，是其他控制的保证。通过实施合同控制可以使整个项目管理职能协调一致，形成一个有序的系统过程。

2. 合同实施控制又是专业性很强的管理工作

合同约束的是工程各参与方的专业行为，保证工程各参与方责权利的实现，其均与具体的专业内容相关。

3. 合同实施控制的动态性

一方面合同实施过程会受到外界干扰，常常偏离目标，要不断地进行调整；另一方面合同自身目标也在不断变化。例如，在工程过程中不断出现合同变更，使工程的质量、工期、合同价格变化，使合同双方的责权利关系发生变化。这样，合同实施控制就必须是动态的，必须随变化的情况和目标不断调整。

承包商的合同实施控制不仅针对与业主之间的工程承包合同的实施，而且包括与总合同相关的其他合同，如分包合同、供应合同、运输合同、租赁合同等的实施，另外，还包括总合同与各分合同、各分合同之间的协调控制。

11.4.2　合同实施控制程序

1. 合同交底

合同实施控制的前提条件是合同各方熟悉合同中的主要内容、各种规定、管理程序，了解承包商的合同义务和工程范围，各种行为的法律后果等，从而保证各方树立全局观念，工作协调一致。因此，合同实施前，各方应该分析合同，对项目管理人员、承包商以及有关人员进行合同交底，把合同具体地落实到各责任人和实施工作上。

合同交底也是对项目参与人员的培训过程和与其沟通的过程。通过合同交底，使项目经理部对本工程的项目管理规则、运行机制有清楚的了解，同时加强承包商与业主、设计单位、咨询单位（项目管理公司和监理单位）、分包商、供应商的联系。

2. 合同实施监督

工程合同实施过程蕴含在工程项目的实施过程中，合同实施控制过程与工程项目实施控制过程从总体上说是一致的。

合同实施控制，首先应表现在对工程活动的监督上，即保证按照合同及预先确定的各种计划、设计、施工方案实施工程。工程实施状况反映在原始的工程资料（数据）上，如质量检查表、分项工程进度报表、记工单、用料单、成本核算凭证等。

合同义务是通过具体的合同实施工作完成的，合同实施监督可以保证工程的实施工作按合同和合同分析的结果进行。业主的合同实施监督，通常通过业主代表和通过雇用工程师来进行。

承包商内部也要进行合同实施监督，主要工作包括以下几个方面。

（1）合同管理人员与项目的其他职能人员共同落实合同实施计划，为各工程小组、分包商的工作提供必要的保证。例如，施工现场的安排，人工、材料、机械等计划的落实，工序间的搭接关系的安排和其他一些必要的准备工作。

（2）在合同范围内协调业主、工程师、项目管理各职能人员、所属的各工程小组和分包商之间的工作关系，解决合同实施中出现的问题，如合同责任界面之间的争执，工程活动之间时间上和空间上的不协调。

（3）会同项目管理的有关职能人员检查、监督各工程小组和分包商的合同实施情况，保证其全面履行合同责任。

3. 合同跟踪

合同跟踪是通过对搜集到的工程资料和实际数据进行整理，得到能反映工程实施状况的各种信息（如工程质量报告、进度报告、成本和工程款收支报表以及它们的分析报告等），将它们与原合同规定（目标、合同文件、合同分析文件、计划和设计）进行对比以发现差异的过程。其作用如下：

（1）通过分析合同实施情况，找出偏离，以便及时采取措施，调整合同实施过程，实现合同总目标。所以，合同跟踪是调整决策的前导工作。

（2）在整个工程过程中，保证项目管理人员一直清楚地了解合同实施情况，对合同实施现状、趋向和结果有清醒的认识。

合同跟踪根据合同管理方不同，可以是业主方对承包商项目实施工作的管理和监督，也可以是承包商对分包商或施工作业班组的工作进行跟踪，还可以是对业主方（含监理工程师）的工作进行跟踪，如及时发布图纸、提供场地、下达指令、做出答复、及时支付工程款等。

4. 合同实施诊断

合同实施诊断是在合同跟踪基础上进行的，通过合同诊断分析在合同跟踪中发现的差异及其成因、影响和责任等，分析工程实施的发展趋向。具体包括以下几项内容。

（1）合同实施差异的原因分析。通过对不同监督和跟踪对象的计划和实际的对比分析，不仅可以得到差异，而且可以探索引起这个差异的原因。原因分析可以采用鱼骨图、因果关系分析图（表）及成本量差、价差分析等方法定性或定量地进行。

（2）合同实施差异的责任分析。即这些原因由谁引起？该由谁承担责任？这常常是索赔的理由。一般只要原因分析详细，有根有据，则责任分析自然清楚。责任分析必须以合同为依据，按合同规定落实双方的责任。

（3）合同实施趋向预测。分别考虑不采取调控措施和采取调控措施，以及采取不同的调控措施情况下合同的最终执行结果，例如，最终的工程状况，包括总工期的延误、总成本的超支、质量标准、所能达到的生产能力（或功能要求）等。

综合上述各方面，即可以对合同执行情况做出综合评价和判断。

5. 采取调整措施

通常工程实施与目标的差异会逐渐积累，越来越大，最终导致工程实施远离目标，甚至可能导致整个工程的失败。所以，在工程过程中要不断地采取措施进行调整，使工程实施一直围绕合同目标进行。

对合同实施过程中出现的问题通常有以下 4 类措施进行处理：

（1）技术措施。例如，变更技术方案、修改工程范围，采用新的更高效率的施工方案。

（2）组织和管理措施。如增加人员投入、派遣得力的管理人员、暂时停工、调整进度计划、按照合同指令加速。在施工中修订进度计划对承包商来说是经常性的工作。

（3）经济措施。例如，改变投资计划、增加投入、对工作人员进行经济激励、动用暂列金额等。

（4）合同措施。例如，按照合同进行惩罚，进行合同变更，签订新的附加协议、备忘录，通过索赔解决费用超支问题等。

11.5　项目合同索赔与争议解决

11.5.1　索赔的概念和作用

1. 索赔的概念

“索赔”这个词已越来越为人们所熟悉。仅从字面意思看，索赔即索取赔偿。但工程中的索赔不仅有索取赔偿的意思，还表示“有权要求”，是向对方提出某项要求或申请（赔偿）的权利，法律上叫作“有权主张”。

索赔是合同和法律赋予的基本权利。对承包商来说，索赔的范围更为广泛。一般只要不是承包商自身责任造成工期延长或成本增加，都可以通过合法的途径与方式提出索赔要求。索赔是双向的，业主向承包商也可能有索赔要求。业主可以向承包商提出费用和（或）缺陷责任期延长的要求。但通常业主索赔数量较小，而且处理方便，业主可通过冲账、没收履约保函、扣保留金等实现对承包商的索赔。而最常见、最有代表性、处理比较困难的是承包商向业主的索赔，所以人们通常将它作为索赔管理的重点和主要对象。

与工程签证不同，索赔是一种未经对方确认的单方行为。施工过程中，签证是承发包双方就额外费用补偿或工期延长等达成一致的书面证明材料和补充协议，它可以直接作为工程款结算或最终增减工程造价的依据，而索赔则是单方面行为，对对方尚未形成约束力，这种索赔要求能否得到最终实现，必须要通过确认，如双方协商、谈判、调解或仲裁、诉讼后才能实现。

2. 索赔的作用

与其他行业相比，工程承包是索赔多发的领域。索赔与工程承包合同同时存在，它的主要作用有以下几项。

（1）保证合同的实施。索赔是合同法律效力的具体体现，合同一经签订，即形成约束条件。当合同一方违约时，索赔能对违约者起警诫作用，使违约者考虑违约的后果，在制衡中保证合同的顺利履行，以尽力避免双方的违约行为。所以索赔有助于工程中双方更紧密地合作，有助于合同目标的实现。

（2）索赔是落实和调整合同双方经济责权利关系的手段，也是合同双方风险分担的又一次合理再分配，离开了索赔，合同责任就不能全面体现，合同双方的责、权、利关系就难以平衡。索赔促使工程造价更合理，索赔的正常开展，可以把原来打入工程报价中的一些不可预见费用改为实际发生的损失支付，可以减少或转移工程风险，减小甚至避免损失，赢得利润。

（3）索赔是合同和法律赋予受损失者的权利。对承包商来说，是一种保护自己、维护自己正当权益、避免损失、增加利润的手段。

（4）索赔有助于加深对合同的理解，提高合同管理水平。因为对合同条款的解释通常都是通过合同案例进行的，而这些合同案例大部分都是索赔案例。索赔有助于提高整个项目管理水平和企业素质。如果承包商不注重索赔，不熟悉索赔业务，不仅会失去索赔机会，经济受到损失，而且还会有许多纠缠不清的烦恼，损失大量的时间和金钱。

3. 索赔的分类

从不同的角度，按不同的标准，索赔有很多分类方法。

（1）索赔按照干扰事件的起因分类，可分为 4 类。

1）当事人一方的违约索赔。例如，业主未能按合同规定及时提供图纸、技术资料、场地、道路等；工程师没有正确地行使合同赋予的权利，工程管理失误；业主不按合同及时支付工程款等。

2）合同变更索赔。例如，合同出现错误，合同条款不全、矛盾、有二义性，设计图纸、技术规范错误等；双方签订新的变更协议、备忘录、修正案；工程师下达工程变更指令修改设计、增加或减少工程量、增加或删除部分工程、修改实施计划、变更施工方法和次序，指令工程暂时停工。

3）工程环境变化索赔。例如，在现场遇到一个有经验的承包商通常不能预见到的外界障碍或条件，地质与预计的（或业主提供的资料）不同，出现未预见到的岩石、淤泥或地下水，法律变化，市场物价上涨，货币兑换率变化等。

4）不可抗力因素等原因索赔。如恶劣的气候条件、地震、洪水、战争状态、禁运等。

（2）索赔按照索赔要求分类，可分为 2 类。

1）工期索赔，即要求业主延长工期，推迟竣工日期。与此相应，业主可以向承包商索赔缺陷责任期。

2）费用索赔，即要求业主补偿费用（包括利润）损失，调整合同价格。同样，业主可以向承包商索赔费用。

（3）索赔按照索赔所依据的理由分类，可分为 3 类。

1）合同内索赔。合同内索赔即发生了合同规定给承包商以补偿的干扰事件，承包商根据合同规定提出索赔要求，合同条件作为支持承包商索赔的理由。这是最常见的索赔。

2）合同外索赔。合同外索赔是指工程过程中发生的干扰事件的性质已经超过合同范围。在合同中找不出具体的依据，一般必须根据适用于合同关系的法律解决索赔问题。例如，工程过程中发生重大的民事侵权行为造成承包商损失，将依据民法或其他法律提出索赔。

3）道义索赔。道义索赔是指承包商索赔没有合同理由，例如，对于干扰事件业主没有违约，业主不应承担责任。可能是由于承包商失误（如报价失误、环境调查失误等），或发生承包商应负责的风险，造成承包商重大的损失。这将极大地影响承包商的财务能力、履约积极性、履约能力，甚至危及承包企业的生存。承包商提出要求，希望业主从道义，或从工程整体利益的角度给予一定的补偿。

11.5.2 索赔工作程序

承包商索赔工作通常可以细分为以下几大步骤。

1. 索赔意向通知

在干扰事件发生后，承包商必须抓住索赔机会迅速做出反应，在一定时间内（如我国施工示范文本为 28 天），向监理工程师或业主递交索赔意向通知。该项通知是承包商就具体的干扰事件向监理工程师或业主表示索赔的愿望和要求，是保护自己索赔权利的措施。如果超过这个期限，监理工程师和业主有权拒绝承包商的索赔要求。

2. 干扰事件的记录和审查

在上述干扰事件发生时，承包商应做好当时的记录，以作为承包商以后准备提出索赔的理由。监理工程师或业主在收到上述索赔意向通知后，应对这些记录做审查，且可以指令承包商继续做好合理的当时的记录。

3. 承包商对索赔的内部处理过程

干扰事件一经发生，承包商就应进行索赔处理，直到正式向监理工程师和业主提交索赔报告，其中包括许多复杂的分析工作。

（1）干扰事件原因分析，即分析这些干扰事件是由谁引起的，它的责任应由谁来承担。一般只有非承包商责任的干扰事件才有可能提出索赔。如果干扰事件的责任是多方面的，则必须划分各人的责任范围，按责任大小分担损失。

（2）索赔根据，即索赔理由，主要是指合同条款。必须按合同判明干扰事件是否违约，是否在合同规定的赔（补）偿范围之内。只有符合合同规定的索赔要求才有合法性，才能成立。对此，必须全面地分析合同，对一些特殊的事件必须做合同扩展分析。

（3）损失调查，即干扰事件的影响分析。它主要表现为工期的延长和费用的增加。索赔是以赔偿实际损失为原则，如果干扰事件不造成损失，则无索赔可言。损失调查的重点是搜集、分析、对比实际和计划的施工进度，工程成本和费用方面的资料，在此基础上计算索赔值。

（4）搜集证据。干扰事件一经发生，承包商就应按监理工程师的要求做好，并在干扰事件持续期间保持当时完整的记录。证据是索赔成功的前提条件。如果在索赔报告中提不出证据，索赔要求是不能成立的。在实际工作中，许多承包商的索赔要求都因没有或缺少书面证据而得不到合理解决，这个问题应引起承包商的高度重视。

（5）起草索赔报告。按照索赔报告的格式和要求，将上述各项内容系统地反映在索赔报告中。

4. 提交索赔报告

承包商必须在合同规定的时间内向监理工程师提交索赔报告。我国《建设工程施工合同（示范文本）》（GF—2017—0201）规定，承包商必须在干扰事件（即索赔事件）发生后 28 天内，或经监理工程师同意的合理时间内递交索赔报告。如果干扰事件持续时间长，承包商应按监理工程师要求的合理时间间隔，提交中间索赔报告（或阶段索赔报告），并于干扰事件影响结束后的 28 天内提交最终索赔报告。

5. 解决索赔

从递交索赔报告到最终获得赔偿的支付是索赔的解决过程。这个阶段工作的重点是通过谈判或调解或仲裁，使索赔得到合理的解决。

（1）监理工程师审查、分析索赔报告，评价索赔要求的合理性和合法性。如果觉得理由不足，或证据不足，可以要求承包商做出解释，或进一步补充证据，或要求承包商修改索赔要求，监理工程师做出索赔处理意见，并提交业主。

（2）根据监理工程师的处理意见，业主审查、批准承包商的索赔报告。业主也可能反驳，否定或部分否定承包商的索赔要求。承包商常常需要做进一步的解释和补充证据；监理工程师也需就处理意见做出说明。

我国《建设工程施工合同（示范文本）》规定，监理工程师收到承包商递交的索赔报告和有关资料后应在 28 天内给予答复，或要求承包商进一步补充索赔理由和证据。如果在 28 天内既未给答复也未对承包商做进一步要求，则视为承包商提出的该项索赔要求已经认可。

（3）三方（业主、承包商、监理工程师）就索赔的解决进行磋商，达成一致。其中可能包含复杂的谈判过程。

如果承包商和业主双方对索赔的解决无法达成一致，有一方或双方都不满意监理工程师的处理意见（或决定），则产生了争执，双方必须按照合同规定的程序解决争执。

11.5.3 项目合同争议解决

1. 合同争议解决方式

合同争议，是指合同当事人对合同条款的理解产生异议或因当事人违反合同约定，不履行合同中应承担的义务等原因而产生的纠纷。产生合同争议的原因十分复杂，主要是目前市场不规范、法律法规不完善等外部环境，市场主体行为不规范、合同意识和诚信履约意识薄弱等主体问题，项目的特殊性、复杂性、长期性和不确定性等项目特点以及合同本身的复杂性和易出错性等众多原因导致的。

当事人可以通过和解或者调解解决合同争议。当事人不愿和解、调解或者和解、调解不成的，可以根据仲裁协议向仲裁机构申请仲裁。涉外合同的当事人可以根据仲裁协议向我国仲裁机构或者其他仲裁机构申请仲裁。当事人没有订立仲裁协议或者仲裁协议无效的，可以向人民法院起诉。当事人应当履行发生法律效力的判决、仲裁裁决、调解书；拒不履行的，对方可以请求人民法院执行。在我国，合同争议解决的方式主要有和解、调解、争议评审、仲裁和诉讼。近年来，在国际工程中施工合同争议也可以采用争议评审的方式解决。

（1）和解。和解是指在合同发生争议后，合同当事人在自愿、互谅基础上，依照法律法规的规定和合同的约定，自行协商解决合同争议。和解是解决合同争议的一种最常见、最简便、最有效、最经济的方法。所以，发生合同争议后，应当提倡双方当事人进行广泛、深入的协商，争取通过和解解决问题。

（2）调解。调解是指在第三者参加下，由第三者出面，认真查明事实，分清责任，通过说服、调解，促使双方互相谅解，在双方当事人同意的条件下，达成解决合同纠纷协议的一种方法。

调解合同纠纷主要有 4 种方式：当事人上级主管机关的调解；法院调解或仲裁调解；民间调解；工程承包合同实行监理制度后，监理工程师也有权进行合同的调解。

（3）争议评审。争议评审是指争议双方通过事前的协商，选定独立、公正的第三人对其争议做出决定，并约定双方都愿意接受该决定的约束的一种解决争议的程序。争议评审在国际工程合同争议解决中多有应用，我国 2017 年在《建设工程施工合同

（示范文本）》中也提出了争议评审小组进行争议评审，其特点介于调解与仲裁之间。如果双方愿意采取该方式解决争议，而又考虑到它将受到某些法律的限制，可以采取一些措施以加强争议评审的有效性。例如，双方可以在解决争议的协议中，约定争议双方不能在以后的仲裁程序或诉讼程序中对争议评审人做出的事实调查提出异议；甚至可以约定，如当事各方不执行争议评审人的决定，即为不履行合同规定的义务等。

（4）仲裁。仲裁是指由合同双方当事人自愿达成仲裁协议、选定仲裁机构对合同争议依法做出有法律效力的裁决以解决合同争议的方法。合同的仲裁，是指合同双方当事人之间因合同发生争议，经双方协商不成，调解又达不成协议时，根据当事人双方的协议或申请，由仲裁委员会对合同争执所进行的裁决。我国实行一裁终局制，裁决做出后，合同当事人就同一争执若再申请仲裁或向人民法院起诉，则不再予以受理。

（5）诉讼。诉讼是指合同当事人依法请求人民法院行使审判权，审理双方之间发生的合同争议，做出由国家强制保证实现其合法权益，从而解决纠纷的审判活动。合同双方当事人如果未约定仲裁协议，则只能以诉讼作为解决争议的最终方式。

对于一般的合同争议，由被告住所地或合同履行地人民法院管辖。我国的民事诉讼法也允许合同当事人在书面协议中选择被告住所地、合同履行地、合同签订地、原告住所地、标的物所在地人民法院管辖。对于建设工程合同的纠纷，一般都适用不动产所在地的专属管辖，由不动产所在地人民法院管辖。

诉讼是运用司法程序解决争执，由人民法院受理并行使审判权，对合同双方的争执做出强制性判决。

2. 合同纠纷的处理原则

工程合同纠纷处理有和解、调解、争议评审、仲裁、诉讼 5 种方式，采用何种方式可由当事人自行选择，但在实践中，不论采取何种方式，都要以“弄清事实，分清是非，明确责任，适用条款”为前提并坚持以下原则。

（1）协商为主的原则。即合同纠纷发生以后，要立足于双方通过协商解决。协商解决合同纠纷，符合当事人双方的经济利益，有利于维护各自的合法权益。合同纠纷会给当事人双方都带来一定的经济损失，如果不能及时解决，损失会更大。协商既可以减轻仲裁机构和人民法院的工作（任务），又可以减少当事人双方的经济损失。

（2）调解优先的原则。若合同纠纷无法协商解决，无论是仲裁机构还是人民法院，都应该先行调解，通过调解让双方自愿达成协议，只有在调解不能解决双方的纠纷时，才采用仲裁或诉讼的方式。

第12章 项目变更管理与控制

12.1 项目变更与项目变更控制概述

任何项目都有风险性和不确定性，在项目管理活动中，管理者无法保证一定能够从始至终按计划来执行项目。在项目执行过程中，必须要根据不断变化的情况，对项目管理计划做出调整。当项目的某些基准发生变化的时候，项目的质量、成本和计划等相应地也会发生变化。为了达到项目的最终目标，就必须对项目发生的各种变化采取必要的应变措施，这种行为就称为项目变更。

所谓项目变更控制是指建立一套正规的程序，对项目变更进行有效的控制，从而更好地实现项目目标。所以项目变更控制的目的并不是控制变更的发生，而是对变更进行管理，确保项目能够继续、有效地执行。具体来说就是要设计一套变更控制系统，建立一套正规的程序，对处于动态环境的项目进行有序的控制。

12.1.1 项目变更的原因

在项目进行的过程中，项目的变更可能是由于客户引起的，也可能是由于项目团队引起的，或者是由于不可预见事件引起的。

1. 客户引起的变更

客户引起的变更，如客户提出变更需求引起项目范围的变更，将会对项目的进度、费用产生影响，不过影响程度取决于变更的时间。

2. 项目团队引起的变更

项目团队引起的变更，如在项目实施的过程中，项目团队发现项目设计方案不合理，则提出设计变更建议。

3. 项目经理引发的变更

项目经理引发的变更，如某位负责为客户开发自助发票系统的承包商提出，为了降低项目成本并且加快进度，自动发票系统应该采用现成的标准化软件，而不是为客户专门设计软件。

4. 计划的不完善引起的变更

计划的不完善引起的变更，如在项目计划过程中，忽略了某些环节而引起的变更。例如，在建造房屋的时候，客户或承包商未将安装下水道列入工作范围，那么应该进行范围变更。

5. 不可预见事件引起的变更

不可预见事件引起的变更，如地质条件的变化使得原先的设计方案不能满足要求，那么需要进行设计变更；罕见的暴风雨延缓了项目的实施过程，需要进行进度变更。

项目变更的具体原因如图 12-1 所示，这张图的形状类似于鱼的骨头，我们把它叫作项目变更鱼骨图。这张图把引起项目变更常见的 32 个主要原因都列出来了。这些原因可以分为八大类，分别是范围变化、进度变化、成本变化、质量问题、风险问题、资源问题、采购问题和相关方及沟通问题。每个大类中包含的具体原因有以下几种。

（1）范围变化：相关方增加 / 减少需求、技术原因引起范围变化、（客户）范围确认未通过。

（2）进度变化：任务延误、（客户）改变工期、供应商延误、技术原因引起进度变化、动用进度储备。

（3）成本变化：成本偏差、（客户）改变预算、技术原因引起成本变化、采购价格变化、动用成本储备。

（4）质量问题：质量未通过检查、（客户）改变质量标准、采取修正或缺陷补救、供应商质量问题。

（5）风险问题：发生未知风险、启动应急计划、启动弹回计划、非自动权变。

（6）资源问题：资源数量变化、资源不可获得、资源不能胜任。

（7）采购问题：更换供应商、修改合同、供应商未按计划交付、供应商抵制变更。

（8）相关方及沟通问题：相关方新增或退出、相关方提出影响计划的要求、与相关方沟通无效、相关方意见不一致。

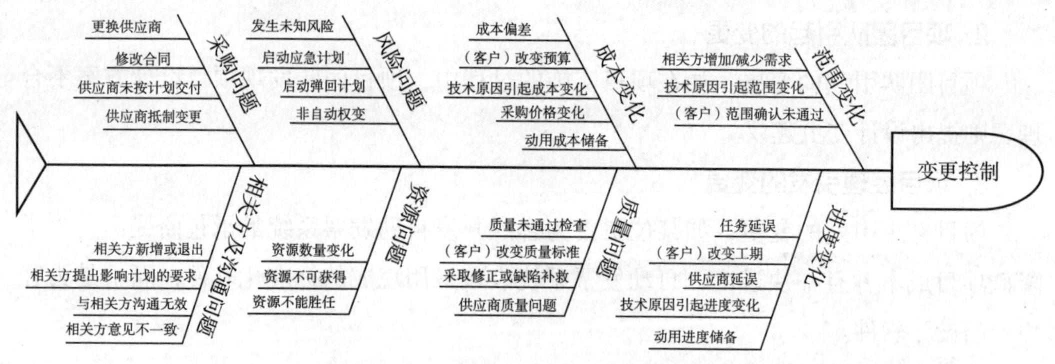

图 12-1　项目变更 32 种常见原因

12.1.2　项目变更请求的类型

通过比较实际情况与计划要求，可能需要提出项目变更请求来扩大、调整或缩小项目范围、产品范围，或者提高、调整或者降低质量要求和进度或成本基准。项目变更请求可能导致需要搜集和记录新的需求。项目变更可能会影响项目的管理计划、项目文件和产品可交付成果。应该通过实施整体变更控制过程对项目变更请求进行审核和处理，项目变更可能包括以下内容。

1. 纠正措施

为使项目工作绩效重新与项目管理计划一致而进行的有目的的活动。

2. 预防措施

确保项目工作的未来绩效符合项目管理计划而进行的有目的的活动。

3. 缺陷补救

为了修正不一致的产品或产品组件而进行的有目的的活动。

4. 更新计划

为了使计划能够跟上变化而对已经批准的计划进行修改的活动。

12.1.3　项目变更管理的基本原则

项目变更管理的基本原则是项目基准化、变更管理过程规范化，包括以下几项内容。

1. 项目基准管理

项目基准是项目变更的依据。在项目实施过程中，基准计划确定并经过评审之后建立初始项目基准。此后每次项目变更通过评审后，都应该重新确定项目基准。

2. 项目变更控制流程化

建立或选用符合项目需要的项目变更管理流程，所有项目变更都必须遵循控制流程进行控制，流程化的作用在于将项目变更的原因、专业能力、资源运用方案、决策权、相关方的共识、信息流转等元素有效综合起来，按科学的顺序进行。

3. 明确组织分工

至少应该明确项目变更相关工作的评估、评审、执行的相关职能。

4. 评估项目变更的可能影响

不仅要评价项目变更的直接后果，而且要评价项目变更的间接后果。

不仅要评价项目变更对某个局部的影响，而且要评价项目变更对项目全局的影响；不仅要评价项目变更的近期影响，而且要评价项目变更的远期影响。

5. 妥善保存项目变更产生的相关文档

确保它完整、及时、准确，信息清晰。

12.1.4　项目变更管理组织机构与工作程序

1. 项目变更管理的组织机构

规范的项目实施，提倡分权操作。在出资方和项目实施方之间，基准计划中应该明确资源的配置约定，通常共识的工作部分由项目实施方按基准执行，操作权授予项目经理；而项目的储备资源属于未授权部分，支持项目中的变化操作，权力属于项目出资方，在项目中的代表人为管理委员会。

项目变更控制委员会（change control board，CCB）或者相关职能的类似的组织，是项目的所有者权益代表，负责裁定接受哪些项目变更。

项目变更控制委员会由项目涉及的多方人员共同组成，通常包括客户和实施方的决策人员。项目变更控制委员会是决策机构，不是作业机构。通常项目变更控制委员会的工作是通过评审手段来决定项目基准是否能变更，但不提出项目变更方案。

项目经理是受业主委托对项目经营过程负责的人，其正式权力由项目章程取得，而资源调度的权力通常由项目基准明确。项目基准中不包括的储备资源需要经过授权人批准之后方可使用。

项目经理在项目变更中的作用是响应项目变更提出者的要求，评估项目变更对项目的影响以及应对方案，将需求由技术要求转化为资源需求，供授权人决策；并根据评审结果实施（即调整项目基准），确保项目基准反映项目实际情况。

2. 项目变更管理的工作程序

（1）提出项目变更申请。项目变更申请的提出应当及时以正式的方式进行并且留下书面的记录。所有的项目相关方都可以提出项目变更申请，但一般情况下都需要经过指定人员审批。一般情况下项目经理或者项目配置管理员负责该相关信息的搜集以及对项目变更申请的初审。

（2）对项目变更的初审。项目变更初审的目的包括：对项目变更提出方施加影响，确认项目变更的必要性，确保项目变更是有价值的；进行格式校验和完整性校验，确保评估所需信息准备充分；在相关方之间就提出供评估的项目变更信息达成共识，项目变更初审的常见方式为变更申请文档的审核流转。

（3）项目变更方案论证。项目变更方案的主要作用首先是对项目变更请求是否可能实现进行论证。如果可能实现，则将项目变更请求由技术要求转化为资源需求，以供项目变更控制委员会做决策。常见的方案内容包括技术评估、经济评估。前者评估需求如何转化为成果，或者评估项目变更方面的经济价值和潜在的风险。对于一些大型的项目变更，可以召开相关的项目变更方案论证会议，聘请相关技术和经济方面的专家进行相关认证，并且将相关专家意见作为项目变更方案的一部分，上报给项目变更控制委员会作为决策参考。

（4）项目变更控制委员会审查。审查过程是项目所有者根据项目变更申请及评估方案，决定是否变更项目基准。如果项目变更不影响项目基准，项目经理就可以进行审批；如果项目变更会影响到项目基准，则需要提交给项目变更控制委员会，由项目变更控制委员会进行审批。项目变更申请如果没有通过项目经理和项目变更控制委员会的审批，则不能进行变更，相关结果要及时告知项目变更请求提出方。如果不影响项目基准的变更请求审批通过，则要更新项目管理计划并通知项目变更请求提出方。如果会影响到项目基准的变更获得项目变更控制委员会审批通过，则需要更新项目基准以及项目管理计划和文件。

（5）发出项目变更通知并组织实施。评审通过意味着项目基准的调整，同时确保项目变更方案中的资源需求及时到位。项目基准的调整包括项目目标、最终成果、工作内容和资源、进度计划的调整。需要强调的是，项目变更不只包括项目实施机制的调整，更要明确项目的交付日期、成果，对相关方的影响。如项目变更造成交付期的调整，应该在项目变更确认时发布，而不是在交付前公布。

（6）项目变更实施的监控。要监控的除了调整过的项目基准中所涉及项目变更的内容外，还应当对项目的整体基准是否反映项目实施情况负责。通过监控行动确保项目的整体实施工作是受控的。通常由项目经理负责项目基准的监控。项目变更控制委员会监控变更后的主要成果、进度、里程碑等，也可以通过监理单位来完成。

（7）项目变更效果的评估。项目变更效果可以从以下几个方面进行评估：首要的评估依据是项目的基准，还需结合变更的初衷来看，项目变更所要达到的目的是否已经达成；评估项目变更方案中的技术论证、经济论证内容与实施过程的差距并推进解决。

（8）判断发生项目变更之后的项目是否已纳入正常轨道。项目基准调整之后，需要确认的是资源配置是否及时到位，更需多加关注设计人员的调整。之后对项目的整体监控应该按新的项目基准来执行。涉及项目变更的项目范围和进度，在变更后的监控中应该给予更多的关注。当确认新的项目基准已经生效后则按正常的项目实施流程进行。

12.2　实施整体变更控制

实施整体变更控制是审查所有的项目变更请求，批准项目变更，管理对可交付成果、项目文件和项目管理计划的变更，并且对项目变更的结果进行有效沟通的一个过程。这个过程主要是审查对可交付成果、项目文件和项目管理计划的所有变更请求，并决定对项目变更请求的处理方案。这个过程的主要作用是确保项目中已记录在案的项目变更经过综合评审。如果不考虑项目变更对整体项目目标或计划的影响就开始变更，通常会增加整个项目的风险。实施整体变更控制需要在整个项目期间持续开展。

实施整体变更控制过程应该贯彻项目始终，项目经理对此承担最终的责任。项目变更请求可能会影响项目范围、产品范围以及项目管理计划组件和项目文件。在整个项目生命周期的任何时间，参与项目的任何相关方都可以提出项目变更请求。项目变更控制实施程度取决于项目所在应用领域、项目复杂程度、合同的要求以及项目所处的背景与环境。

在项目基准确定之前，项目变更不需要受控于实施整体变更控制过程。但是，一旦确定了项目基准，就必须通过本过程来处理项目变更请求。按照常规，每个项目的配置管理计划应该规定哪些项目工件受控于配置控制程序。对配置要素的任何变更都应该提出变更请求，并且正式受控。

尽管也可以以口头方式提出项目变更请求，但所有项目变更请求都必须以书面形式进行记录，并纳入变更管理和（或）配置管理系统中。在批准项目变更之前，可能需要了解变更对进度的影响和对成本的影响。在项目变更请求可能影响任何项目基准的情况下，都需要开展正式的整体变更控制过程。每项记录在案的项目变更请求，都必须有一位负责人批准、推迟或者否决，这个责任人通常是项目发起人或者项目经理。应该在项目管理计划或组织程序中指定这位责任人，必要时，应该由项目变更控制委员会来开展实施整体变更控制过程。

项目变更请求得到批准之后，可能需要新编或者是修订成本估算、活动排序、进度日期、资源需求和（或）风险应对方案分析。这些项目变更可能要求调整项目管理计划和其他项目文件。某些特定的项目变更请求经项目变更控制委员会批准之后，可能还需要得到客户或者发起人的批准，除非客户或者发起人本身就是项目变更控制委员会的成员。

第 13 章

项目文化与知识管理

13.1 项目文化的培育与建设

13.1.1 项目文化的概念

与组织文化的形成机理相似，项目文化也是伴随着项目的产生、发展及项目管理理论的不断成熟而发展起来的。它是在特定的文化背景和项目管理环境下形成的一种应用型文化（或称阵地文化）。项目文化从属于组织文化，但又具有不同的内涵和特征。

目前，国内外对于项目文化的关注和研究比较薄弱，多将项目文化等同于组织文化在项目层面上的简单延伸。事实上，项目文化是与建设项目相伴而生的一种客观现象，是对传统项目管理理论和实践的补充和完善，是随着项目的发展而动态变化的一种多元文化综合体。

项目组织内的成员来自不同的组织、部门，有着巨大的文化背景差异，项目文化建设必须对其进行整合管理，形成文化合力，这无疑会增加项目文化建设的难度。因此，项目文化建设比组织文化等其他文化建设更加困难。项目文化大致可以分为以下 3 种。

1. 凌越型

凌越型即组织内一种文化凌驾于其他文化之上而扮演着统治者的角色，组织内的决策及行为均受这种文化支配，而其他文化被压制。

2. 折中型

折中型即两种文化的折中或者妥协。当两种文化相同之处多，不同之处少时，可以求同存异，以保持组织的稳定与发展。

3. 融合型

融合型是指不同文化在承认、重视彼此间差异的基础上相互补充、协调，从而形成一种和谐的组织文化。

13.1.2 项目文化培育与建设的意义

由于体制、机制等多方面的原因，项目的相关方们往往被限定为博弈的双方。项目文化虽然无法从根本上解决这种博弈关系带来的问题，但却可以加快制度建设及新型组织模式的实施。例如，于 20 世纪 80 年代美国起源，今天已经在澳大利亚、日本、新加坡及中国香港的建筑界得到了广泛使用的 Partnering（合作伙伴）模式，作为促进工程项目参建各方形成和谐关系的有效模式，它的成功运行就离不开信任、承诺、共享、沟通、合作和协作等基本要素。虽然工程建设项目的特殊性使人们怀疑在相对短暂的时间内，项目文化能否建立，能否对项目管理产生实质性的作用。但是，有调查显示中国香港自 1994 年开始在建设项目中采用注重项目文化建设的 Partnering 模式以来，项目各方面的绩效指标都得到改进：73.3% 的项目按期竣工或者提前竣工，90.9% 的项目参与者对项目的满意度在中、高范围内。项目文化建设的作用比较明显。

13.1.3 培育和建设项目文化的挑战

项目时间跨度短，不利于项目文化塑造。项目文化从诞生、成长到成熟需要长时间的培育，而实践中的项目过程往往是冲突、纠纷不断的过程，在相对有限的时间内成功地培育和建设项目文化困难重重。

项目的一次性特征导致项目文化建设也是一次性的，无法像组织文化一样有机会进行调整和改进，其不确定性和风险性很大。

项目强调短时间内必须快速产生成效，项目文化所倡导和推动的东西都直接针对项目的实际情况，其目的为提高项目的效率、改善项目运行效果，因而是一种实用性和商业性明显的文化。

项目文化的塑造需要稳定的组织环境，而项目组织是典型的临时性组织，不利于项目文化的培养。

项目文化的形成既要考虑各相关方所需组织文化的影响，又要考虑相关方之间的相互影响。对项目文化形成的影响因素及其强弱影响进行划分，有助于从根本上梳理项目文化的脉络，搭建项目文化培育与建设的平台。

13.2　项目知识管理

13.2.1　项目知识管理的目标

知识管理包括系统地识别、记录与传播那些能够在新情况中被采用的洞见与经验。项目知识管理的目标是：从项目、项目集和项目组合管理中捕捉有用的知识；使所有人都可以获得有经验从业者的隐性知识；支持项目、项目集和项目组合管理的持续改进。

项目、项目集和项目组合管理中使用项目知识最普遍的例子，是“汲取经验、教训”。在项目全生命周期中应该把这些都记录在经验、教训记录单上，应特别注意在项目或项目集阶段结束时进行评审并加以归纳总结。

对以前的项目与项目集的经验与教训进行评审，是识别流程中的活动。若不能运用先前工作获得的经验与洞见，则经常会导致过去已发生的错误重复发生。

13.2.2　隐性知识与显性知识

项目知识通常被分为两种形式：隐性知识与显性知识。

隐性知识是经验、洞见、观察与沟通的总和，每个人都把这些知识存放在自己的记忆中。很明显，有经验的项目、项目集和项目组合经理、发起人与业务变更经理等，对于项目、项目集与项目组合管理都有大量的隐性知识，他们每天用这些知识成功地交付项目与项目集。

项目知识管理的一个关键作用，是捕捉这些隐性知识并把它们转化成显性知识。这意味着把隐性知识加以表达与记录，让那些想发展自己的知识、想从其他人那里学习经验的人可以获得。

显性知识的使用者从新项目经理到有经验的项目组合经理，他们都面临新的挑战。

一个成熟的组织，会培育一种以项目知识管理作为工具的学习与发展的文化。

项目知识管理拥有很多理论与模型，螺旋形项目知识管理模型（见图 13–1）即为其中之一。

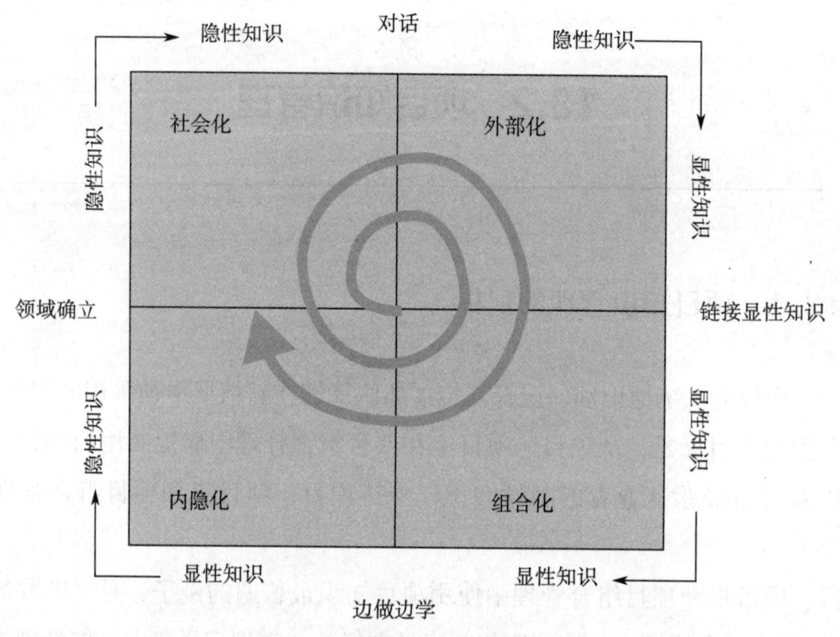

图 13–1　螺旋形项目知识管理模型

该模型解决了隐性知识和显性知识之间的联系，并生动说明了隐性知识是如何转化为显性知识，并在周而复始的循环过程中得到扩展和增强的。

1. 社会化

隐性知识由个体所掌握，并不断通过自身的经验得到强化。社会化是指通过沟通和分享经验来分享隐性知识。这应该在项目、项目集和项目组合管理团队每次碰头的时候进行，同时也是经理与发起人之间关系的一个关键因素。

在单个项目与项目集的日常管理工作之外，一个组织可能可以通过成立实践社群或为教练和指导人提供支持的方式，来促进隐性信息的分享。

2. 外部化

外部化是通过开发模型与描述概念，将隐性知识转化为显性知识。外部化通常是以物理的、可读的形式记录隐性知识，这种明确的、有时是理论的知识为创造新知识奠定了基础。

3. 组合化

显性知识可以组合。项目、项目集和项目组合管理框架就是这种组合的一个很好的例子。它从各种已出版的资源中获取显性知识，包括项目管理知识体系、方法论、能力框架与能力成熟度模型，并将这些知识组合成某种有望大于其部分之和的东西。

4. 内隐化

当个人理解了显性知识，并将其作为他们正常行为的一部分时，就会发生内部升华，这样就建立了个人发展新的隐性知识的能力，然后又回到社会化的原则。

13.2.3 项目知识管理的注意事项

在项目、项目集和项目组合管理的组织内部，建立项目知识管理的步骤包括：确保高层管理者对项目知识管理原则的投入与支持；对捕捉与运用项目知识的项目、项目集和项目组合方法的诸多因素的保证；实施与维护储存与维护项目知识的系统。

捕捉经验、教训只是创造显性知识的一种方法，首先是基于组织内隐性知识的可获得性，这应该涵盖更广范围的实践社群（包括专业团体），用外部知识来源加以补充。

项目知识管理通过运用已被验证有效的方法与技术及避免已知的陷阱，来减少项目、项目集和项目组合管理所涉及的内在固有风险。

项目知识管理还可以激励管理团队成员，他们可以把项目知识管理视为在组织层级通过他们个人的贡献，来改善项目、项目集和项目组合管理的载体。

在更成熟的组织里，应该有一套项目知识管理体系，所有的项目、项目集和项目组合都能访问获取项目知识。

不够成熟的组织里的规模更小的独立项目主要依赖于单个管理团队成员运用他们自己的隐性知识。在这些情况下，当有技能的人员离职时，组织就面临着失去项目管理能力的风险。降低风险的简单行动，可以包括使用组织保存的项目日志以及号召项目经理们聚集在一起交换经验。

根据定义，项目集是由多个项目组成的，因此有机会记录来自早期项目的经验与教训，并将这些经验、教训运用到后续项目中。项目集管理团队需要为此提供持续的支持。

做好项目知识管理的最好机会存在于项目组合内。在这个层面，如果组织内还没有完整的项目知识管理体系，则管理团队应为项目知识管理体系提供资金。这通常在启动流程中完成。

13.3 项目知识产权控制

13.3.1 项目知识产权的现状与问题

1. 项目知识产权的现状

从项目知识产权发展的情况来看，很多组织的项目管理和知识产权管理之间没有得到充分的结合，知识产权管理人员和研发人员之间关系不够紧密，存在割裂现象，双方只有在需要进行共同研究时才会结合。

2. 项目知识产权的问题

项目知识产权的管控存在以下明显问题。

（1）不能充分地利用专利信息，有部分项目在立项的时候起点比较低，存在对同一项目或问题进行重复研究的现象。

（2）对相关领域技术发展的敏感性较低，不能准确把握发展趋势。

（3）有部分研发人员不重视知识产权，缺乏知识产权意识，不能及时地把成果转化为知识产权。

（4）知识产权和项目之间的关系比较模糊。

13.3.2 项目知识产权全过程控制

项目知识产权全过程管理强调以产权为基础，推动创新活动，从而达到提高创新活动效率的目的，同时对创新活动的成果进行有效保护。

项目知识产权的全过程控制要求根据项目的实际需求来确定具体内容，在项目开展过程中重复利用知识产权信息，同时进行发明创造登记、选择有效保护方式，并分析专利战略布局。在项目立项、实施、验收和转化的生命周期中融入知识产权，设立专人对项目知识产权进行管理，使项目知识产权的创造、控制、保护和利用不断增强，进而在项目的每个阶段都能与知识产权工作紧密结合。

知识产权管理是一个十分系统的工程，其内容包括知识产权战略制定、流程监控、人员培训、运用实施以及创新整合等。在进行项目知识产权全过程控制的时候应当尽可能地降低投资资金，避免出现重复建设和重复研究的情况，对当前已有的技术资源进行充分利用。

对于很多项目成果而言，其最重要的表现形式就是知识产权，知识产权是项目转化的一种载体。在项目全生命周期中融入知识产权，能够有效提高科研的起点，促进知识产权创造，避免进行重复研究。通过加强知识产权管理人员和研发人员之间的紧密联系，把研发当中的新技术转化成知识产权，确保研发人员的创新点得到全面的保护。

13.4　项目跨文化知识管理

13.4.1　树立正确的观念

首先，开展跨文化项目、项目集和项目组合的组织必须承认并理解各国之间文化差异的客观存在，要重视对他国语言、文化等的学习和了解，这是增强跨文化管理能力的必要条件。

理解文化差异有两层含义：一是理解东道国文化如何影响当地员工的行为；二是理解母国文化如何影响派去当地的管理人员的行为。

不同类型的文化差异需要采用不同的措施去克服。例如，因管理风格、方法或技能的不同而产生的冲突可以通过互相传授和学习来克服；因生活习惯和方式不同而产生的冲突可以通过文化交流来解决……只有把握不同类型的文化差异才能有针对性地找出解决文化冲突的合适办法。

其次，要辩证地对待文化差异，在看到其不利一面的同时还应看到其有利的一面，并恰当、充分地利用不同文化所表现的差异，为组织的发展创造契机。

再次，要充分认识到跨文化管理的关键是对人的管理，要实行全员的跨文化管理。一方面，跨文化管理的目的就是要使不同的文化进行融合，形成一种新型的文化，而这种新型的文化只有根植于组织所有成员之中，通过组织成员的思想、价值观、行为体现出来，才能真正实现跨文化管理的目的，否则跨文化管理将会流于形式。另一方面，在全球化经营组织中，母公司的组织文化可通过组织的产品、经营模式等转移到国外分公司，但更多的是通过熟悉组织文化的经营管理人员转移到国外分公司。因此，全球化经营组织在跨文化管理中必须要强调对人的管理，既要让经营管理人员深刻理解母公司的组织文化，又要选择具有文化整合能力的经营管理人员到国外分公司担任跨文化管理的重要职责。同时，还要加强对组织所有成员的文化管理，让新型文化真正在管理中发挥其重要作用，从而使全球化经营组织在与国外组织的竞争中处于优势地位。

13.4.2 选择适合的策略

1. 本土化策略

即根据“思维全球化和行动当地化”的原则来进行跨文化的管理。全球化经营组织在国外需要雇用相当一部分当地员工，因为当地员工熟悉当地的风俗习惯、市场动态以及其政府的各项法规，并且与当地的消费者容易达成共识。雇用当地员工不仅可节省部分开支，更有利于在当地拓展市场、站稳脚跟。

2. 文化相容策略

根据不同文化相容的程度可分为以下两种策略。

（1）文化的平行相容策略。这是文化相容的最高形式，习惯上称为“文化互补”，即在国外的子公司中不以母国的文化作为主体文化。这样母国文化和东道国文化之间虽然存在着巨大的文化差异，但却并不互相排斥，反而互为补充，同时运行于公司的操作中，可以充分发挥跨文化的优势。

（2）隐去两者主体文化的和平相容策略。即管理者在经营活动中刻意模糊文化差异，隐去两者文化中最容易导致冲突的主体文化，保存两者文化中比较平淡和微不足道的部分，使得不同文化背景的人均可在同一组织中和睦共处，即使发生意见分歧，也容易通过双方的努力得到协调。

3. 文化创新策略

即将母公司的组织文化与国外分公司的当地文化进行有效的整合，通过各种渠道促进不同文化相互了解、适应、融合，从而在母公司文化和当地文化的基础之上构建一种新型的组织文化，以这种新型文化作为国外分公司的管理基础。这种新型文化既保留着母公司组织文化的特点，又与当地的文化环境相适应，既不同于母公司的组织文化，又不同于当地的文化，而是两种文化的有机结合。这样不仅有利于全球化经营组织适应不同国家的文化环境，还能大大增强竞争优势。

4. 文化规避策略

当母国的文化与东道国的文化之间存在着巨大的不同，母国的文化虽然在整个公司的运作中占主体地位，可无法忽视或冷落东道国文化的存在的时候，由母公司派到子公司的管理人员，就应特别注意在双方文化的重大不同之处进行规避，不要在这些“敏感地带”造成彼此文化的冲突。特别是还要注意尊重当地的宗教信仰。

5. 文化渗透策略

文化渗透是个需要长时间观察和培育的过程。跨国公司派往东道国工作的管理人员，基于其母国文化和东道国文化的巨大不同，并不试图在短时间内迫使当地员工服从母国的人力资源管理模式，而是凭借母国强大的经济实力所形成的文化优势，对公司的当地员工进行逐步的文化渗透，使母国文化在不知不觉中深入人心，使东道国员工逐渐适应这种母国文化并慢慢地成为该文化的执行者和维护者。

6. 借助第三方文化策略

跨国公司在其他国家和地区进行全球化经营时，由于母国文化和东道国文化之间存在巨大的不同，而跨国公司又无法在短时间内完全适应由这种巨大的“文化差异”而形成的完全不同于母国的东道国经营环境。这时，跨国公司所采用的管理策略通常是借助比较中性的、与母国的文化已达成一定程度共识的第三方文化对设立在东道国的子公司进行控制管理。这种策略可以避免母国文化与东道国文化发生直接的冲突。例如，欧洲的跨国公司想要在加拿大等美洲地区设立子公司，就可以先把子公司的海外总部设在思想和管理比较国际化的美国，然后通过在美国的总部对在美洲的所有子公司实行统一的管理。而美国的跨国公司想在南美洲设立子公司，就可以先把子公司的海外总部设在与国际思想和经济模式较为接近的巴西，然后通过巴西的子公司总部对南美洲其他的子公司实行统一的管理。这种借助第三方文化，对母国管理人员所不了解的东道国子公司进行的管理，可以避免资金和时间的无谓浪费，使子公司在东道国的经营活动迅速有效地取得成果。

总之，全球化组织在进行跨文化管理时，应在充分了解本组织文化和国外文化的基础上，选择自己的跨文化管理模式，使不同的文化得以最佳结合，从而形成自己的核心竞争力。

13.4.3　培训是跨文化知识管理的有效手段

对子公司的员工尤其是管理人员进行跨文化培训是解决文化差异，搞好跨文化管理最基本、最有效的手段。跨文化培训的主要方法就是对全体员工，尤其是非本地员工，进行文化敏感性训练。将具有不同文化背景的员工集中在一起进行专门的培训，打破他们心中的文化障碍和角色束缚，增强他们对不同文化环境的反应和适应能力。

文化敏感性训练可用采用多种方式进行。

1. 文化教育

请专家以授课方式介绍东道国文化的内涵与特征，指导员工阅读有关东道国文化的书籍和资料，为他们在新的文化环境中工作和生活提供思想准备。

2. 环境模拟

通过各种手段从不同侧面模拟东道国的文化环境，将在不同文化环境中工作和生活可能遇到的情况和困难展现在员工面前，让员工学会处理这些情况和困难的方法，并有意识地按东道国的文化特点思考和行动，提高自己的适应能力。

3. 跨文化研究

通过学术研究和文化交流的形式，组织员工探讨东道国文化的精髓及其对管理人员的思维过程、管理风格和决策方式的影响。这种培训方式可以促使员工积极探讨东道国文化，提高他们诊断和处理不同文化交融中疑难问题的能力。

4. 语言培训

语言是文化的一个非常重要的组成部分，语言交流与沟通是提高对不同文化适应能力的一条最有效的途径。语言培训不仅可以使员工掌握语言知识，还能使他们熟悉东道国文化中特有的表达和交流方式，如手势、符号、礼节和习俗等。可以通过组织各种社交活动，为员工创造更多与东道国人员接触和交流的机会。

第 14 章

项目集管理

14.1 项目集管理概述

14.1.1 项目集的概念和组件

1. 项目集的概念

项目集不同于项目，项目是为创造独特的产品、服务或成果而进行的临时性工作，而项目集主要面向和处理的是收益的交付，这通常比单项目更加复杂。项目集主要通过作为组件的项目、子项目集和项目集活动来交付预期的收益，这些组件通过相互关联的目标相联系，并都对收益的交付有所贡献。如果作为组件的项目或活动没有相互关联的目标，或者也没有为同一收益的交付有所贡献，而仅仅是通过其他如战略、技术、资金、相关方等共同资源相关联，那么使用项目组合管理会比项目集管理更合适。

2. 项目集的组件

项目集所包含的组件的内容及概念包括以下几部分。

（1）“组件”包括支持项目集的项目、子项目集和其他项目集相关活动。

（2）“项目”是指为创造独特的产品、服务或成果而进行的临时性工作。

（3）“子项目集”是指为了达成项目集重要目标而发起、实施、管理的另一个项目集。例如，在一个新能源汽车研发的项目集中，可能会启动配套的发动机、电池和控制系统等的子项目集。

（4）“其他项目集相关活动”是指为项目集本身的运行提供支持的活动，如培训、人力资源、财务控制、行政管理等。

14.1.2 项目集启动

一个新项目集的启动或产生通常有以下 3 种方式。

1. 愿景导向的项目集

组织战略管理将组织的愿景定义为组织未来想达成的状态，并通过差距分析来制定组织战略目标，用以实现组织从当前状态到未来状态的转变。这种项目集通常是为了支持组织愿景分解下来的战略目标而启动的，这种启动倾向于自上而下的方式，对组织的经营活动会产生比较重要的影响。例如，为提高组织营收战略目标而开发新产品，或者开拓新兴市场等。

2. 合规的项目集

也可以称为“必须做”的项目集，组织别无选择，只能因外部事件的发生而进行变革，收益可以用合规、遵守新标准，以及避免负面影响来表示，而不是可衡量的内部绩效改善。例如，生产制造的产品或生产过程对新颁布的更高污染物排放标准的遵守，企业对垃圾分类处理新规定的遵守。

3. 自然产生的项目集

这种启动通常是一种自下而上的方式，组织在经营过程中认识到某些正在进行的项目、项目集和其他工作可以通过某个共同的目标或收益而联系起来时，把这些分散的组件合并成一个项目集进行管理，它在组件的愿景、环境和方向被定义和创建之后才成为规划的项目集。例如，行政区域或开发区的一体化建设，可能开始是独自建设的，在发展过程中发现多个区域形成项目集进行一体化管理将会获得分别管理所无法获得的更多收益。

14.1.3 项目集管理的概念

项目集管理是在项目集中应用知识、技能与原则来实现项目集的目标，获得整合管理项目集组件所要实现的收益和控制。项目集管理包括项目集组件一致性，以确保实现项目集目标，并优化项目集的收益交付。项目集经理负责实施项目集管理，其由组织授权以领导用于实现项目集目标的团队。

项目管理主要是对交付产品、服务或成果进行管理，强调通过输入，并使用相应的工具、技术，来得到期望的输出，是“1+1=2”的管理思路。而项目集管理主要面向收益交付的管理，通过协调管理项目集组件以及组件之间的关联关系，来获得分别管理所无法获得的收益，是“1+1>2”的管理思路。我们平时所说的“多项目”“大项目”管理并不是项目集管理。

14.1.4 项目集管理中的角色和职责

项目集管理同项目管理一样也涉及很多角色和职责的界定，不同角色成员建立适当的合作关系，并履行好自己的职责对于项目集管理的成功至关重要。项目集管理中通常涉及的主要角色有以下几类。

1. 项目集发起人

项目集发起人是指为项目集提供资源和支持，并为项目集成功创造条件的个人或团体，通常由项目集经理的直接领导或组织任命的某个高管来担任此角色，有时项目集指导委员会也可充当项目集发起人的角色。

2. 项目集指导委员会

项目集指导委员会通常由高管级相关方组成团队，有时也称为项目集管理委员会、项目集治理委员会、项目集控制委员会等。该委员会负责定义和实施适当的治理活动来对项目集进行高层级的管控，主要包括对项目集过程的监控，对所升级的问题、风险、变更的审批等。

3. 项目集管理办公室

项目集管理办公室是一个管理机构，主要对项目集相关的管理流程和文档进行标准化，并促进信息、资源、方法论、工具、技术等的共享，还支持培训、经验教训总结，以及其他组织管理活动等。

4. 项目集经理

项目集经理是由组织授权以实现项目集目标的第一负责人。项目集经理的主要角色是负责组建一支能够实现项目集目标和预期项目集收益的项目集团队，并通过项目集的管理和过程的监控对项目集绩效负责。

5. 业务变革经理

项目集经理负责交付收益，而业务变革经理则负责在项目集移交收益后，在业务运营过程中继续促进并维持收益。业务变革经理的角色通常也由接受项目集移交的运营经理、职能经理等角色担任。

6. 项目经理

在项目集中，项目经理的角色一般是指负责监督或管理项目集组件项目的个人。

项目经理的角色主要负责启动、计划、执行和监控、收尾组件项目，并按照各自组件项目的定义来交付项目的产品、服务或成果。

7. 其他相关方

其他与项目集有关联的相关方，如运营团队、客户和供应商等。

14.2 项目集管理核心领域

在项目管理中，通常划分有整合管理、范围管理、进度管理、成本管理等十大知识领域内容，这些单项目管理的知识领域内容对于项目集中的组件项目管理同样适用。在项目集管理中，遵循以战略为核心和收益为导向的管理思路，通常要关注的是与项目管理不同的 4 个核心领域：战略一致、收益管理、相关方争取、项目集治理（见图 14–1）。项目集管理核心领域是针对项目集层面的活动的分类，对这些活动的分类有利于专注于项目集管理核心领域和区别项目管理的关注点。项目集管理核心领域的定义和主要内容包括：项目集战略一致，制定项目集成果和收益与组织的战略目标保持一致；项目集收益管理，定义、规划和最大化交付项目集目标收益；项目集相关方争取，识别和分析相关方需求，管理相关方期望和沟通，以促进相关方对项目集目标的支持；项目集治理，为支持并促进项目集执行而制定治理内容，并维护项目集监控。

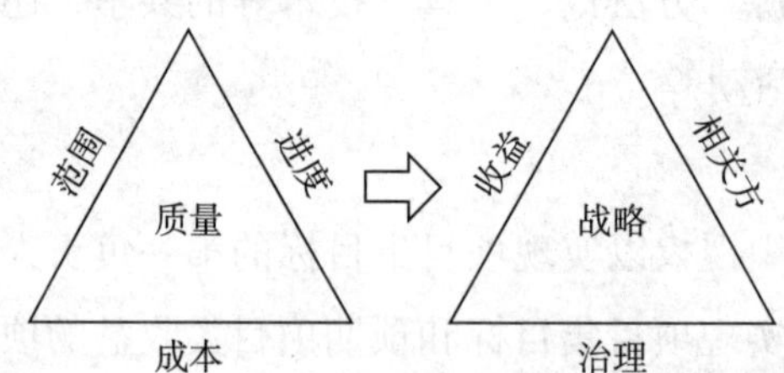

图 14–1　从项目到项目集管理核心领域的变化

在项目集管理过程中，4 个项目集管理核心领域并不是彼此孤立的，而是互相交互的，共同为项目集的收益交付做出管理贡献。在项目集层面仍然有范围、进度、财务等管理活动，但项目集经理要更多地关注这四大核心领域方面，这对于项目集的成功尤为重要，也是从项目到项目集管理工作重点的转变。

14.2.1 项目集战略一致

项目集管理与项目管理之间的关键区别是项目集的战略聚焦，项目集战略一致是制定项目集成果和收益与组织的战略目标保持一致。项目集要想获得成功并实现组织的预期收益，首先必须要与组织的战略目标保持一致，因此，项目集经理需要了解项目集，并重点关注项目集战略一致要素制定和管理。

1. 项目集战略一致的输入

项目集战略一致的输入主要是组织战略计划。组织战略计划是组织通过定义战略目标来确定如何实现愿景，并记录在组织战略计划的书面文件中，用以向项目组合、项目集和项目进行传递。组织战略计划的制订过程在一定程度上会受到市场动态、客户、供应商、股东、政府、法律法规、风险和竞争对手等的影响。

2. 项目集战略一致的输出

项目集战略一致的输出主要包括以下几个方面。

（1）项目集商业论证。项目集商业论证是一份经济可行性研究的书面文件，用来定义项目集的主要内容和验证项目集所交付的收益，并通过定义项目集的预期成果与组织战略目标的关联，来证明项目集存在的必要性，通常是用于验证项目集所带来的收益，来回答“对这个项目集的投资是否值得?”这个问题。

项目集商业论证主要阐述了项目集的总体成本、计划实现的收益以及风险概述，为的是评价项目集的可行性，并且对其持续的可行性做出适当的管理决策。商业论证主要包括的内容有：项目集目标成果、业务和运营影响、风险和机会分析、成本收益分析、财务分析、内在和外在收益、市场需求或障碍、环境影响、法律影响等。

（2）项目集章程。在商业论证得到制定和批准后，项目集章程通过批准的商业论证得到输入，主要用于指定并授权项目集经理，定义项目集的范围和目标，并通过项目集指导委员会获得批准、资金和授权的一个正式文件，也被视为是项目集获得批准可以开始正式执行的标志。项目集章程正式阐述了组织的愿景和项目集的预期收益，还授权项目集经理领导项目集团队和组件活动。

项目集章程的关键要素包括：项目集范围、假设和约束因素、高层级风险、高层级收益、高层级目标、重要里程碑、关键相关方等。

（3）项目集路线图。项目集路线图是按照时间顺序以图形化的方式展现项目集预期发展方向，以图形方式描述主要里程碑与决策点之间的依赖关系，为高级管理层提供监控信息。项目集路线图与项目集进度计划类似，主要适用于为规划和制定更加详细的时间表而描绘出主要项目集事件。项目集路线图是管理项目集执行情况和评估项目集实现预期收益进展情况的重要工具，可以用来表示项目集的主要阶段，但并不包括项目集具体组件内部的细节。此外项目集路线图还反映了实现收益的速度，并将作为后续移交和维持收益的基础。

3. 项目集战略一致的工具、技术

项目集战略一致的工具、技术主要包括项目集环境评估。项目集在执行过程中往往会受到内部或外部环境的影响，这些环境影响会对项目集带来正面或负面的作用。因此，项目集经理应该在执行过程中识别和分析这些影响的风险，必要时采取风险应对措施以确保与组织的战略目标始终保持一致，从而确保最终项目集的成功和满足相关方的期望。项目集环境评估主要包括事业环境因素和环境分析两方面的内容。

（1）事业环境因素。事业环境因素是指项目集团队不能控制的，会对项目集的选择、投资和管理等产生影响的各种条件。事业环境因素可能包括商业环境、市场、资源、行业等因素。

（2）环境分析。环境分析用于评估项目集商业论证、项目集章程、项目集路线图的有效性，常用的工具、技术包括比较优势分析、可行性研究、SWOT（strengths、weaknesses、opportunities、threats，优势、劣势、机会、威胁）分析、假设分析、历史信息分析等。

14.2.2 项目集收益管理

项目集收益管理是定义、规划和最大化交付项目集目标收益的过程。收益按类型可分为显性和隐性、直接和间接、财务和非财务收益等。收益是一种可衡量的绩效提升，并且有助于实现一个或多个组织目标，通常项目集的正收益要大于负收益才能得以批准执行。

项目集收益管理的目的是在项目集实施期间，确保项目集相关方关注于项目集组件活动所提供的成果和收益。项目集收益管理过程包括定义和规划项目集预期成果和收益的过程，以及监控项目集对预期成果和收益交付的过程。

此过程的输入主要包括：组织战略计划、项目集商业论证、项目集章程等。

此过程的工具、技术主要包括：项目集环境评估、相关方分析等。

此过程主要包括以下几个阶段。

1. 收益识别

项目集收益识别的目的是分析组织的战略目标和环境影响等，以便识别项目集相关方的预期收益。收益识别活动主要包括：定义项目集的目标和成功要素，识别并量化商业收益。这个过程的主要输出是项目集收益登记册。项目集收益登记册汇总并记录项目集的预期收益，以便在项目集实施期间测量和确认收益的交付。

2. 收益分析和规划

项目集收益分析和规划的目的是制订项目集收益管理计划和收益测量标准，用于在项目集实施过程中监控项目集收益测量和交付。项目集收益分析和规划的主要内容包括：定义项目集组件的相互依赖关系并进行优先级排序，定义关键绩效指标和相关量化标准，制定并沟通项目集绩效指标，监控并指导项目集组件收益测量。这个过程的主要输出是项目集收益管理计划。项目集收益管理计划是对创建并最大化交付项目集的收益过程进行定义的书面文件，它正式记录了实现项目集计划收益所必需的活动，并为项目集实施期间交付收益提供指导。

3. 收益交付

项目集收益交付的目的是确保项目集按照收益管理计划中的定义来交付收益。收益交付阶段通过收益指标的持续监督和报告，相关方可以评估项目集的整体健康状况，并采取适当的措施以确保收益得到成功交付。项目集收益交付的主要内容包括：监督组织环境和项目集收益的实现、管理项目集组件和它们之间的依赖关系、更新影响收益的风险、评估关键绩效指标等。这个过程的主要输出是项目集组件收益的交付，或组件交付后在项目集层面对收益进行整合交付，以及收益登记册和收益管理计划的更新。

4. 收益移交

项目集收益移交的目的是确保项目集收益移交给运营组织，并能在移交后继续维持或使之能够利用这些收益。在项目集结束时，应将所产生的收益与商业论证中的预期收益进行比较，以确保项目集实际交付了预期收益。收益移交的活动包括：验证项目集满足收益实现标准、制订移交计划以促进收益在移交时能够持续实现。这个过程的主要输出是项目集收益移交计划。收益移交计划定义如何向接收组织移交收益，并能在移交后继续维持。

5. 收益维持

项目集收益维持的目的是在项目集收尾后由接收组织持续进行维护工作，以确保继续产生项目集所交付的成果与收益。收益维持活动主要包括：为项目集接收组织规划必要的工作、确保项目集所提供的收益能够得以持续、做好绩效评估与测量、监控客户能够获得预期的收益等。这个过程的主要输出是项目集收益维持计划。收益维持计划在项目集收尾前制订，用以识别必要的风险、流程、措施、指标和工具，以确保移交后的项目集能持续地实现收益交付。

14.2.3 项目集相关方争取

项目集相关方争取是使相关方参与到项目集活动中来的一个过程，通过识别和分析相关方的需求，管理相关方的期望，以促进相关方对项目集的支持。相关方是指来自组织内部或外部，对项目集成果产生积极或消极影响的相关组织或个人，常见的相关方如客户、供应商、项目集指导委员会、项目集团队、职能部门参与人员等。项目集经理需要带领项目集团队识别并分析相关方的影响，以便根据项目集环境和相关方的变化，不断对相关方采取争取工作，使相关方积极参与到项目集中，并支持项目集的活动。

此过程的输入主要包括：组织战略计划、项目集商业论证、项目集章程等。

此过程的工具、技术主要包括：项目集环境评估、相关方地图、权力 / 利益方格、相关方沟通矩阵等。

此过程主要包括以下几个阶段。

1. 相关方识别

项目集相关方识别的目的是系统地识别所有重要相关方，并记录在相关方登记册中。这个过程的主要输出是相关方登记册，相关方登记册中列出所有识别的相关方，并根据与项目集的关系进行分类，包括：相关方对项目集结果的影响能力、相关方对项目集的支持程度、相关方的其他特征或属性等。

2. 相关方分析

项目集相关方分析的目的是分析不同相关方的需求、期望或影响的差异。项目集经理可以利用相关方地图、相关方权力 / 利益方格等工具、技术对相关方进行分析，这些工具、技术可以直观地显示相关方之间的相互关系，以及相关方对项目集权力 / 利益大小的区分，可以有效地帮助项目集经理对相关方进行分类，并在后续的相关方争取中采取有针对性的措施。这个过程的主要输出是相关方登记册的更新，通过对相关方的分析，进一步细化相关方登记册的内容。

3. 相关方争取规划

项目集相关方争取规划的目的是规划并确定在项目集实施过程中如何争取项目集相关方。这个过程的主要输出是相关方争取计划。相关方争取计划主要包括如何使相关方有效参与项目集的详细策略。

4. 相关方争取

项目集相关方争取的目的是按照项目集相关方争取计划的定义，在持续的项目集活动中不断争取相关方，使相关方积极参与到项目集中，并使项目集收益交付得以实现。因为相关方的角色、态度以及要求在过程中可能都会发生变化，因此在整个项目集期间，项目集经理的主要角色之一是确保所有的相关方都能充分、适当地参与其中，并扩大相关方的积极影响、减少相关方的消极影响，以确保项目集的成功实施。

因为项目集相关方主要都是不同角色个人或团队，因此具有不同的文化和组织背景、不同的专业水平以及不同的观点和兴趣，这些都可能对项目集收益的交付造成冲击或影响，有效的沟通是必不可少的，这也是项目集相关方争取的核心工作。项目集相关方沟通的目的是确保项目集与相关方和相关方之间的沟通顺畅、有效。在项目集实施过程中，项目集经理要投入大量的时间和精力在对项目集相关方的沟通和管理工作上。

这个过程的主要输出是相关方争取和沟通活动，以及对相关方登记册和相关方争取计划的更新。

14.2.4 项目集治理

不同于管理在执行层面的具体实施工作，项目集治理是在决策层面如何制定和执行项目集决策，如何为支持项目集而进行实践，并维持项目集监督的工作。项目集治理的内容主要包括为满足组织战略和运营目标的要求，对项目集制定支持的框架和流程，并在过程中实施监督和控制作用。项目集治理的重点是通过建立系统性的流程和方法，以便发起组织定义、监控项目集及其战略一致，从而实现项目集收益的交付。

此过程的输入主要包括：组织治理原则、组织战略计划、项目集商业论证、项目集章程等。

此过程的工具、技术主要包括：项目集环境评估、治理会议等。

此过程主要包括以下几个治理实践活动内容。

1. 项目集治理计划

项目集治理计划是文档化地描述用于监督、管理和支持项目集的系统和方法，以及设置的特定的管理角色和职责，以确保这些系统和方法得到及时、有效的使用。这个过程的主要输出是项目集治理计划，在整个项目集实施过程中都要参照此计划，以确保项目集符合既定的治理需求。

2. 项目集治理与愿景和目标

通过组织的愿景和目标输入，为项目集定义其战略一致提供了基础，项目集治理确保项目集本身定义其愿景和目标，以便能有效支持组织的愿景和目标。

3. 项目集定义和批准

项目集治理描述了如何定义和批准项目集的方法和职责，以及如何授权使用组织资源支持项目集的成功实施。通常在项目集启动阶段，通过项目集商业论证和项目集章程来完成项目集的定义和批准。

4. 项目集成功标准

项目集治理定义和建立项目集成功的一般标准，以及如何衡量这些标准的方法。这些标准描述了项目集成功的定义，以便符合相关方期望和需求，最大化地实现收益。

5. 项目集监督、报告和控制

项目集治理定义参与者的角色和职责，用以监督项目集达成组织目标的进度，同时与项目集经理合作，一起推动、提高项目集的成功实施。项目集治理定义用于项目集管理的标准化报告格式和控制流程，并通过过程管控使项目集实施和遵守这些流程。

6. 项目集风险和问题治理

项目集风险和问题治理用以确保风险和问题管理的有效性，使重大风险和问题得到及时上报和解决。重大风险和问题的上报流程通常在以下两个层面上进行。

（1）在项目集内：组件团队、项目集管理团队与项目集指导委员会之间。

（2）在项目集外：项目集管理团队、项目集指导委员会与其他相关方之间。

7. 项目集质量治理

项目集质量治理的参与者需要负责审查和批准质量管理的方法和质量衡量的标准，以确保项目集实施过程中对质量的监控得到落实。质量治理通常要考虑以下两个层面的问题。

（1）在组件层面：监控组件层面的交付，确保符合各种组件定义的质量要求。

（2）在项目集层面：监控项目集层面整合管理的质量，确保项目集整体符合相关方的期望和需求。

8. 项目集变更治理

项目集治理对项目集变更批准授权进行定义，通常由项目集指导委员会制定批准授权的等级，如哪些变更可以由项目集经理批准？哪些变更需要升级到项目集指导委员会批准？同时在项目集实施过程中还要监控变更批准的及时性和有效性，以确保项目集得以顺畅和成功地实施。

9. 项目集评审治理

项目集治理定义在项目集生命周期中的哪些关键决策点需进行项目集评审，通常也称为阶段关口检查。项目集评审通常在关键组件开始或完成时进行，以确定项目集实施是否正常，能否批准通过进入下一阶段。

10. 项目集定期健康检查

项目集定期健康检查通常在决策点评审中间进行，用以评估项目集的绩效和进度。当决策点评审的间隔比较长时，可能会对项目集绩效监控和评审不够及时，因此需要使用周会、月会、季会等固定时间健康检查点来帮助对项目集的治理评审。

11. 项目集组件启动和移交

项目集指导委员会通常要对项目集组件的启动和移交进行批准，这是项目集整体治理工作的内容，因为组件是项目集的组成部分。通常组件项目可以按照项目管理原则和实践进行管理，而其他项目集活动可以按照项目集管理原则和实践进行管理。

12. 项目集收尾

通过评估项目集的交付条件是否满足，项目集绩效是否与组织愿景、使命和战略一致，项目集指导委员会对项目集是否可以收尾进行评审并决策。无论项目集是正常收尾，还是由于其他原因而中止，都需要按流程进行收尾工作，将治理工作移交给其他治理组织，并完成最终的项目集报告。

14.3　项目集生命周期管理

相对于项目的生命周期，项目集生命周期的持续时间往往很长，但无论持续时间长短，项目集通常都会有确定的开始和结束时间。项目集生命周期管理根据项目集实施的过程，在项目集治理结构下分阶段管理所需的项目集活动，通常划分为项目集建立、项目集准备、项目集交付和项目集收尾 4 个阶段（见图 14–2）。

14.3.1　项目集建立阶段

项目集建立阶段主要是制定项目集商业论证和项目集章程，用以阐述项目集为支持战略计划所要实现的项目集目标和总体预期收益，并获得项目集指导委员会批准，

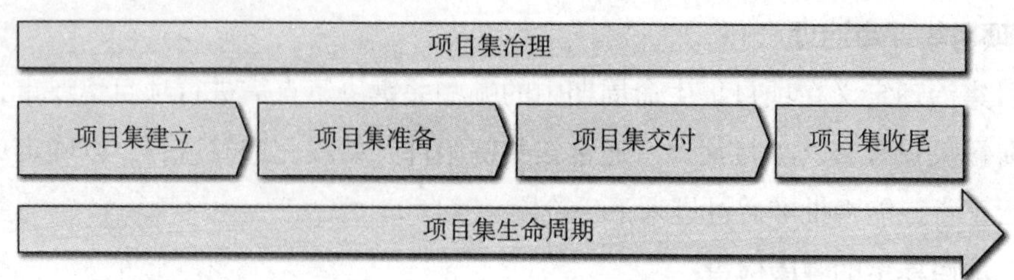

图 14-2　项目集生命周期阶段

以正式授权项目集经理可以动用组织资源来开始项目集。在此阶段，发起组织将指定项目集发起人来监督和治理项目集，发起人的主要职责包括为项目集筹措资金，以及选择合适的项目集经理。

14.3.2　项目集准备阶段

项目集准备阶段在项目集章程获得项目集指导委员会正式批准之后开始。此阶段将建立治理机构，定义并组建项目集团队，同时制订项目集管理计划。项目集管理计划是一份整合项目集各个子计划的文件，它是管理项目集及其组件的总体计划。项目集管理计划获得项目集指导委员会批准后，项目集将正式进入交付阶段。

14.3.3　项目集交付阶段

项目集交付阶段主要包括为成功交付项目集预期成果和收益而进行的项目集活动。因为组件需要不断地启动、交付和整合到整体项目集中，因此这个阶段通常是迭代而不是线性的。此阶段的工作包括项目集和项目集组件的执行，项目集管理团队提供监督和支持，以确保组件的成功完成，并整合到项目集中。

1. 组件授权与规划

组件授权包括根据组织的特定标准和各组件的商业论证来启动组件，这些标准通常包含在项目集治理计划中。项目集治理为组件授权的过程提供指导，并在整个项目集交付阶段持续进行监控工作。组件规划包括将组件整合到项目集中，以便管理组件之间的关联关系，并使各组件能够成功执行。

2. 组件监督与整合

在项目集背景下，有些组件可能会作为单个组件产生收益，而有些组件则可能要与其他组件整合才能实现相关收益。各组件团队都将执行相应计划和项目集整合工作。

在整个活动中，各组件向项目集经理提供状态和其他信息，以便其工作能够整合到整体项目集活动中。

3. 组件移交与收尾

在生成可交付成果并协调其产品、服务或成果的成功交付后，项目集组件通常会按计划收尾或移交给运营组织。组件的移交与收尾也必须要获得治理相关方的相应批准。

14.3.4　项目集收尾阶段

项目集收尾阶段包括为将项目集收益移交给运营组织，并正式结束项目集所进行的活动。在项目集移交期间，应与项目集指导委员会确认项目集已达成所有预期的收益并已完成所有移交工作，以及运营组织将接手项目集收益的维持工作。

14.4　项目集活动

为管理整体项目集而在项目集中执行的所有工作统称为项目集活动，通常项目集活动是为支持项目集而开展的任务和工作，贯穿整个项目集生命周期，这些项目集活动主要包括：项目集变更管理、项目集沟通管理、项目集财务管理、项目集信息管理、项目集采购管理、项目集质量管理、项目集资源管理、项目集风险管理、项目集进度管理、项目集范围管理。

第 15 章 项目组合管理

15.1 项目组合管理概述

15.1.1 项目组合的概念和内容

项目组合是为了实现战略目标而组合在一起管理的一系列的项目、项目集、子项目组合以及相关运营工作（见图 15-1）。

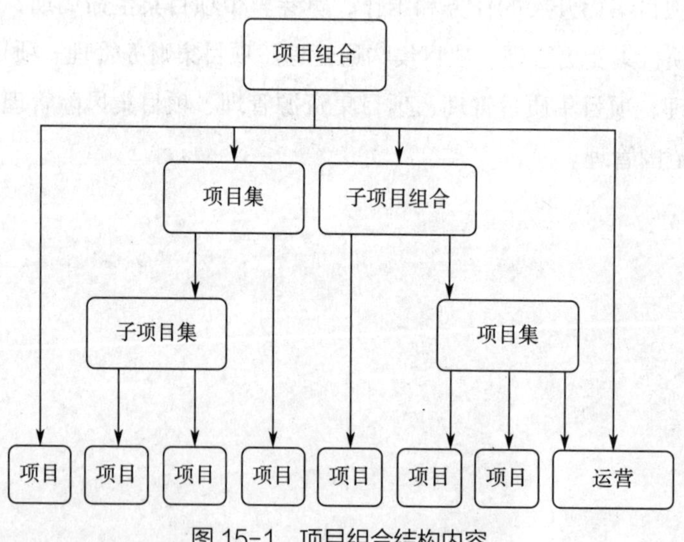

图 15-1 项目组合结构内容

项目组合是直接承接组织战略目标，并为满足组织战略目标服务的。项目组合通过将各种组件组合起来，并通过筛选、排序、优化等项目组合工作进行有效管理。项目组合所包含的组件的内容及定义如下：

（1）“组件”是指项目组合中的项目、项目集、子项目组合以及相关运营工作。

（2）“项目”是指为创造独特的产品、服务或成果而进行的临时性工作。

（3）“项目集”是相互关联且被协调管理的项目、子项目集和项目集活动，以便获得分别管理所无法获得的收益。

（4）“子项目组合”是指为了达成项目组合重要目标而启动、计划、执行的从属项目组合。

（5）“相关运营工作”是指组织其他职能为项目组合提供支持的活动。如生产制造、产品研发、市场推广、人力资源、财务控制、行政管理等。

15.1.2　项目组合管理的概念和内容

项目组合管理是集中地管理一个或多个项目组合来实现组织的战略目标。项目组合管理是一个动态的过程，不像项目和项目集着重于执行层面，项目组合更侧重于在决策层面对组件进行筛选、排序、优化、平衡、控制等工作，来实现组织的战略目标。

项目管理主要是对交付产品、服务或成果进行管理，强调通过输入，并使用相应的工具、技术，来得到期望的输出，是“1+1=2”的管理思路。而项目集管理主要面向收益交付的管理，通过协调管理项目集组件以及组件之间的关联关系，来获得分别管理所无法获得的收益，是“1+1>2”的管理思路。而项目组合则侧重于决策层面，通过对有限资源和组件的排列组合来实现在战略方向上的投资最大化。

15.1.3　项目组合管理中的角色和职责

项目组合管理中会有很多角色参与其中，常见的角色如项目组合发起人、项目组合治理委员会、项目组合管理办公室、项目组合经理、项目集经理、项目经理、其他相关方等。其中主要角色职责如下：

1. 项目组合发起人

项目组合发起人是为项目组合提供资源和支持的个人或团体，通常也会参与到项目组合治理委员会中。

2. 项目组合治理委员会

项目组合治理委员会由具备相应权限、知识和经验的个人组成，用来指导项目组合管理活动，并进行必要的决策。

3. 项目组合管理办公室

项目组合管理办公室是提供各种文档和流程、支持项目组合管理的组织机构。

4. 项目组合经理

项目组合经理是组织任命用以管理和实施项目组合的负责人，项目组合经理关注决策层面“做正确的事”，而项目集和项目经理关注执行层面“正确地做事”。项目组合经理通过建立领导与管理、相关方争取、系统思考、项目组合管理方法和技术等多方面技能，来保证项目组合的成功实施和价值交付。

5. 项目集经理

项目集经理负责确保在项目组合中，整个项目集结构和项目集管理过程与项目组合管理计划相一致，并确保项目集预期收益的交付。

6. 项目经理

项目经理负责确保在项目组合中，根据相应的目标和规范，有效地启动、计划、执行、监控、收尾所负责的项目。

7. 其他相关方

其他与项目组合有关联关系的相关方。

15.2 项目组合管理核心领域

在项目管理中，以可交付成果为导向通常划分有整合管理、范围管理、进度管理、成本管理等十大知识领域内容。在项目集管理中，以收益为导向通常要关注与战略一致、收益管理、相关方争取、治理四大核心领域内容。项目组合管理核心领域是项目组合层面所属活动的分组，这些活动的分组对于专注项目组合管理工作重点，以及区别于项目和项目集管理的领域尤为重要。项目组合管理核心领域的定义和主要内容如下。

1. 项目组合战略管理

项目组合承接组织战略目标，并在管理过程中通过持续的监督来确保项目组合与组织战略目标保持一致。

2. 项目组合治理

项目组合治理是通过制定治理结构来对项目组合组件的分类、选择、排序、优化、平衡、批准等进行管理的过程。

3. 项目组合能力管理

项目组合能力管理通过对组织当前能力的管理和未来所需能力的开发，对项目组合组件的选择和成功实施提供必要的支持。

4. 项目组合相关方争取

项目组合管理过程中需要对相关方采取积极的管理，并通过积极的沟通使相关方参与项目组合管理活动，以确保项目组合的成功实施。

5. 项目组合价值管理

项目组合价值管理对组织战略目标定义的预期价值进行管理，关注项目组合中的投资能否实现预期的回报。

6. 项目组合风险管理

项目组合风险管理评估项目组合层面上的风险，并且采取相应的应对措施规避风险，以实现项目组合的战略计划和目标。

15.2.1　项目组合战略管理

项目组合战略管理是组织级项目管理承接战略目标落地的最先开始，它通过战略管理绩效领域来系统性管理和支持组织特定的战略目标，始终保持与组织的战略一致。此外在执行层面上也对项目组合组件的选择提供指导和支持，确保“做正确的事”。项目组合战略管理主要关注 3 个关键方面：对项目组合所处环境的分析和理解；所有项目组合组件都要与组织的战略目标保持一致；确保始终“做正确的事”以实现组织战略目标。

1. 制定项目组合的战略目标

项目组合的战略目标详细定义了需要达成的组织的特定战略方向和要求。组织的整体战略方向和要求通常在组织的愿景和使命中进行了描述，愿景与使命描述了组织的主要意图和其终极目标，而项目组合承接组织的某一具体战略目标，通过项目组合的愿景和使命的描述来承接组织的战略目标，并通过必要的步骤和管理来最终实现。战略目标的划分通常有短期目标（1 ~ 3 年）和长期目标（3 ~ 5 年）以及战略方向或规划（5 年以上）。

（1）愿景和使命：组织愿景描述了组织未来希望达成的最终状态，如组织想成为一个伟大的科技企业。组织使命描述了组织当下的根本任务，如组织专注于在人工智能领域为客户提供优质的产品和服务。组织项目组合的愿景和使命制定需要承接组织的愿景和使命并保持战略一致，具体描述项目组合所要达成的未来状态和项目组合的根本任务，例如，组织建立某一项目组合实现人工智能在教育领域产品开发的使命，并实现行业“领头羊”的愿景。

（2）战略目标：战略目标是对愿景的具体分解，指出要实现什么，战略目标可以被分成几类，如合规性、财务资源、市场地位等。通常战略目标通过战略方向或规划（5 年以上）、长期目标（3~5 年）、短期目标（1~3 年）的划分来说明具体的步骤和过程，例如，组织的战略方向是人工智能领域的产品研发和服务，长期目标是成为市场品牌第一名，短期目标是开发一款新产品从而实现销售收入 100% 增长。

（3）战略举措：战略举措主要是指组织初选的项目组合组件，将来通过批准后形成项目组合中包括的推动组织走向未来状态的项目集和项目，如新的产品或服务、新的商业模式、新的能力等。

2. 制定项目组合章程

项目组合章程是一份正式批准的文档，它授权项目组合经理可以将组织资源应用在项目组合组件管理上。项目组合章程描述了项目组合的构成，包括项目组合、项目集、项目及运营的层级和关系，以及项目组合将如何、何时向组织交付预期的价值。在制定项目组合章程的过程中，需要重点考虑的因素包括以下几项，通常它们也被看成是制定项目组合章程的重要输入条件。

（1）项目组合战略计划。

（2）项目组合过程资产。

（3）事业环境因素。

3. 制定项目组合路线图

项目组合路线图是一个图形化的、可视化的项目组合文档，它详细说明了项目组合及其相关组件是如何与组织的战略目的联系起来的。项目组合路线图作为高层级项目组合文件，在启动阶段为管理层提供清晰完整的说明，在规划和执行过程中为后续制订详细的计划提供指导和输入。在每次项目组合的优化和有重大变更时，要检查并及时更新项目组合路线图，确保其正确反映项目组合的变化和状态。

4. 选择关键的项目组合组件

项目组合是通过一系列的以协调的方式进行管理的子项目组合、项目集、项目和运营活动来构建的，对项目组合组件的整合管理可以为组织提供期望的价值。不同于项目集，项目组合组件可能不必相互依赖和有内在关联，也不一定要在相同的时间实施，但这些组件都要为项目组合所承接的战略目标做贡献。通常选择项目组合的关键组件要考虑的因素包括组织战略与目标、初始组件清单、项目组合资源、组织过程资产、事业环境因素。

5. 项目组合的优化

项目组合的优化是一种通过平衡和优化组合的收益、风险和资源来持续实施的过程。项目组合的优化是高绩效组织在规划过程的一个整合部分，确保资源供应（如人员、资金、财产、智力）与需求（如项目、维护、监管变更）保持一致。通常为优化项目组合而进行的一些活动关键因素，包括选择并排序正确的组件、预测项目组合的成本、提供实时的状态报告、启动项目组合治理、整合项目组合组件。

6. 管理战略一致

确保管理战略的一致，使项目组合经理能够始终与组织的战略方向保持一致，能够应对组织战略中的变化，就影响项目组合规划和管理的重大战略变更采取及时的行动，避免犯路线错误。项目组合经理要分析所承接的组织战略目标，以决定项目组合的构成和管理重点，同时还要分析当前项目组合组件清单，以决定哪个组件要继续或关闭，以及哪个组件应该新增进来。

15.2.2 项目组合治理

治理与管理是侧重不同的两个方面。治理侧重于决策，解决“做什么”的问题，主要内容是决策、指导、监督和确保管理。管理侧重于执行，解决“如何做”的问题，主要内容是组织和管理执行工作。项目组合的治理是通过治理框架、职能和过程来指导项目组合管理活动，用以优化投资和达成组织战略目标。而项目组合的管理则是集中管理一个或多个组合来实现组织战略目标，是组合管理的具体执行工作。

1. 制定项目组合治理的框架

项目组合治理是在组织治理结构的基础上，建立起组合层面的治理框架，并成立一个治理机构（如项目组合治理委员会），在该框架和治理机构管理下，优化投资并且满足组织的战略和运营的目的。治理框架包括监管、决策制定、控制和整合的职能，治理机构由一人或多人组成，用以判断项目组合是否与组织战略一致，并在管理过程中做出相应的决策。

2. 关注项目组合治理的要素

项目组合治理结构的建立将会对项目组合在实施过程中是否能满足组织的战略目

标产生重大影响，因此在建立治理结构时，以及在实施治理实践时，有很多要素要考虑，通常这些要素包括外部环境因素、制定决策的层级、与组织治理的一致性、与组织文化的一致性。

3. 建立项目组合治理的角色

与项目组合管理角色相类似，在项目组合治理中也需要有不同的人或组织来负责相应的治理工作，在负责项目组合治理的角色之间建立良好合作的关系，对项目组合成功交付组织期望的价值至关重要。项目组合治理通常有以下关键角色：项目组合发起人、项目组合治理委员会、项目组合的审计组织、其他角色。

15.2.3 项目组合能力管理

概括来讲，能力既包括对资源“数量”方面的要求，也包括对资源“质量”方面的要求。项目组合的成功实施需要获得相应的组织资源的能力，也就是要获得可以达成项目组合成功的足够数量和质量的资源。项目组合能力管理的目标是，确保项目组合能力与项目组合的目标保持一致，并且能够得到组织足够数量和质量的资源支持，最终获得项目组合的成功和所期望的价值。

1. 能力管理概述

能力管理在组织的项目组合管理中发挥着至关重要的作用，从战略的规划到项目组合的选择与优化，经由项目组合的实施，直到作为结果为组织实现价值。在项目组合管理中，能力管理意味着涉及所有资源，如人员、资金、技术、设备等。

2. 能力评估与规划

能力评估通过对组织当前状态的分析，识别出当前能力和组织期望能力间的差距。能力规划就是通过对比组织现有可用资源和项目组合所需的资源，从而了解项目组合对资源的需求，并进一步从需求和供应两方面出发，进行资源的定义、分配，以及为持续平衡与优化项目组合进行计划安排的工作。

3. 能力管理

能力管理涉及数量和质量两方面的管理含义和内容，能力管理着重于项目组合及其组件的整体对资源的需求。对项目组合的执行而言，一个组织的能力需求和管理，主要体现在以下 4 个方面：

（1）人力资源：支持项目组合的人力资源和胜任力程度。

（2）财务资源：支持项目组合的资金情况。

（3）物质资源：支持项目组合的实物资产，如机器、办公空间、厂房等。

（4）知识产权：支持项目组合的专利、版权等。

4. 能力建设与发展

通过供应与需求分析，了解可使用的人力、财务、资产和知识产权的能力情况，以便选择、投资和执行项目组合组件。同时需求分析也识别出组织现有能力和项目组合需求之间的差距，要弥补能力和需求之间的差距，主要通过以下两方面进行。

（1）开发新能力：开发组织和个人的新的资源能力和胜任力。分析了解能力与需求的差距后，组织通过开发新的资源和人员能力来满足项目组合管理的需求。

（2）保持现有能力：组织和个人的能力始终处于一个动态的变化过程中，对现有的组织资源和个人能力的维持同样是一项重要工作，组织必须对项目组合所需资源和能力进行持续不断的监控，确保现有资源和能力能持续不断满足项目组合管理的需求。

15.2.4 项目组合相关方争取

1. 项目组合相关方争取概要

项目组合相关方是在项目组合管理过程中会受到项目组合的决策、活动或成果影响，或对项目组合活动产生影响的个人或组织。项目组合经理通过沟通管理来促进相关方之间的沟通，以便争取相关方的积极参与并制定出符合相关方共同期望的项目组合决策。

2. 项目组合相关方定义和识别

相关方在整个项目组合、项目集和项目管理的体系中都是存在的，因此，在相关方的定义和识别上有很大的相似性，但项目组合相关方更接近于与战略活动有关的人员或组织。项目组合经理对项目组合相关方的争取主要侧重于项目组合层面的相关方，而不是那些项目集或项目层面的相关方。通常的项目组合相关方包括：发起人，治理委员会，运营经理，项目、项目集和子项目组合经理，客户，供应商，监管机构，其他。

3. 项目组合相关方分析

项目组合有不同的相关方，不同相关方在不同的层级就会有不同的利益，项目组合相关方分析用于分析相关方的关键利益点，以便项目组合经理在项目组合管理过程中采取针对性的沟通和争取工作，使相关方能积极参与到项目组合活动中来，消除相关方负面的影响并争取扩大相关方正面的影响。项目组合经理可以采用相关方利益表等工具、技术来对相关方进行分析，核心是对相关方的类别、态度等做出区分，以便在对相关方争取时采取合适的策略。

4. 项目组合相关方争取规划

相关方争取规划是项目组合经理的关键活动之一，项目组合相关方争取规划的目的是，规划并确定在项目组合执行过程中如何对项目组合相关方进行争取。项目组合经理通过制订相关方争取计划，详细说明如何争取相关方、触发沟通的因素以及如何进行度量等内容。

5. 项目组合相关方争取

项目组合相关方争取是项目组合执行过程中，按照项目组合相关方争取计划定义的内容，在整个项目组合生命周期内持续不断地争取相关方，使相关方能积极参与到项目组合活动中来，通过消除负面影响和扩大正面影响，为成功执行项目组合创造积极的条件。项目组合经理的关键任务之一是确保所有的相关方都能充分、适当地参与到项目组合管理活动中来，并通过相关方争取的绩效测量来保证反馈正确的信息，促进项目组合的成功实施。

6. 项目组合相关方沟通管理

在识别项目组合内最有效的沟通方法时，应该考虑很多因素，因为项目组合相关方主要都是与战略相关的高层级个人或组织，因此与项目和项目集有不同的文化和组织背景，以及不同的利益点，这些都可能对项目组合的成功执行造成影响，因此有效的沟通是必不可少的。

项目组合经理需要投入大量的时间和精力在相关方的沟通和管理工作上，以确保项目组合相关方之间的沟通顺畅，并进一步确保项目组合的成功实施。

此过程主要包括以下几项活动内容。

（1）创建沟通环境基础。要确保项目组合沟通管理顺利实施，首先确保项目组合沟通管理计划与组织的项目组合治理要求和流程相一致是至关重要的，这确保项目组合在治理的指导下走在正确的方向上。其次，项目组合经理要获得与项目组合沟通相关的组织流程、文档、工具和技术等，以确保得到必要的组织支持。

（2）制订项目组合沟通管理计划。项目组合沟通管理计划是项目组合管理计划的一个子计划，通过项目组合沟通管理规划和制订项目组合沟通管理计划活动，以确定项目组合相关方的信息和沟通需求，并确定谁、什么时间、需要什么信息、以何种形式传递等具体沟通要求。同时项目组合经理通过制订项目组合沟通管理计划来定义项目组合交付过程中如何、何时、由谁来管理和发布何种信息，并对信息如何生成、发布、存储等进行相应的定义。

（3）管理项目组合沟通。在项目组合执行过程中，项目组合经理根据项目组合管理沟通计划的内容，来实施对项目组合内相关方沟通的管理工作。项目组合经理可以通过相关方沟通矩阵等工具和技术来支持沟通管理工作，主要要达成的目标就是针对不同的相关方，需要在定义的时间，用定义的方式，把定义的内容传递给特定的相关方，而不是只采用单一的形式和内容，那样将无法满足不同相关方的沟通需求，将会给项目组合的成功实施带来负面的影响。

（4）完成项目组合沟通管理报告。项目组合报告包括各种报告，如项目组合状态或进度报告、绩效报告、项目组合风险报告、项目组合仪表板、电子表格和来自项目组合组件治理的总结报告等。项目组合沟通管理报告汇总与相关方沟通的次数、频率、内容等关键信息，同时也可以记录相关方出席会议、参与沟通活动的情况，以便进行针对性分析，并采取相应更新的相关方争取策略来进行后续的相关方沟通和争取工作。

15.2.5　项目组合价值管理

项目组合价值管理的目标是提高组织商业价值，确保组织对项目组合的投资能够按照组织战略所定义的要求交付所需的回报。

1. 项目组合价值管理概要

价值是衡量一个组织是否成功的一个重要指标，价值可以体现在很多方面，通常在组织经营中如收入的提高、利润的增加、风险的降低等，都是价值的体现。价值可以区分为有形的价值和无形的价值。

（1）有形的价值可以被直接测量，包括的内容有营收的增长、成本的降低、市场占有率的提升、员工技能的提升等。

（2）无形的价值不能被直接测量，如果想测量可能需要通过一些间接的测量方法。其包括的内容有品牌知名度、社会价值、企业形象、合规性等。

2. 项目组合价值管理规划

项目组合经理在项目组合价值管理规划活动中，比对组织所需的价值，与关键相关方确定需要由项目组合来实现的价值，并就如何实现价值，以及相应的指标和测量进行相应的规划。同时项目组合经理还需要使用如投资回报率等测量工具和技术，来测量项目组合投入成本所能达成的价值，争取以最低、最安全的经济成本来实现项目组合所需要实现的价值，最大化投入、产出回报。

3. 管理项目组合价值

在项目组合执行过程中，项目组合经理要通过过程管理来确保项目组合能够实现计划中需要实现的价值，同时项目组合经理需要在组合层面整合组件项目、项目集交付的输出和收益，用以实现最终项目组合所要交付的价值。

4. 项目组合价值测量与报告

在项目组合执行过程中，项目组合经理需要确定由项目组合来实现的价值，通过治理活动和相应的工具、技术，来测量项目组合阶段和最终交付的价值，以衡量项目组合管理绩效。此外，项目组合经理还需要在执行过程中和最后通过价值报告来向组织和关键相关方报告价值交付的情况，以及问题的处理、风险的应对、偏差的纠正等工作内容。

15.2.6 项目组合风险管理

项目组合风险管理的首要目标是处理项目组合层面的特定风险，确保组合最大化价值的实现。

1. 项目组合风险管理概要

项目组合风险管理通过识别和平衡风险因素，有效地促成项目组合最大化价值的交付。项目组合风险管理的主要方向是满足项目组合的价值交付，这通过扩大积极的风险（机会）和减少消极的风险（威胁）来实现。

2. 项目组合风险管理框架

项目组合风险管理过程应融入整个项目组合风险管理框架中，项目组合风险管理框架定义了项目组合风险过程运作的总体风险环境。项目组合经理通过治理和组织风险管理结构来制定项目组合风险管理框架，并将项目集、项目和运营风险管理链接到项目组合风险管理结构中，以便在组合层面实施整合的风险管理。

3. 项目组合风险管理计划

项目组合风险管理规划活动制订项目组合风险管理计划，它是项目组合管理计划的一个组件，描述了如何在项目组合内组织和实施风险管理活动。风险管理计划定义组织风险策略与偏好，为风险管理方针、政策和流程提供参考。

4. 管理项目组合风险

在项目组合层面，项目组合经理应该考虑相关的风险管理要素和过程。与项目、项目集相类似，项目组合风险管理的主要 3 个过程是：风险识别、风险评估、风险应对，不同之处在于项目组合风险管理重点关注组合层面的风险，而非具体项目、项目集的风险。项目组合风险管理的期望成果是利用结构化的风险管理体系，为治理组织和项目组合管理人员提供应对方案，来减少管理决策失误或延迟。

15.3　项目组合生命周期

15.3.1　项目组合生命周期概要

项目组合的生命周期通常由启动、规划、执行与优化 4 个阶段组成（见图 15-2），项目组合在其生命周期进行过程中，信息和决策在这些阶段内和阶段间传递。不同于项目和项目集的临时性（有固定的起始、结束时间），为实现组织战略目标和价值的项目组合通常不会被限制在特定日期内结束，因此，项目组合需要在生命周期过程中不断进行优化。

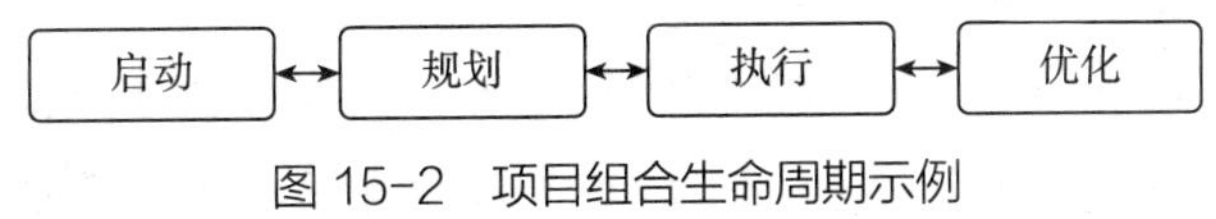

图 15-2　项目组合生命周期示例

15.3.2　项目组合生命周期阶段

1. 启动

启动是项目组合的开始，主要是制定项目组合章程，用以阐述项目组合为支持组织战略目标所要实现的目标和价值，通过治理委员会的批准来正式任命和授权项目组合经理动用组织资源来启动项目组合。

此阶段的主要输入是组织愿景和战略目标。

此阶段的主要输出是项目组合章程、治理框架、绩效标准、相关方和风险识别等。

2. 规划

规划阶段的主要目的是制订项目组合管理计划及其子计划或组件，并通过获得治理委员会批准来正式进入执行项目组合阶段。

此阶段的主要输入是项目组合章程。

此阶段的主要输出是项目组合管理计划及其子计划或组件。

3. 执行

项目组合执行阶段的主要内容是启动并交付项目组合内的组件，并通过整合组件的输出和收益来实现项目组合的价值交付。在执行过程中，项目组合还要管理组件之间的关联关系、处理问题、应对风险、管理沟通、报告绩效等。

此阶段的主要输入是项目组合管理计划及其子计划或组件。

此阶段的主要输出是价值交付、管理计划更新等。

4. 优化

优化是通过资源利用，尽可能提高项目组合管理效率和最大化价值交付的过程。项目组合经理在此过程中要确保项目组合资源被高效地使用到项目组合的组件上和项目组合管理过程中，并根据治理计划在关键节点进行评审和检查，以确保优化始终处于组织的管理和监督之下。

此阶段的主要输入是其他过程的输出、绩效信息或报告等。

此阶段的主要输出是管理计划更新等。

15.3.3 项目组合生命周期其他支持活动

在项目组合层面除了核心领域管理内容之外，同样也会涉及范围、进度、成本、质量等管理活动，这些支持活动的管理内容与项目和项目集的管理并没有本质不同，但是在项目组合里主要考虑的是在组合层面上的管理，并不具体深入到项目和项目集层级，只有在组件的问题、风险、变更等影响到项目组合层级，才上升到组合层面进行管理，在此不再详细展开介绍。

项目组合管理过程中的监督与控制也是关键支持活动之一，它监督项目组合绩效、发现和分析差异，并提供变更建议，从而使项目组合符合既定计划的过程。监督与控制活动贯穿项目组合生命周期全过程。

第 16 章 敏捷项目管理

16.1 敏捷概述

16.1.1 敏捷的产生

敏捷概念的产生可以说是随着 IT 互联网和软件开发的高速发展而产生的。传统的项目可确定性较高，通常都具有明确的流程和目标，例如，汽车制造、楼宇建筑、道路桥梁等建设项目，这些项目的工作内容确定性程度比较高，其所涉及的生产领域和制造过程都比较好理解，并且项目执行的不确定性风险通常比较低。

而以 IT 互联网和软件开发为代表的新的设计、需求开发、功能满足等工作都是探索性的，项目需求和范围等都具有高度的不确定性，高度不确定性的项目变化速度快，复杂性和风险也高。这些特点都给传统预测型（瀑布型）项目带来了大量的问题，导致项目管理过程中不断进行变更，拖慢进度，或者最后交付与需求差之千里。而敏捷的产生则是针对这些问题在短时间内探索可行性，并根据评估和反馈快速调整，从而大大加快了项目的成功交付。

16.1.2 敏捷核心价值和原则

2001 年，17 位软件行业领军人物共同发表了《敏捷宣言》，公布了 4 个核心价值和 12 条原则，用以指导以敏捷思路为核心的现代软件开发方法。

1. 核心价值

《敏捷宣言》强调敏捷开发的 4 个核心价值。

（1）个体和交互胜于流程和工具。

（2）能工作的软件胜于详细的文档。

（3）客户合作胜于合同谈判。

（4）响应变化胜于遵循计划。

2. 核心原则

《敏捷宣言》提出了以敏捷思路为核心的 12 条原则。

（1）我们的最高优先级任务是通过尽早和连续地交付高价值的软件满足客户的需要。

（2）即使到了开发后期也欢迎需求变更，敏捷过程考虑到客户获得竞争优势的需要而同意变更。

（3）经常交付可工作的软件，交付周期从几个星期到几个月不等，时间间隔越短越好。

（4）业务人员和开发人员必须自始至终共同完成项目的日常工作。

（5）围绕积极的个体构建项目，给予他们所需要的支持和环境，相信他们能够完成工作。

（6）面对面的交谈是开发团队中最有效的信息交流方式。

（7）可工作的软件是衡量项目进展状况的主要指标。

（8）敏捷过程提倡可持续的系统开发，资助方、开发方和用户应该能够维护一种不确定的、持续的步调。

（9）对卓越技术和良好设计的持续关注有助于提高项目的敏捷性。

（10）简化也是至关重要的。

（11）最佳的架构、需求和设计都源于自我管理的团队。

（12）在有规律的时间间隔中，项目团队要思考如何提高后面的工作效率，然后相应地调整自己的行为。

16.1.3 敏捷的构成

敏捷并没有一个唯一的定义，实际是一个包括了多种概念和方法的总称，只要是符合《敏捷宣言》价值观和原则的方法、技术、框架、手段或实践等，都可以视为敏捷的内容。另外，我们还可以将敏捷的方法视为精益方法的子集内容，因为它们也关注价值、小批量、消除浪费等一些精益思想，当然这种划分也非唯一的，只是一种以管理角度出发的分类。

16.2　生命周期形式

项目有不同的类型，也有不同的执行方式，没有哪一种类型的生命周期能够完美地适用于所有的项目，对于完全不同类型的项目，例如，楼宇建造和软件开发，项目团队需要清楚地认识到项目相关特征和过程，以选择或剪裁能使项目成功的最适合的方法。常见的 4 种不同类型生命周期有预测型生命周期、迭代型生命周期、增量型生命周期、敏捷生命周期。

尽管敏捷方法对于不确定性和复杂性程度较高的项目有更好的适应性，但是众多项目团队是无法在一夜之间都从其他生命周期形式切换到敏捷工作方式的，尤其是对于那些已经习惯于传统的预测型生命周期，并有多年经验的项目人员，敏捷的方法截然不同，将会有个过渡和适应过程。同时，对于已经开始使用敏捷方法的团队，团队成员技能和背景的不同，以及其他制约因素等，也需要有一个不断成长和成熟的过程，此过程可能在实践中并不局限于一种敏捷方法，也可能根据实践情况和需求的不同对敏捷方法进行裁剪。

16.3　敏捷环境和团队

16.3.1　敏捷环境

1. 敏捷思维

思想指导行为的转变，如使用敏捷方法管理项目，那么项目团队和组织的相关参与人员就要采用敏捷思维模式。敏捷思维主要在于如何以敏捷方式行动、如何快速交付成果并获得反馈、如何以一种透明化的管理方式进行，以及如何专注于高优先级的项目而避免无效的工作。这些都是在4个核心价值和12条原则之下对于敏捷管理的一种思考，在组织完全转型到敏捷管理之前，组织人员的敏捷思维转变是首要的，也是必须要进行的，因为敏捷思维将指导之后的敏捷方法构建的一系列其他工作。

2. 组织架构

组织架构（包括治理结构）会影响组织建立敏捷和执行敏捷项目管理的能力，敏捷是对传统项目管理方式的一种创新，但并非要完全颠覆组织管理的形式，通过原有组织体系的适应性变化来推动整体的敏捷化管理，就可以取得比较良好的效果。敏捷的好处不仅体现在缩短流程、提前完成交付上，更重要的是，更准确地落实了客户的需求，更好地交付并实现了客户价值。所以组织的思路改变、组织架构的更新，建立自上而下的体系尤为重要，而这又不是要完全抛弃传统的项目管理方式，针对不同项目类型进行剪裁和灵活运用，采用“混合式”管理方法和对应的组织架构，实际上也是组织“敏捷力”的一种表现。

3. 组织文化

组织文化就是驱动组织按自有方式进行发展的核心。组织文化始终影响敏捷方法的使用，有的组织能积极拥抱敏捷的变化，从组织架构和具体流程上进行相应的建设，并自上而下积极推动敏捷的发展，这样的组织是有活力和不断成长的。而有的组织仅仅建立团队和流程，导入敏捷的方法和框架，从组织文化上缺乏驱动力来推进敏捷的发展，这样只能导致敏捷停留在纸面上，而不能真正融入一个组织中，也就无法真正给组织带来期望的价值。

4. 项目管理办公室

项目管理办公室（PMO）是典型支持组织，PMO在项目中提供支持并帮助项目实现商业价值，有的组织还将PMO发展为对整体项目管理的管理中心，或是决策项目的战略中心。由于敏捷会带来项目管理的一种变化，同时敏捷也需要相应的组织支持，那么组织也需要建立和发展针对敏捷管理的PMO，来进一步帮助和推动组织敏捷的建设与发展。敏捷PMO的类型通常有以下3种：价值驱动型、面向创新型、多学科型。

16.3.2 敏捷团队

敏捷团队注重快速开发产品，以便能快速获得反馈，并不断迭代更新。通过实践经验总结，高效的敏捷团队往往由3~9个成员组成。理想情况下，敏捷团队应该是专职人员，并集中在一起进行办公，这样最为高效。通常敏捷团队采用自组织团队，由团队成员讨论并决定下一阶段范围内的工作内容。

在敏捷项目管理中用得比较多的是Scrum方法。Scrum是一种迭代式增量软件开发过程，通常用于敏捷软件开发。Scrum中的主要角色包括产品负责人、敏捷教练、开发团队以及其他相关方。

1. 产品负责人

产品负责人代表产品的相关方进行工作，并负责最大化最终产品的价值。产品负责人需要了解产品愿景，并且能够将这一愿景传递给敏捷团队成员，他们应该在更广泛的市场框架、客户需求、竞争对手和数字化转型中理解业务目标，并能够与相关方进行有效沟通，以引导敏捷团队发现并搜集产品需求。产品负责人的主要职责包括以下几项。

（1）确定产品的功能。

（2）决定发布的日期和内容。

（3）为产品的收益价值负责。

（4）根据市场价值确定功能优先级。

（5）根据需要调整每个冲刺的功能和优先级。

（6）接受或拒绝接受开发团队的工作成果。

（7）维护产品工作并对工作进行优先级排序。

（8）听取及搜集各方信息，包括技术团队的意见。

（9）更多地从用户的角度及公司业务的角度来思考问题及决策。

2. 敏捷教练

敏捷教练也可称为敏捷专家或者敏捷大师，是熟悉敏捷开发模式及敏捷实施流程的人员。一般由敏捷团队中的开发负责人担任，部分能力很强且懂技术的产品经理也可担任这个角色，因涉及工作量评估和分派等工作，最好都是由技术能力较强的人员担任。敏捷教练是团队的导师和组织者，与产品负责人紧密合作，及时为团队成员提供帮助。敏捷教练是规则的执行者，也是敏捷团队中的服务型领导。敏捷教练的主要职责包括以下几项。

（1）保证团队资源完全可被利用并且全部是高产出的。

（2）保证各个角色及职责的良好协作。

（3）消除团队开发中的障碍。

（4）作为团队和外部的接口，屏蔽外界对团队成员的干扰。

（5）保证开发过程按计划进行。

（6）组织每日碰头会议、评审、工作计划等。

（7）协助记录等其他工作。

3. 开发团队

开发团队是一些具有不同特长的团队成员，他们一起协同工作，保障架构的稳定性和持续性，并有责任使整个团队明白客户的需求。开发团队的主要职责包括以下几项。

（1）具有不同特长的团队成员，人数控制在 7 个左右。

（2）确定冲刺目标和具体说明的工作成果。

（3）在项目向导范围内有权力做任何事情以确保达到冲刺的目标。

（4）高度的自我管理能力。

（5）向产品负责人演示产品功能。

4. 其他相关方

其他相关方并不是实际 Scrum 过程中必需的角色，但是必须考虑其他相关方。敏捷方法的一个重要方面是使用户和相关方参与到过程中，让相关方参与每一个冲刺的评审和计划，并给其他相关方及时提供反馈。其他相关方主要包括以下几项。

（1）客户代表。

（2）项目发起人。

（3）项目经理。

（4）职能经理、供应商等。

项目经理在传统项目管理中是必需的，也是组织管理的中心，而在敏捷项目中，许多敏捷框架和方法都不涉及项目经理的角色。一些敏捷实践者认为，并不需要项目经理的角色，因为自组织敏捷团队承担了项目经理之前的职责。不过，大多数敏捷实践者和组织认识到，项目经理在许多情况下都是重要的相关方并能够提供重要的支持和价值。

在敏捷项目管理中，项目经理的角色会从团队的中心转变成为团队人员提供服务。项目经理的工作重点转变为引导需要帮助的人、促进团队的合作、保持相关方的需求一致。作为服务型领导，项目经理需要将责任分配给具备完成任务所需知识的团队成员，以推动整体项目管理实现期望的目标。

16.4 敏捷项目管理过程

如同项目管理中的五大过程（启动、规划、执行、监控、收尾），敏捷项目管理过程通常也分为 5 个阶段：构想、推测、探索、适应、结束。敏捷过程可能不像传统项目管理那样严格按过程组推进，但它并非不重要，敏捷过程通过自身的 5 个阶段提供一个有组织的、灵活的和容易适应的架构，同组织目标联系起来，并推动组织实现期望的交付成果。

16.4.1 构想阶段

构想阶段为客户和项日团队创建产品构想、项目目标、控制要素等内容，以及构想包括什么，由谁来提供，以及如何提供等。构想是敏捷项目获得成功的早期关键因素，对于其他的项目启动活动起决定作用。构想阶段首先要构想提供什么产品及项目范围；其次构想都有哪些相关方参与，如客户、产品负责人、开发团队成员，以及其他相关方等；最后敏捷团队成员要构想团队成员之间如何共同工作。

1. 构想做法

构想做法主要是构想并明确需要做什么，以及如何去做。构想做法的过程中要搜集并了解与项目相关的一些方面：客户对产品的构想和需求、产品的主要性能和指标、项目的商业目标、项目的质量目标、项目的假设和约束、项目团队的主要参与者、采用什么方法交付产品，以及项目预算、人员组织结构和沟通需求等。此外，在构想做法时还应该考虑是否有足够的流程和文档，以及团队成员是否有足够的能力，在项目过程中不断调整和控制以实现项目绩效。

2. 构想产品

构想产品是通过对产品团队成员进行启发和推动，将各自对产品的不同观点集中成简练的、直观的、简短的文本格式，为产品提供高度概括的描述信息。此外构想产品还需要有设计产品盒这样的具体方法在内，设计产品盒为产品设定一个营销主题，通过一个简明、直观的图像和功能描述，用来吸引潜在客户对该产品做进一步的了解。在构想产品的最后，团队成员需要形成一份具体的产品描述文档，这份文档可能包括任务说明、构想框图、目标客户需求、关键功能说明、客户满意评估标准、主要技术和业务要求、竞争分析，以及主要财务指标等。

3. 确定项目目标

通过构想产品确定了产品的主要描述信息后，就为后续的产品和开发团队确立了基线。构想产品可以不断根据需求更新，并没有一个严格的目标限制，但是作为一个项目来执行的话就需要有明确的目标和任务。项目需要有明确的客户目标、商业目标、质量目标、技术目标等，从而可以从这些目标和需求中定义出可交付产品的具体范围和边界。项目的具体范围和边界可以通过应用项目数据表工具，用来描述构想的可交付产品的具体范围和边界。项目数据表是用一页纸概括主要商业和质量目标、产品功能和项目管理信息的表格，通过这一简单和有效的文档，可以为后续的产品和开发团队确定清晰的项目目标。

4. 建立项目团队

建立项目团队最主要的任务是找到合适的团队成员。通常，能力和自律是合适人员的主要衡量标准。在项目初期通常通过衡量人员的能力和自律来确定项目团队人员，这样可以更早地通过建设团队来使团队成员了解各自的角色，从而高效合作以实现项目的目标。在敏捷项目管理中，创建并形成自组织团队是推进项目灵活、高效地前进的基础。自组织团队不代表团队可以不受管控地做任何事，自组织团队的前提是要求团队目标与公司目标对齐。管理层要确保敏捷项目管理的实现，就要保证自组织团队在受控与自主间的平衡。管理层需要帮助团队设立与公司目标战略一致的项目目标，创造一个和谐的环境让自组织团队可以自我调整和探索最佳目标实现的方式。管理层还需要在适当的时机提供指导和帮助，以避免出现自组织团队由于缺乏治理而出现混乱的和效率低下的情况。

16.4.2 推测阶段

传统项目管理中，计划是重要的基线，绝大部分工作都在围绕按计划进行和对偏差的监控开展。敏捷方法的价值观之一是响应变化胜于遵循计划，这不意味着敏捷是一种“随波逐流”的无序状态，敏捷方法也制订计划，但敏捷方法认识到自身所处环境和项目特点带来的不断变化的要求，以及不确定性的增加，敏捷方法用推测这个术语代替计划，用推测来确立目标和方向，同时也表明接受在项目期间可能存在诸多变化。在推测时，组织将关注于对团队实际结果予以肯定，而非像计划那样在出现偏差时多数是认为团队执行出了问题。推测阶段主要关注于理解产品结构、性能和功能清单，以及发布计划。

1. 推测产品和项目

推测产品是以基于产品功能的计划和开发为首要目标的，并搜集初始的、广泛的产品要求，将工作量定义为产品功能清单。在推测产品中经常采用故事卡片的形式，把每个故事都写在一张索引卡片上，把产品功能拆分成可以执行的小块任务。索引卡正面包含的需求信息用于制订计划，背面包含的技术任务信息可以让团队估计并管理工作。采用这种计划形式，产品经理可以控制哪些功能应该包含在产品中，而开发工程师则控制功能的设计和实施方式。

推测项目有助于项目团队在项目早期将重点放在价值高的功能上，并考虑项目目标和客户期望，制定必要的项目预算并制订进度计划。在项目进行过程中，推测项目需要不断审视过程中的变化，要求项目团队通过行动随项目进行不断学习并适应变化，通过对各种变化和不确定性进行管理，实现组织绩效和项目构想。

2. 产品功能清单

产品功能清单是将产品构想通过一个演变的产品需求定义过程，扩展成完整的产品功能描述详表。产品功能清单是对构想阶段制定的构想产品清单的扩充和更新，列出那些经过市场可行性研究、初步需求分析和产品构想等工作搜集出来的产品功能。对于现有产品，客户、开发团队、产品经理等各相关方不断地提出相关的改进意见，并添加到产品功能清单中。在推测阶段，产品经理负责维护这个清单，并和团队成员扩充这个清单，通过建立故事卡片的方式，来包含产品的基本描述信息，并在之后的每次迭代过程中不断维护和更新产品功能清单。

3. 发布计划

发布计划是项目团队制订的实现产品构想的路线图，它通过将项目数据表中的相关目标作为输入约束条件而制订。敏捷生命周期与预测型的瀑布型生命周期有很大不同，敏捷生命周期以迭代和增量为核心驱动，而传统瀑布型生命周期则是以流程和任务驱动的，这样在计划上也就同样有着很大区别。敏捷故事驱动表现在它将计划和执行的主要重点从任务转变为产品功能，而传统瀑布型项目管理计划使用任务来构造工作分解结构以组织计划工作。发布计划的主要任务是以价值和风险为基础把故事分配到迭代中。通常，在将故事分配到迭代时，最优先考虑的是交付产品团队规定的产品价值，然后是制订故事的进度计划，以便尽早降低项目风险。

16.4.3　探索阶段

探索阶段的任务是在短时间内交付可运行的、已测试验收的功能，用以减少项目风险和不确定性。敏捷项目管理关注在项目内部如何创建自组织团队，从而能独立运转来交付可交付成果，而不关注在这一阶段如何实现这一目标的技术细节。探索阶段主要的活动首先是通过管理工作量及使用适当的技术方法和风险降低策略来交付计划的功能，其次是建立协作的自组织的项目团队来推动项目目标的实现，最后是管理团队与客户、产品经理和其他相关方的关系，并促进他们之间的相互交流。

1. 迭代计划和监督

迭代计划和监督主要包括 3 个活动：迭代计划、工作量管理和监督迭代过程。

迭代计划是在项目团队制订项目整体的发布计划之后，开始为下面的迭代活动制订详细的计划。通常，项目团队采用故事卡片的方法，来确定完成这个故事所需要的技术任务和其他任务，并把这些任务记录下来。同时项目团队会估计迭代工作量，并在必要时调整这次迭代计划中的故事。

工作量管理的目的在于让团队成员自己管理必要的日常任务，以便在每次迭代结束时交付故事。团队成员需要最大可能地管理自己的工作量，每个人和整个团队都对交付他们在迭代计划中承诺的结果负责。对于如何实现目标、哪些团队成员承担哪些任务，通常由自组织团队成员集体决定。

监督迭代过程通过对项目过程中的故事数量完成情况进行监督，确定每天完成的迭代任务数，以便跟计划进行比对，检查完成情况和绩效。通常在此监督过程中会使用燃起 / 燃尽图作为检查和衡量结果的工具（见图 16–1）。

2. 指导和团队开发

敏捷管理可能与过去传统项目管理不同，但要想使项目目标达成，它花费的时间肯定不会少，尤其是在沟通、指导和团队管理方面要占项目经理的绝大部分时间。作为敏捷教练，在指导和团队开发中主要关注以下几个方面。

（1）让团队把精力集中于构想、目标和交付结果。

（2）将一群人塑造成一个团队。

（3）开发每个人的能力。

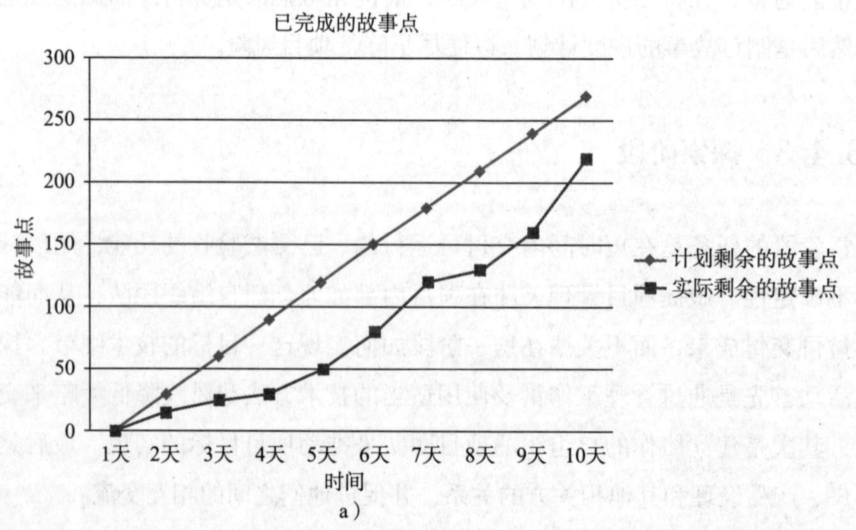

a）

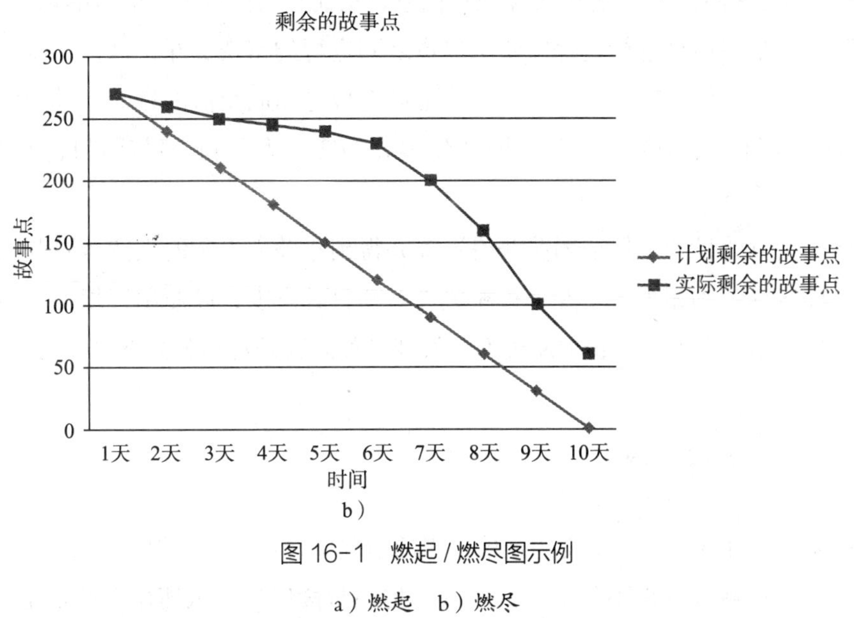

b）

图 16-1　燃起 / 燃尽图示例

a）燃起　b）燃尽

（4）为团队提供所需的资源并消除障碍。

（5）使团队的节奏保持一致。

3. 领导与决策

领导是决策过程，管理是执行过程，但领导者并不仅限于管理层和项目经理，实际上领导力对于每个团队成员来说都是需要的。领导力就是动员大家为了共同的愿景努力奋斗的艺术，领导力技能包括指导、激励和带领团队的能力。取得成功的方法是 80% 靠领导，20% 靠管理，而不能反过来。每一名成员都应该成为自己工作领域的领导者，来带领相关人员完成项目任务和实现目标。

因为决策困难并且容易犯错，因而很多人不愿意做决策，有时拖到最后被动决策使项目进行更加艰难。有许多做法可以帮助项目团队做出更好的、切实可行的决策。例如，可以建立一个决策流程，包括 3 个关键要素：决策形成、做决策和决策回顾。决策形成确立了“谁”与这个流程有关；做决策确定“哪些人”以及如何进行决策；决策回顾对决策流程提供反馈，以不断进行优化更新。

4. 合作与协调

每日站会、团队交流、协调相关方等这些常见的敏捷项目中的做法可以提高和促进团队的合作与协调。

每日站会通过每天固定时间的团队之间快速沟通和信息交换，来增加工作的透明度，并实现团队的协调工作。每日站会中每个团队成员都要沟通已完成的、计划要完成的，以及问题和风险等内容来传递项目信息，从而达到协调工作的目的。

团队交流是在项目进行过程中团队成员之间进行的密切交互，这种交互并不限于直接沟通对话，会议、邮件、公告等方式也都是推进团队交流的有效工具和方法。团队交流的根本目的是消除不信任、团队障碍和冲突，为顺利交付项目目标创造环境条件。

协调相关方的目的是保证团队获得资源并得到相关方不断的支持。协调相关方首先要尽可能多地识别相关方，并分析相关方对项目的态度，以便制订相关方参与计划和沟通管理计划，在项目过程中通过不断处理各种问题来对相关方进行协调。

16.4.4 适应阶段

适应阶段的任务是审核提交的结果、当前情况以及团队的绩效，必要时做出调整。适应意味着修改或改变而不是成功或失败，构想阶段以后，敏捷循环通常是“推测－探索－适应”，每次迭代都不断地对产品进行改进。传统的项目经理注重遵循计划，尽量做到和计划没有出入，而敏捷项目经理注重适应无法避免的变化，通常适应情况比遵照计划更困难。适应阶段包括产品、项目和团队评审及适应措施。

1. 产品、项目和团队评审

在每次迭代结束时进行评审，一是反省、学习和适应，二是在紧迫的冲刺后有一个调整和缓冲的活动。

产品评审通常包括客户评审和技术评审。客户评审用以从客户处获得对产品需求和功能的反馈，并把客户的反馈记录下来，供项目团队进行后续分析研究；技术评审为项目团队提供了有关技术问题、设计问题和体系结构缺陷的反馈，以便后续由项目团队进行跟进解决和技术升级。

项目和团队主要是对团队绩效和项目进展情况进行评审。项目评审通过定期项目报告对项目的进度等状态进行跟踪，确保项目整体处于一个健康、可控的状态。团队绩效评审主要通过对团队个体和集体两方面是否达成绩效指标的评审，确保团队成员能力符合项目绩效需求。

2. 适应措施

适应措施主要是响应而非纠正。适应措施需要从价值、质量、进度和适应几个方面进行评估，当出现相应的问题后需要启动相应的适应措施来解决相应的问题，适应措施有更改预定功能、增加资源、缩短项目进度等。通过引入和实施适应措施来进一步消除项目进行中的相关问题，为最终实现项目目标创造条件。

16.4.5　结束阶段

结束阶段的任务是终止项目、交流主要的学习成果并进行经验、教训总结。结束阶段既可以是敏捷项目的最终结束，也可以是每次迭代结尾的阶段性结束。不管是哪种结束，其主要目标都是结束一个过程，学习并进行经验、教训总结，将汇总的知识融入下次迭代工作或后续新的项目中。

结束阶段通常有以下几个活动。

1. 庆祝

成功结束项目后进行庆祝，一是对所有为该项目努力工作过的成员表示感谢，二是让重要相关方参与庆祝有助于通告项目成功从而尽快关闭收尾事项，避免拖拉。

2. 清场

清场主要是清理未完成的工作，释放资源，进行最后的文档整理并在系统内存档，确保所有工作完成和没有剩余遗留项。

3. 回顾

通过回顾项目、复盘、经验与教训总结等，搜集良好经验，总结既往教训，将这些知识汇总后归档到组织过程资产中，为其他和后续项目提供良好经验。

第17章

项目健康、安全与环境保护管理与控制

17.1 项目健康、安全与环境保护管理体系

17.1.1 健康、安全、环境保护管理的含义

健康（health）、安全（safety）、环境保护（environment protection）管理简称HSE管理，是指对企业/项目的全部活动实施全过程、全方位的健康、安全、环境有效控制，保障企业员工/项目组成员的安全与健康，保护生态环境，满足健康、安全、环境管理目标，从而促进项目、企业与社会协调发展。HSE管理体系是三位一体管理体系。H是指人身体上没有疾病，在心理上保持一种完好的状态；S是指在劳动生产过程中，努力改善劳动条件、克服不安全因素，使劳动、生产在保证劳动者健康、企业财产不受损失、人民生命安全的前提下顺利进行；E是指与人类密切相关的、影响人类生活和生产活动的各种自然力量或作用的总和，它不仅包括各种自然因素的组合，还包括人类与自然因素间相互形成的生态关系的组合。

由于健康、安全与环境保护的管理在实际工作过程中有着密不可分的联系，因此将健康、安全和环境保护形成一个整体的管理体系。近几年的研究表明，HSE管理体系对减少事故，特别是减少重大事故的发生起到了不可估量的作用。

17.1.2　健康、安全、环境保护管理体系的理念

HSE 管理体系所体现的管理理念是先进的，这也正是它值得在组织管理中进行深入推行的原因，它主要体现了以下管理思想和理念。

1. 注重领导承诺的理念

组织对社会的承诺、对员工的承诺，领导对资源保护和法律责任的承诺，是 HSE 管理体系顺利实施的前提。领导承诺由以前的被动方式转变为主动方式，是管理思想的转变。承诺由组织最高管理者在 HSE 管理体系建立前提出，在广泛征求意见的基础上，以正式文件（手册）的方式对外公开发布，以利于相关方面的监督。承诺要传递到组织内部和外部各相关方，并逐渐形成自主承诺、改善条件、提高管理水平的组织思维方式和文化。

2. 体现以人为本的理念

组织在开展各项工作和管理活动的过程中，始终贯穿着以人为本的思想，在保护人的生命安全和健康的前提下，使组织的各项工作得以顺利进行。人的生命和健康是无价的，工业生产过程中不能以牺牲人的生命和健康为代价来换取产品。

3. 体现预防为主、事故是可以预防的理念

我国安全生产的方针是“安全第一、预防为主”。一些组织在贯彻这一方针的过程中并没有规范和落到实处，而 HSE 管理体系始终贯穿了对各项工作事前预防的理念，贯穿了所有事故都是可以预防的理念。

4. 贯穿持续改进和可持续发展的理念

HSE 管理体系贯穿了持续改进和可持续发展的理念。也就是人们常说的，没有最好，只有更好。HSE 管理体系建立了定期审核和评审的机制。每次审核都要对不符合项目进行改进，并不断完善。这样，HSE 管理体系始终处于持续改进的过程中，不断改正不足，坚持和发扬好的做法，按 PDCA [plan（策划）、do（实施）、check（检查）、act（改进）] 循环模式运行，实现组织的可持续发展。

5. 体现全员参与的理念

HSE 管理工作是全员的工作，是全社会的工作。HSE 管理体系中充分体现了全员参与的理念。在确定各岗位的职责时要求全员参与，在进行危害辨识时要求全员参与，在进行人员培训时要求全员参与，在进行审核时要求全员参与。通过广泛的参与，形成组织的 HSE 文化，使 HSE 理念深入到每一个员工的思想深处，并转化为每一个员工的日常行为。

17.1.3 健康、安全、环境保护的意义

HSE 管理体系以事前的风险分析为重点，预先判断有可能发生的事故和危害，从而采取一系列针对性的控制手段和应急预案，减少人员伤害、环境破坏和财务损失。HSE 管理最突出的特征是事前控制和持续改进，并且具有自我完善和自我激励的独特特征。

将 HSE 应用于项目管理具有极为重大的实践意义，具体表现为：HSE 管理要求项目及企业各部门均应开展特定的安全管理活动，并承担责任。这一要求改善了传统的单一部门进行安全管理的局面，使 HSE 管理的各项工作能够与项目及企业管理实践进行充分融合。HSE 管理采用“以人为本，预防为主”的理念，对于不同的风险源进行事先发现并分析评价，转变了“救火式”的管理方式，从源头上减少项目实践过程中各类事故的发生。HSE 管理体系可以帮助企业及项目管理者在项目实施过程中，明确相关法律要求及落实方法，从而使项目实施满足法律法规要求。从组织发展和国际化的角度看，实施 HSE 管理不仅是贯彻国家可持续发展战略的要求，也能够减少项目成本，节约各项资源，改善企业形象，提高综合效益，进而促进企业进入国际市场。

17.1.4 健康、安全、环境保护管理体系标准和实施要点

1. 职业健康安全管理体系结构及模式

根据《职业健康安全管理体系　要求及使用指南》（GB/T 45001—2020），职业健康安全管理体系主体结构包括但不限于以下 10 个部分：范围、规范性引用文件、术语和定义、组织所处的环境、领导作用和工作人员参与、策划、支持、运行、绩效评价、改进。

根据 OHSAS[①] 18001：2007 标准，职业健康安全管理体系的内容由 5 个一级要素和 17 个二级要素构成。在职业健康安全管理体系中，17 个二级要素的相互关系、相互作用共同有机地构成了职业健康安全管理体系的整体。为了更好地理解职业健康安全管理体系要素间的关系，可将其分为两类：一类是体现主体框架和基本功能的核心要素，另一类是支持体系主体框架和保证实现基本功能的辅助性要素。核心要素有 10 个，即职业健康安全方针，对危险源辨识、风险评价和风险控制的策划，法规和其他

① OHSAS：occupational health and safety management system。

要求，目标，结构和职责，职业健康安全管理方案，运行控制，绩效测量和监视，审核，管理评审；辅助性要素有 7 个，包括培训、意识和能力，协商和沟通，文件，文件和资料控制，应急准备和响应，事故、事件、不符合、纠正和预防措施，记录和记录管理。各要素间的关系如下：职业健康安全管理体系 17 个二级要素的相互关系是：危险源是职业安全管理体系的管理核心；职业健康安全管理体系必须以遵守法律为最低要求并不断改进；明确组织机构与职责是实施职业健康安全管理体系的必要条件；职业健康安全目标和管理方案是实现持续改进的重要途径；运行控制是组织控制其风险的关键步骤；职业健康安全管理体系的监控系统对体系运行起保障作用。

职业健康安全管理体系在实施过程中，需采用戴明循环（PDCA 循环），即一种动态循环并螺旋上升的系统化管理模式。PDCA 循环是按照策划（plan）、实施（do）、检查（check）、改进（act）的顺序进行管理，并且循环不止地进行下去的科学程序。其中：

（1）策划。策划包括方针和目标的确定，以及活动规划的制定。

（2）实施。根据已知的信息，设计具体的方法、方案和计划布局；再根据设计和布局，进行具体运作，实现计划中的内容。

（3）检查。总结执行计划的结果，分清哪些对了，哪些错了，明确效果，找出问题。

（4）改进。对总结检查的结果进行处理，对成功的经验加以肯定，并予以标准化；对于失败的教训也要总结，引起重视。对于没有解决的问题，应提交给下一个 PDCA 循环去解决。

职业健康安全管理体系模式与 PDCA 循环的对应关系如图 17–1 所示。

2. 环境保护管理体系标准

环境保护管理体系是一个组织内全面管理体系的组成部分，它包括制定、实施、实现、评审和保持环境方针所需的组织机构、规划活动、机构职责、惯例、程序、过程和资源，还包括组织的环境方针、目标和指标等管理方面的内容。环境保护管理体系是企业有计划且协调动作的管理活动，具有规范的动作程序，文件化的控制机制。它通过有明确职责的组织部门来贯彻落实，目的在于防止对环境的不利影响。环境保护管理体系是一项内部管理工具，旨在帮助组织实现自身设定的环境表现水平，并不断地改进环境相关行为，达到更新、更佳的环境保护效果。

《环境管理体系　要求及使用指南》（GB/T 24001—2016）是我国现行环境保护管理体系标准。该标准与国际标准 ISO 14001：2015 等同，对环境保护管理体系的要求进行了明确，以促进组织及项目能够实现其设定的环境保护管理体系的预期结果。

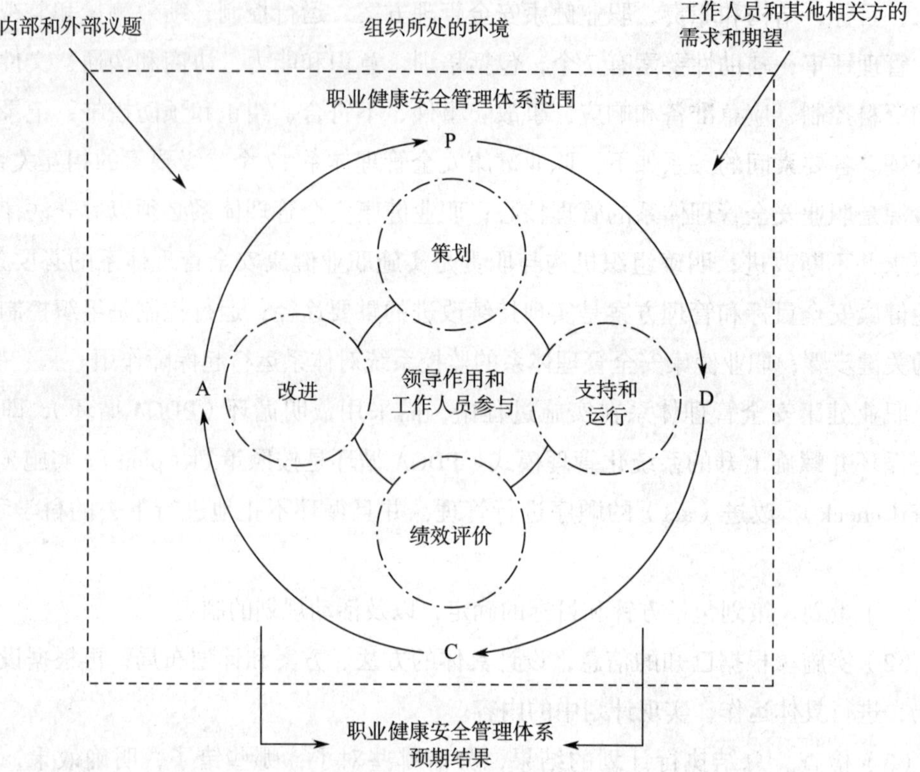

图 17-1　职业健康安全管理体系模式与 PDCA 循环的对应关系

3. 环境保护管理体系结构及模式

根据《环境管理体系　要求及使用指南》，环境保护管理体系具有与职业健康安全管理体系类似的结构，即由范围、规范性引用文件、术语和定义、组织所处的环境、领导作用、策划、支持、运行、绩效评价、改进 10 个部分构成。环境保护管理体系的运行同样采用 PDCA 循环。

17.1.5　健康、安全、环境保护管理体系的建立

1. 健康、安全、环境保护管理体系的建立步骤

HSE 管理体系的建立共有 9 个步骤，分别是：领导决策、成立工作组、人员培训、初始状态评审、HSE 管理体系策划与设计、HSE 管理体系文件编制、HSE 管理体系试运行、内部审核以及管理评审。

（1）领导决策。企业建立 HSE 管理体系需要领导者的决策，特别是最高管理者的决策。另外，建立 HSE 管理体系需要有资源投入。物质决定意识，意识决定行为；行为决定习惯，习惯决定命运。这需要最高管理者对改善企业的 HSE 行为做出承诺，确

保 HSE 管理体系的实施与运行得到充足的资源。

（2）成立工作组。当企业的最高管理者决定建立 HSE 管理体系后，首先要从组织上给予落实和保证，通常要成立一个工作组。工作组的主要任务是负责建立 HSE 管理体系，成员来自企业内部各个部门，这些成员将成为企业今后 HSE 管理体系运行的骨干力量，工作组组长最好是企业管理者代表。根据企业规模、管理水平及人员素质，工作组的规模可大可小，可专职、可兼职，可以是一个独立的机构，也可挂靠在企业综合管理部门或风险管理部门。

（3）人员培训。HSE 的目的就是要通过培训，提高组织成员对安全、环境与健康的认识，改变组织成员对待安全、环境与健康的态度。开展工作前，各级管理者和工作组成员应接受 HSE 管理体系标准及相关知识的培训，保证他们对 HSE 管理体系的理解和支持。同时，HSE 管理体系运行需要的内审员，也要进行相应的培训。

（4）初始状态评审。初始状态评审是对组织管理现状进行一次评估，是建立 HSE 管理体系的基础。为此，企业应建立一个评审组，评审组可由企业的员工组成，也可外请咨询人员，或是两者兼而有之。评审组应对企业过去和现在的 HSE 信息、状态进行搜集、调查与分析，识别和获取现有的适用于企业的 HSE 法律、法规和其他要求，进行危险源和环境因素辨识及风险评价。风险评价可以按常用的分级方法，在假定未采取安全措施的前提下进行风险的识别，这些结果将作为建立评审企业的 HSE 方针，制定 HSE 目标和 HSE 管理方案，确定 HSE 管理体系的优先项，编制 HSE 管理体系文件及建立 HSE 管理体系的基础。

（5）HSE 管理体系策划与设计。HSE 管理体系策划阶段，主要是依据初始状态评审的结论，制定企业的 HSE 方针、目标、指标及相应的 HSE 管理方案，确定企业机构和职责，筹划各种运行程序等。按照 HSE 管理体系标准建立的 HSE 管理体系，实际上是企业实施 HSE 管理，改善企业的 HSE 行为，达到持续改进目的的一种新的运行机制。HSE 管理体系不能完全脱离企业的原有管理基础，而应在标准的框架内，充分结合企业的原有管理基础，进而形成一个结构化的管理体系。

（6）HSE 管理体系文件编制。HSE 管理体系具有文件化管理的特征。编制 HSE 管理体系文件是企业实施 HSE 管理体系标准，建立与保持 HSE 管理体系并保证其有效运行的重要基础工作，也是企业达到预定的 HSE 目标，评价与改进 HSE 管理体系，实现持续改进和风险控制必不可少的依据和见证。HSE 管理体系文件还需要在 HSE 管理体系运行过程中定期、不定期地进行评审和修改，以保证它的完善和持续有效。

（7）HSE 管理体系试运行。HSE 管理体系试运行与正式运行无本质区别，都是按所建立的 HSE 管理体系手册、程序文件及作业规程等文件的要求，整体协调地运行。

HSE 管理体系试运行的目的是在实践中检验 HSE 管理体系协作的充分性、适用性和有效性。企业在试运行 HSE 管理体系时要加强运作力度，努力发挥 HSE 管理体系本身的各项功能，及时发现问题，并找出问题的根源，予以纠正。

（8）内部审核。和其他管理体系一样，内部审核是 HSE 管理体系运行必不可少的环节。经过一段时间的试运行，企业要适时开展内部审核，检验 HSE 管理体系是否符合 HSE 管理体系标准的要求。HSE 管理者代表应亲自进行企业内审，内审员应经过专门培训。企业还可聘请外部专家参与或主持审核。内审员在文件预审时，应重点关注和判断 HSE 管理体系文件的完整性、符合性及一致性；在现场审核时，应重点关注 HSE 管理体系功能的适用性和有效性，检查实践中是否按 HSE 管理体系文件要求运作。

（9）管理评审。管理评审是 HSE 管理体系整体运行的重要组成部分。管理者代表应搜集各方面的信息，供最高管理者评审。最高管理者应对 HSE 管理试运行阶段的 HSE 管理体系整体状态做出全面的评判，对 HSE 管理体系的适用性、充分性和有效性做出评价。依据管理评审的结论，可以对是否需要调整 HSE 管理体系做出决定，也可以做出是否实施第三方认证的决定。

2. 健康、安全、环境保护管理体系的运行

在 HSE 管理体系的运行中，管理层领导的作用和承诺是整个 HSE 管理体系的核心。高层管理者的决策、认知及运行模式对 HSE 管理体系的运行至关重要。建立 HSE 管理体系需要管理者的决策，尤其是最高管理者的决策。只有在最高管理者认识到建立 HSE 管理体系必要性的基础上，组织才有可能在其决策下开展这方面的工作，也只有在管理者观念正确、态度积极并充分提供资源的情况下才能做好这项工作。要使 HSE 管理体系有效而成功地实施，作为组织的高层管理者首先应当做到以下几点。

（1）充分理解并认识建立 HSE 管理体系的目的和意义。

（2）将 HSE 管理体系作为组织整个管理的优先事项之一，纳入组织管理决策的重要议事日程中。高层管理者应将 HSE 管理体系的管理作为企业管理决策的重要组成部分，列入重要议事日程之中。

（3）为建立 HSE 管理体系及有关活动提供必要的资源。高层管理者要对建立和实施 HSE 管理体系提供包括人、财、物和时间在内的资源保障，并向社会做出公开的承诺。

（4）进行必要的 HSE 管理体系知识学习，以提高认识、更新观念。HSE 管理体系的建立不仅仅是企业管理模式的更新，也是企业文化的系统化孕育和培养，代表了全新的思维方式、全新的理念，因此需要不断地进行相关知识学习，实现观念转变。

项目组织的职业健康安全管理与环境保护管理的重点应放在预防上，事故主要发生于项目成员身上，因此，HSE 管理工作的着重点也应放在基层项目组织上。企业在推动 HSE 管理模式时，需采用由文件化管理向风险化管理模式过渡的管理方式，实现 HSE 管理制度。

17.2　项目人员职业健康安全管理

17.2.1　项目人员职业健康安全管理的主要任务

项目职业健康安全管理的主要任务是根据建设工程的实际情况，明确项目安全生产方针，制定职业健康与安全管理目标，为实现目标，建立组织机构，策划管理活动，明确管理职责，遵守有关法律法规和惯例，编制职业健康与安全管理方案，实行过程控制并提供人员、设备、资金和信息资源，保证职业健康安全管理目标的实现和持续改进。

17.2.2　项目人员职业健康安全方针

根据《职业健康安全管理体系　要求及使用指南》中的规定，方针是指“由组织最高管理者正式表述的组织意图和方向”。相应地，职业健康安全方针是指“防止工作人员受到与工作相关的伤害和健康损害并提供健康安全的工作场所的方针”。

职业健康安全方针应包括为防止与工作相关的伤害和健康损害而提供安全和健康的工作条件的承诺，并适合于组织的宗旨和规模、组织所处的环境以及组织的职业健康安全风险和职业健康安全机遇的特征；为制定职业健康安全目标提供框架；包括满足法律法规要求和其他要求的承诺；包括消除危险源和降低职业健康安全风险的承诺；包括持续改进职业健康安全管理体系的承诺；包括工作人员及其代表（若有）的协商和参与的承诺。职业健康安全方针应满足以下要求：作为文件化信息而可被获取；在组织内适当予以沟通；在适当时可为相关方所获取；保持相关和适宜。

17.2.3　项目人员职业健康安全策划

1. 职业健康安全危险源辨识、风险评价和控制策划

职业健康安全危险源辨识是指在项目开工前，项目经理应组织专门的工作小组，

针对施工关键工序，采购、办公和服务等主要活动，工作场所的设备设施、材料和人员行为等各个环节存在的危险因素进行辨识。

项目风险评价和控制策划是指针对项目自身管理模式和工程特点，分析项目的合同条款、工期条件、市场资源以及分、承包模式等因素对项目职业健康安全管理造成的潜在危险或影响，并制定对应措施。

不同的项目所面临的职业健康安全危险源有所不同。一般情况下，建筑施工危险源大概分为以下几类：高处坠落、物体打击、触电、坍塌、机械伤害、起重伤害、中毒和窒息、火灾和爆炸、车辆伤害、粉尘、噪声、灼烫、其他等。施工现场内的危险源主要与施工部位、分部分项（工序）工程、施工装置（设施、机械）及物质有关。石油化工企业/项目的危险源主要包括被列入《危险化学品目录》《剧毒化学品目录》等的生产材料以及常、减压蒸馏装置，聚丙烯装置，延迟焦化装置，汽油加氢装置等部分化工装置。

在对危险源进行辨识时应充分考虑正常、异常、紧急3种状态以及过去、现在、将来3种时态。危险源辨识应与项目实际活动进行充分结合，充分考虑7种类型的危害，即机械能、电能、热能、化学能、放射能、生物因素及人机工程因素。危险源辨识同时应充分考虑3种对象所产生的危险，即：所有活动、所有设备设施、所有人员及作业环境。以建设项目为例，危险源主要从以下作业活动进行辨识：施工准备、施工阶段、关键工序、工地地址、工地内平面布局、建筑物构造、所使用的机械设备装置、有害作业部位（粉尘、毒物、噪声、振动、高低温）、各项制度（女工劳动保护、体力劳动强度等）、生活设施和应急设施、外出工作人员和外来工作人员。重点关注工程施工的基础、主体、装饰、装修阶段及危险品的控制与影响；特种作业人员；危险设施；经常接触有毒、有害物质的作业活动和情况；具有易燃、易爆特性的作业活动的情况；具有职业健康伤害、损害的作业活动和情况；曾经发生或行业内经常发生事故的作业活动和情况。

危险源辨识的结果应形成项目危险源清单（见表17-1），并依据危险源导致的风险概率大小和危险程度进行风险分级，按不同级别制定有针对性的风险控制措施。

表17-1　项目危险源清单

序号	作业活动	危险源	可能导致的事故	风险级别	计划控制措施（A~F）	备注

续表

序号	作业活动		危险源	可能导致的事故	风险级别		计划控制措施（A～F）	备注	
编制		日期		审核	日期		批准	日期	

备注：计划控制措施中，A 为制定目标、指标和管理方案；B 为制定管理程序；C 为培训与教育；D 为应急预案与响应；E 为加强现场监督检查；F 为保持现有措施。

2. 职业健康安全管理目标

项目经理应根据企业下达的职业健康安全管理目标，结合工程实际情况制定本项目的职业健康安全目标，目标一般包括：杜绝重大伤亡、设备、管线、火灾事故；安全标准化工地创建目标；文明工地创建目标；遵循安全生产和文明施工法律法规和规章的承诺；其他需满足的目标。

项目职业健康安全管理目标的确定应符合以下要求：目标应符合企业职业健康安全管理的总体规划；目标应尽量量化，以指标的形式表达。提出目标时还应考虑以下几方面要求。

（1）是否符合法律法规的要求和其他相关方的要求。

（2）组织有能力控制并实现。

（3）符合财务、运行和经营的要求，合理控制风险目标。

（4）在控制的过程中能方便地实施。

（5）包含对持续改进的承诺。

3. 项目人员职业健康安全管理方案

项目人员职业健康与安全管理方案可以采用项目施工组织设计中有关职业健康安全的措施与要求、单独编制专项方案等形式来灵活体现，围绕职业健康安全生产总目标展开各类安全活动。总体安排与策划至少应包括以下几个方面。

（1）工程概况：包括工程基本情况，施工重点、难点、危险点及关键控制部位等。

（2）项目人员职业健康安全管理目标：制定项目安全生产总目标，以及为保证项目安全生产总目标完成而分解的项目部各层、各岗位的安全工作指标。

（3）项目人员职业健康安全管理组织机构：包括项目安全生产领导小组、安全生产管理部门、专（兼）职安全生产管理人员，对项目各岗位管理人员的安全生产责任的描述和管理权限的划分，以及安全生产绩效的考核方法。

（4）项目安全生产管理制度：项目安全生产管理制度应遵照法律法规的规定和企业安全管理的具体要求，按照 5W1H（5W：why、what、where、when、who，原因、对象、地点、时间、人员；1H：how，方法）要素，明确每项任务的责任人、时间、方法及对事件处理过程和结果的记录。必要时，可制定明确的工作流程。

（5）风险的控制措施：针对危险源辨识和风险评价的结果，结合项目施工组织的过程、场所和产品的控制要求，制定具体的风险控制措施、实施程序和控制方式。

（6）项目安全生产应急预案及事故、事件报告程序：编制项目应急救援预案，明确项目应急救援组织机构和职责分工，制定预防预警机制，发生事故的报告流程和应急响应流程，制定信息发布和后期处置程序，并明确应急队伍、应急物资装备、应急经费等资源配备和保障措施。应急救援预案应规定培训教育和应急演练要求。

（7）项目安全生产费用投入计划。

（8）因本工程项目的特殊性而需补充的安全操作规定：项目人员职业健康安全管理方案的编制要突出重点，即对现场关键点与危险点的控制手段和措施。同时，要做到具备严密性和可操作性。

（9）项目人员职业健康安全管理方案在实施前，应由企业和项目组织安全评审，对方案策划的目标设定、资源配置以及工程安全设施、安全技术、安全管理、安全措施的可靠性进行审核评价后，由企业主管领导或项目经理审批后组织实施。

17.2.4 项目人员职业健康安全管理体系实施与运行

1. 项目人员职业健康安全管理体系结构与职责

完成任何一项工作，都必须职责分明。所以明确各个部门和人员在体系中的作用、职责和权限，对指挥、协调、控制企业的体系活动及方针、目标非常重要。

项目经理（最高管理者和管理者代表）是项目安全生产的第一责任人，对项目的安全生产负全面领导责任；项目生产经理（企业各级管理者及各级环境和健康专、兼职管理人员）具体负责项目施工管理过程中对安全生产的组织、管理、指挥、协调等工作，对项目的安全生产负直接管理责任；项目技术负责人（对环境和职业健康有重大影响的设备、关键岗位的有关人员）对项目安全生产负有技术领导责任；专职安全员（负责环境、职业健康安全教育培训的人员）负责日常安全检查工作，做好检查记录，有权制止违章指挥和违章作业，对上级检查提出的问题负责复查；项目工长、技术员、各岗位管理人员是本岗位安全生产第一责任人，按照“一岗双责”的管理要求，负责岗位安全的工作职责。

项目经理应组织建立并不断完善项目安全生产规章制度，明确各项安全生产管理工作的内容和要求，与项目各岗位签订安全目标责任书，把安全生产职责落实到具体工作中，并制定考核兑现条款，把经济收入和岗位安全目标挂钩。

项目经理组织与各分包商和供应商签订《安全生产管理协议书》，分解安全生产目标，明确甲、乙双方在安全生产管理工作中的职责和权限。

2. 培训与能力

项目经理组织开展安全宣传教育活动，使项目从业人员了解我国安全生产法律法规和标准规范，提高安全意识，增强安全工作的责任感和自觉性；提高安全技术素质，掌握安全生产知识和技能，从而提高项目的安全生产水平。项目人员职业健康安全教育主要内容包括：特种作业人员安全教育、三级安全教育。对转场、换岗的操作工人，在重新上岗前，必须接受安全生产培训，时间不得少于 20 学时。

3. 协商和沟通

协商和沟通是指生产经营单位 / 项目管理方应建立并保持程序及文件化安排，保证就有关职业健康安全信息与员工和其他相关方（如承包商、分包商、供货商、访问者）进行协商和交流。通过明确企业沟通、协商和参与的机制安排，规范企业对内、对外的沟通渠道，理顺执行程序和沟通程序，组织、引导员工积极参与企业的各项管理，使内、外部信息能够准确快速地传递，确保企业各项工作高质量、高效率完成。

关于职业健康安全事项的沟通，组织 / 项目管理者应确保在职业健康安全管理体系覆盖范围内的工作人员在管理体系中的协商和参与，并为协商和参与提供必要的机制、时间、培训和资源。在工作人员无法直接或全部执行协商和参与时，由员工代表全权代表执行协商和参与的所有职权。职业健康安全管理体系建立后，应及时向员工代表发布相关文件，并在体系运行中及时向员工代表提供相关的职业健康安全管理体系信息。安全隐患的发现等重要信息应由发现部门以书面形式立即向安全管理部门传递或由员工通过举报电话、网络反映；主管部门负责组织处置，需报告领导的，应有书面报告。涉及员工权益的安全信息，应由接收部门以书面形式立即向安全管理部门和工会报告。

项目成员协商和参与的安全事项包括以下内容。

（1）重点 / 重要危险源的辨识、风险评价和控制措施的制定。

（2）职业健康安全方针和目标的建立与评审。

（3）商讨影响其职业健康安全的任何变化。

（4）安全管理文化的评审、项目人员职业健康安全管理体系的管理评审会议。

（5）对劳动防护用品的监督管理。

（6）节假日的日常职业健康安全检查。

（7）事件的调查和处理。

（8）法律法规的要求和其他要求（合规义务）并开展合规性评价。

（9）其他需与员工协商的事项。企业及项目管理者每年至少应组织一次以上协商活动，并保持纪录；重大安全事项形成决议后应以适当的形式告知相关员工。

沟通过程中应进行及时和良好的信息记录。具体内容包括：外部沟通需要答复时应及时回复，内部与外部沟通记录按《记录控制程序》整理并保存。安全管理部门和工会应保存相关安全信息沟通、参与和协商的资料和记录。各部门根据需要建立安全记事本（或会议、培训记录等）记录有关日常安全信息协商沟通的会议、培训、处置情况等。

4. 文件和资料控制

项目人员职业健康安全管理体系文件应以适合于自身管理的形式（如书面或电子形式）予以建立与保持，并应包括下列内容：职业健康安全方针和目标；职业健康安全管理的关键岗位与职责；主要的职业健康安全风险及其预防和控制措施；职业健康安全管理体系框架内的管理方案、程序、作业指导书和其他内部文件。同时，文件体系必须对10个核心要素及其相互作用做出描述。在此基础上，文件体系建立后，应具有查询文件的途径，确保体系的各层次之间、文件与文件之间做到层次清楚、接口明确、协调有序、利于实施。

体系文件包含4个层级。

（1）手册：阐述本组织方针并描述管理体系概貌的文件。

（2）程序文件：描述开展管理体系活动过程的文件，是手册相关内容的细化，如节能降耗管理程序、危险作业管理程序。

（3）作业指导书：对程序文件中未涉及的技术性细节做出规定，是岗位工人的操作依据，如安全操作规程、应急预案。

（4）操作性程序：凡偏离了程序就存在重大风险和重大环境影响的作业活动和设备设施均应编制操作性程序。

项目人员职业健康安全管理体系文件及资料应建立相应的管理制度。文件应由最高管理者、管理者代表分别按职责批准颁布。文件需要由专人进行管理、建立台账，关键岗位要有现行版本。文件需要进行定期评审及修改。失效的文件应进行妥善处理，谨防误用。

5. 应急准备和响应

潜在的环境因素、危险源引发的事故一般具有突发性，与正常情况相比，所造成的影响和后果往往更为严重。应急准备和响应要素是控制重要环境因素、重要危险源的第三条途径，万不得已才用，用得越少越好。潜在的突发事件和紧急情况主要有：

火灾、爆炸；有毒、有害物质泄漏；安全控制设施失灵；操作过程的重大失误；洪水、地震、狂风暴雨等天灾等。这些突发事件和紧急情况一旦发生，与正常情况的事故相比，往往后果更为严重，因此要采用特别的预防措施。应急准备和响应要素的实施要点包括以下几个方面。

（1）确定可能发生的潜在事件或紧急情况。

（2）按规定编写专项应急预案或现场处置方案。

（3）应急预案修改后组织相关部门进行评审。

（4）应急预案发布后予以公示。

（5）对员工进行培训。

17.2.5　项目人员职业健康安全管理体系检查与纠正

项目人员职业健康安全管理体系检查是PDCA运行模式中的检查（C-check）阶段，是管理体系实现自我约束、自我调节和自我完善的重要手段，主要承担对项目人员职业健康安全管理体系的“实施和运行”进行检查与纠正的功能。

项目及企业事故控制措施的执行情况需要通过日常性的检查结果来反映。检查既可以采用目视检查，也可以采用仪器设备监测、检测。检查是职业健康安全管理体系的第一道监控系统，其目的是对职业健康绩效进行日常的常规监控，及时发现项目人员职业健康安全管理体系日常运行中存在的问题。同时，项目/企业应定期开展合规性评价，即为履行项目/企业遵守法律法规和其他要求的承诺，每年定期组织各单位开展活动、产品、服务与项目人员职业健康安全管理体系中具体适用条款的要求进行符合性评价，系统地评价企业及项目对适用法律法规、标准和其他要求的持续遵循情况，判断企业对方针有关承诺的实现情况。

17.3　项目环境影响管理

17.3.1　项目环境影响管理体系含义

环境影响管理体系是一个组织内全面管理体系的组成部分，它包括制定、实施、实现、评审和保持环境方针所需的组织机构、规划活动、机构职责、惯例、程序、过程和资源，还包括组织的环境方针、目标和指标等管理方面的内容。可以这样描述环境影响管理体系：这是一个组织有计划而且协调动作的管理活动，其中有规范的动作程序和文件化的控制机制。它通过有明确职责的组织机构来贯彻落实，目的在于防止对环境的不利影响。环境影响管理体系是一项内部管理工具，旨在帮助组织实现自身设定的环境表现水平，并不断地改进环境行为，达到更新、更佳的高度。

17.3.2 项目环境影响风险评估

《建设项目环境风险评价技术导则》（HJ 169—2018）于 2019 年 3 月 1 日实施，导则中增加了风险潜势的初判，规范了风险识别和源项分析的内容和方法，调整、细化了风险防范措施等内容。以建设项目为例，建设项目环境风险评价是以突发性事故（泄漏、火灾和爆炸产生的伴生 / 次生物质）产生的危险物质为风险事故情景，进行进一步的分析、预测和评估，针对性地提出相应环境风险防范和应急措施，并对环境风险防范措施的合理性和有效性进行充分论证。项目实施过程中主要存在 4 类污染，即大气污染、水污染、噪声污染及固体废弃物污染。

17.3.3 项目环境影响管理体系检查与纠正

项目管理者需组织有关人员，通过定期或不定期的检查来落实环境管理方案的执行情况，对环境影响管理体系的运行实施监督检查。主要检查内容包括以下几项。

（1）环境绩效测量：能源、材料污染因子排放情况。

（2）运行过程的监测：对照法律法规进行环境污染因子的监测。

（3）目标、指标完成情况的检查。

（4）法律法规符合性的评价。

（5）监测设备的校准、维护情况的检查。

对检查发现的环境管理的不符合项，由检查部门开出不符合报告，技术部门分析不符合项产生的原因，制定纠正措施，交专业工程师负责落实实施，措施实施结果要加以确认。

第18章 项目绩效评价与后评价

18.1 项目绩效评价

18.1.1 项目绩效评价的必要性及理论基础

项目绩效评价建立在组织学、行为学和信息经济学等理论基础上。单一项目团队可以视为临时组织，稳定持续管理若干项目的企业可视为长期组织。根据组织学中的委托代理理论，组织可以视为不同层次的委托代理关系所组成的整体。项目投资人与项目经理之间、项目经理与项目专项团队负责人之间都构成了委托代理关系。企业股东与企业总经理之间、企业总经理与各部门经理、各项目经理之间也构成了委托代理关系。委托代理关系可视为契约关系，即理性的委托人与代理人按照契约规定在组织结构内追求经济利益最大化。但是由于委托人与代理人之间的信息不对称，可能会出现代理人为了实现自身利益最大化而损害委托人的利益的情况。为解决组织中这一问题，需要设立激励机制与监督机制。（项目）绩效评价是加强项目组织激励机制和完善监督机制的重要措施之一。

绩效评价建立在行为科学中激励理论的基础上，将组织成员视为“社会人”，通过设定合理的机制来规范和引导组织成员的行为。项目绩效评价应与项目相关人员的薪资相衔接，即项目绩效评价作为项目人员薪资计划的前提和依据。（项目）绩效评价使得委托人利益与代理人利益相统一，以促使代理人在维护自身利益的同时，选择与委托人利益一致的行为方式。

项目绩效考核系统的设计应既能与项目目标密切联系，又能充分反映项目成员工作绩效。项目绩效考核系统可视为一个信息系统，反映项目组织中成员行为及其产生的结果。项目绩效评价指标可使项目成员认识到其本职工作为实现项目目标做出了什么贡献，加强项目成员对项目目标的理解和重视。同时项目绩效考核可使项目成员认识到其行为产生的结果不仅能影响项目目标，同时也影响自身利益。因此，项目绩效考核系统对项目组织有效运行、实现项目目标具有至关重要的作用。

18.1.2 项目绩效评价的原则与方法

项目绩效评价应坚持以下基本原则：科学规范、公正公开、分级分类、绩效相关。其中科学规范原则是指项目绩效评价应严格执行规定程序，按照科学、可行的要求，采用定量分析与定性分析相结合的方法。公正公开原则是指绩效评价应符合真实、客观及公正的要求，并依法公开。分级分类原则是指项目投资人根据项目类型分别进行项目绩效评价。绩效相关原则是指绩效评价应针对项目具体投入和产出进行，以清晰反映项目支出和产出的对应关系。

项目绩效评价方法有多种，通常为综合评价，即对项目多个方面进行综合性评价。关键绩效指标法、平衡计分卡法和挣值法是较为通用的项目绩效评价方法。其中关键绩效指标法是将项目成功的关键要素进行提炼，把项目目标分解成可量化的具体指标，从而对项目绩效进行计算和评价。关键绩效指标法是目前国际上较为流行的项目绩效评价工具。平衡积分卡法（balanced score card，BSC）是从项目财务、客户、内部运营及学习与成长 4 个角度对项目绩效进行考核的方法。在项目层面上，可对评价方面进行调整，可考虑的方面包括利益相关者、生命周期过程管理、学习与创新、成本估算与财务、项目效益等。

挣值法是主要针对项目成本和进度的综合绩效评价方法。挣值法主要对计划工作的预算值（budgeted cost for work scheduled，BCWS）、已完成工作的预算值（budgeted cost for work performed，BCWP）和已完成工作的实际消耗值（actual cost for work performed，ACWP）进行计算，并进一步计算项目成本偏差、进度偏差和成本绩效指数，以评价项目的成本、进度和效率。挣值法的优点在于不仅可以反映项目成本和进度情况，还可以作为管理和控制项目成本和进度的工具。但是，挣值法的评价指标相对单一，无法直接反映项目进展中的实施管理情况。

18.1.3　项目绩效指标制定

项目绩效指标应根据项目类型和特点进行制定，一般包含共性指标和个性指标。为方便项目集绩效管理，项目绩效评价指标应包含共性指标。考虑项目唯一性及自身特点，绩效评价应同时包含个性指标。项目绩效评价指标一般包含四级指标，见表 18-1。前三级为相同项目类型的共性指标，企业可根据其自身及所管理的项目组合、项目集特征在示意表的基础上进行一定的修订，并赋予合适的权重值。第四级指标可以根据单个项目特点制定针对项目的个性指标。

一级指标通常包括投入、过程、产出和效果 4 部分。其中投入部分应包含项目立项、项目资金落实情况等二级指标。过程部分应包含项目管理、财务管理等二级指标。产出部分应包含项目产出各方面等二级评价指标。效果方面应包含项目各方面效益等二级评价指标。

各二级指标下应制定更详细的三级指标。其中项目立项方面需包含项目立项规范性、项目绩效目标合理性、项目绩效指标明确性等方面的评价指标。项目资金落实情况方面应对资金到位率及资金到位及时率等进行评价。项目管理方面需对管理制度健全性、制度执行有效性、项目风险可控性、项目质量可控性、项目安全可控性、项目进度可控性、项目成本可控性等方面进行评价。项目管理方面也可根据企业需求，加入如项目资源管理、项目团队管理等更多方面的评价指标。财务管理方面应包含管理制度健全性、资金使用合规性、财务监控有效性等三级指标。项目产出方面应包括项目完成率、项目完成及时率、项目质量达标率、项目成本节约率等三级指标。项目效果方面应对项目经济效益、社会效益、生态效益、可持续影响以及服务对象满意度等方面进行评价。

各三级指标应根据项目具体情况进一步细化至四级具体指标，并赋予一定的权重值。各四级指标应细化至可直接打分，并对每一项分值进行具体的规定。针对每项评价指标可制定更为详细的评价标准及评价说明，明确指标含义及打分方法。

表 18-1　项目绩效评价指标体系示意表

一级指标	权重值	二级指标	权重值	三级指标	权重值	四级指标	权重值
投入		项目立项		项目立项规范性		项目是否按照规定程序申请设立	
						项目立项提交材料是否符合相关法律法规要求	
						项目立项前是否已经经过必要的可行性研究、专家论证、风险评估等	
				项目绩效目标合理性		项目绩效目标是否符合国家相关法律法规	
						项目绩效目标是否与相关参与方密切相关	
						项目预期效益是否符合政策绩效水平	
						……	
				项目绩效指标明确性		是否已细化分解为具体的绩效指标	
						是否建立清晰、可衡量的指标值进行体现	
						是否与项目和组织年度任务或计划相对应	
						是否与项目计划确定的项目投资额相匹配	
						……	
				……			
		项目资金落实情况		资金到位率		资金到位率是指某时间点上实际到位资金占计划投入资金的比例	
				资金到位及时率		资金到位及时率是指在项目规定的时间节点到位资金与应到资金的比例	
		……					
过程		项目管理		管理制度健全性		是否制定相应的项目管理办法	
						项目管理制度是否完整	
						项目管理制度是否合法、合规	

续表

一级指标	权重值	二级指标	权重值	三级指标	权重值	四级指标	权重值
过程		项目管理		制度执行有效性		项目管理是否遵守相关管理规定	
						项目管理调整手续是否完备	
						项目文件，包括合同、验收报告、技术鉴定等资料是否齐全	
						项目管理相关人员条件、场地设备、信息支撑是否落实	
				项目风险可控性		项目是否制定了风险控制目标	
						项目是否采取了风险识别、风险预防等必要的控制措施	
				项目质量可控性		项目是否制定相应的项目质量要求或标准	
						项目是否进行相应的项目质量检查、验收等控制措施	
				项目安全可控性		项目是否制定相应的安全生产的要求或目标	
						项目是否建立相应的安全管理体系	
						是否实施项目安全检查等必要的控制措施	
				项目进度可控性		项目是否建立相应的进度目标	
						项目是否进行进度分析、进度调整等必要的控制措施	
				项目成本可控性		项目是否建立相应的成本目标	
						是否实施项目成本分析、成本控制等必要的控制措施	
				……			
		财务管理		管理制度健全性		项目是否制定了公司、项目资金使用办法	
						所制定的资金使用办法是否符合相关财务会计制度规定	

续表

一级指标	权重值	二级指标	权重值	三级指标	权重值	四级指标	权重值
过程		财务管理		资金使用合规性		项目资金使用是否符合相关资金使用规定	
						项目资金的拨付是否具有完整的审批程序	
						项目重大开支是否经过评估、论证	
						项目资金使用是否专款专用	
						项目资金使用是否存在截留、克扣、虚列等情况	
				财务监控有效性		是否建立公司、项目财务监控的相关机制	
						是否采用了相应的财务检查等控制措施	
				……			
		……					
产出		项目完成率		一定时间节点，项目实际产出与计划产出的比例		项目完成率＝项目实际产出数／项目计划产出数 ×100%	
		项目完成及时率		一定项目节点，项目实际提前完成时间与计划完成时间的比例		项目完成及时率＝（项目节点计划完成时间－项目节点实际完成时间）/项目节点计划完成时间 ×100%	
		项目质量达标率		一定时间节点，项目完成的质量达标产出与项目实际产出的比例		项目质量达标率＝质量达标产出数／项目实际产出数 ×100%	
		项目成本节约率		一定时间节点，项目完成工作的实际节约成本与计划成本的比例		项目成本节约率＝（项目计划成本－项目实际成本）／项目计划成本 ×100%	
		……					
效果		经济效益		项目实施对经济产生的直接或间接影响		项目内部收益率	
						项目成本收益	
						项目投资经济增长率	
						……	

续表

一级指标	权重值	二级指标	权重值	三级指标	权重值	四级指标	权重值
效果		社会效益		项目实施对社会发展产生的直接或间接影响		项目带动税收增长情况	
						项目吸引投资贡献	
						公众满意度	
						……	
		生态效益		项目实施对生态环境产生的直接或间接影响		对水资源的影响	
						对空气质量的影响	
						对土地资源的影响	
						对人文资源的影响	
						……	
		可持续影响		项目后续运行及效果发挥的可持续影响		环境可持续性	
						经济可持续性	
		服务对象满意度		服务对象对项目实施效果的满意程度		项目业主满意度	
		……					

项目绩效评价指标应动态更新，即企业管理者和项目决策者可根据项目绩效评价效果及其对项目相关人员的激励效果进行动态、合理的调整，以最大限度发挥项目绩效评价的效用。

18.1.4　项目绩效评价报告撰写

项目绩效评价报告应按一定格式进行撰写，以确保同类型项目可进行绩效对比以及后续分析优化。项目绩效评价报告撰写工作应包括以下几项内容。

（1）对项目基础数据及资料的复核。

（2）修订项目初始评价技术方案。

（3）对项目目标实现程度，尤其是项目投入、过程、产出和效果进行具体分析。

（4）针对项目绩效情况及发现的问题进行综合分析，形成评价结论及相关建议。

（5）组织专家对绩效评价中的关键问题进行评审。

（6）撰写项目绩效评价报告初稿。

项目绩效评价报告初稿完成后应提交给项目绩效评价委托人，并征求相关人员的建议、意见，形成项目绩效评价报告终稿。项目绩效评价相关文件应进行归档保存，包括但不限于项目基本情况及文件、评价实施方案、委托评价协议、基础数据报表、数据核查确认报告及相关证明材料、评价工作底稿及附件、会议纪要、访谈记录、调查问卷、调查问卷统计结果和报告、绩效评价指标体系及评价结果、专家组验收意见、绩效评价报告等。

18.2 项目后评价

18.2.1 项目后评价的概念及必要性

项目后评价是在项目完成之后进行的评价。项目后评价是对已完成项目的目标、过程、效益、作用和影响进行系统、全面的分析。通过对项目实践的检查、评价和总结，确定投资预期的目标是否达到、项目规划是否合理、项目收益目标是否实现，并进一步分析其中的原因，总结相关经验、教训。

项目后评价是项目集管理中的重要组成部分。通过项目后评价总结项目相关经验、教训，可以使项目决策者和管理者学习到更加科学、合理的项目管理策略和方法，提高决策水平和管理水平。项目决策者和管理者可以根据项目后评价的反馈调整相关项目管理方针和程序。因此，项目后评价对优化在建项目和待建项目，提高项目投资效益具有重要意义。另外，通过项目后评价可增加项目管理过程的透明性，提高项目各管理部门的责任心和项目的社会透明度。

18.2.2 项目后评价的任务

项目后评价一般包括对项目全过程各个阶段的分析，重点包括质量、进度、造价控制、技术经济指标、管理程序执行情况、法律法规管理、合同管理、社会环境影响和项目咨询质量等。项目后评价的具体任务需要由项目投资者和决策者根据其需要进行制定。项目后评价通常由独立的咨询机构或专家承担。

18.2.3 项目后评价的原则

项目后评价一般应遵循独立性、科学性、实用性、透明性和反馈性等原则。其中独立性和反馈性是项目后评价应遵循的重点原则。

独立性是指项目后评价不受包括投资者、管理者、咨询者等项目利益相关者的干扰，确保对项目全过程进行公正、客观的评价。独立性应贯穿后评价全过程，包括任务委托、后评价团队构建、后评价大纲编制、资料搜集、现场调研、报告编审及反馈等。为了确保项目后评价的独立性，后评价团队构建、人员选择、职责设定均应遵循独立性原则。只有后评价保证其客观、公正性，才能提高其可信度，发挥其在项目管理中应有的价值。

反馈性也是项目后评价的重要原则之一。反馈性是指将后评价的结果反馈到决策部门，为后续项目管理提供调整优化的依据。只有保持反馈性原则，才能使决策者和管理者在不断地项目管理实践中积累知识，优化过程，提高效率。

18.2.4 项目后评价的范围和内容

项目后评价的基本内容包括项目技术经济后评价、项目环境影响后评价、项目社会后评价和项目实施过程后评价。

项目技术经济后评价主要对项目技术、财务和经济等方面进行后评价。其中技术方面对工艺技术流程、技术设备选择经济合理性、先进性和适用性进行再分析。工艺技术及设备在项目运营过程中可充分暴露前期未预见的不足或问题。因此需要对产生的问题及产生问题的原因进行总结，为后续设备更新和项目技术选择提供经验。财务方面是对项目的盈利、债务清偿等进行平衡分析。通过对投资税前内部收益率、净现值、自有资金税后内部收益率等指标的计算编制损益表，反映项目盈利性。通过对资产负债率、流动比率、速动比率、偿债准备率的计算，编制资产负债表、借款还本付息计算表，反映项目的清偿能力。经济方面是对项目国民经济盈利性及其对地方经济发展和行业发展的影响进行再分析。国民经济盈利性主要包括投资经济效益和费用流量表、外汇流量表、国内资源流量表等的计算。项目对地方经济发展和行业发展的影响包括对收益公平分配的影响、当地就业人口的影响、推动地方技术进步的影响等。这些指标应与项目前期策划阶段的评价进行对比。

项目环境影响后评价主要审查项目对环境的实际影响，主要是对项目污染控制、区域环境质量、自然资源利用、区域生态平衡和环境管理能力进行后评价。通过对上述5方面的后评价可对项目环境管理的决策、参数及参考规定和规范的实际效果进行评价，并进一步对各参数可靠性进行检验。同时应根据国家及地方环境质量标准和污染物排放标准及相关产业部门的环保规定对后评价结果进行审核，并对未来进行预测。

项目社会后评价主要包括对项目社会效益与影响和项目与社会的适应性进行分析。项目社会效益从项目对社会环境、自然与生态环境、自然资源和社会经济4方面的影响和效益进行评价。评价应从项目对国家和地区的宏观影响到项目对社区的微观影响进行全面分析。项目与社会适应性分析主要对项目是否适应国家及地区的发展重点、项目是否适应当地人民的文化和技术需求、当地人民对项目的接受程度及社会风险程度、受损群众的补偿情况、社区人民项目参与情况、项目运营机构承担能力分析及项目可持续性等方面进行分析。

项目后评价的范围不但包括对项目目标的评价，还包括对项目实施过程的后评价。这是因为项目的实施过程决定项目目标能否实现。只有对项目各阶段进行全过程评价，才能对项目各方面进行有针对性的反馈，吸取相应的经验、教训。因此，除了对项目质量、进度、财务等方面进行后评价，项目后评价还应对项目实施阶段进行评价，包括项目前期决策、项目准备、项目实施、项目投产运营等方面。其中需对项目决策阶段的决策程序、决策内容及方法进行再评价。需对项目准备阶段的勘察设计、采购招投标、投融资和开工准备等方面进行后评价。需对项目实施阶段中资金来源及使用情况、合同执行、工程实施管理及项目竣工情况进行分析。

18.2.5 项目后评价的方法

项目后评价的方法有很多，近年来经历了由传统单一的定性对比法到多种方法综合、定量与定性结合的评价方法。主要的项目后评价法包括对比法、逻辑框架法等。

1. 前后对比和有无对比法

对比法是后评价方法中最基本的方法，包括前后对比法和有无对比法。前后对比法是指将项目的可行性研究时所预测的项目效益和竣工后的项目实际效益进行对比，找出差异和原因，并进一步评价项目计划、决策和实施的质量。有无对比法是对项目投产后带来的实际结果与没有运行项目可能发生的情形进行对比，进而判断项目的效益和影响。通常对比法只能分析各个指标的偏差程度，无法找出偏差产生的原因。为了进一步分析偏差产生的原因，对比法需与指标变异因素分析法结合，进一步寻找导致差异的因素，找出相关规律，为后续项目管理提出改进措施。

2. 逻辑框架法

逻辑框架法是指将项目需同时考虑的因素进行组合，并分析它们之间的关系，即用较为简单的框图分析复杂项目的内涵和关系。项目的逻辑框架需要重点关注的因素有：项目目标、项目期望实现的成果、实现项目目标的活动和措施、项目成功的关键外部因素、项目成功度的评价依据和措施、项目成本。逻辑框架法通常第一步进行利益群体分析，即对受项目影响的相关者的利益和期望、对关键因素的敏感度和看法、潜力和缺陷以及项目对相关者产生的结果进行分析。第二步是对存在的问题进行分析，找出核心问题。针对核心问题，提炼出项目的核心目标，并分析项目可能产生的作用和影响。针对核心目标制定后续相关对策、方案。

18.2.6　项目后评价的实施

1. 项目后评价机构

项目决策者应委托独立的咨询机构或专家对项目进行后评价。项目决策者应与项目后评价单位签订相关后评价委托合同，明确工作范围和双方权利、义务。接受委托的项目后，后评价单位应成立项目后评价团队并任命负责人，后评价团队成员必须具有一定的相关经验。后评价团队需制订后评价计划，明确评价对象、内容、方法、时间、进度、质量要求、经费预算、专家名单及报告格式等。

2. 资料搜集与调查

项目后评价需根据项目自身特点制定相应的资料搜集与调查的方案。

对项目进行后评价需对项目相关文件进行搜集，包括项目投资资料、建设资料、运营资料、效益资料等。后评价团队应该认真阅读项目文件，并根据项目文件制订相应的调查计划。调查应去项目现场，核实项目相关情况并进一步搜集评价相关信息。调查应了解项目的真实情况，不但需要了解项目的宏观情况，还需了解项目的微观情况。

3. 资料分析

搜集到的项目资料与调查数据需要进行深入分析，根据项目后评价主要内容进行分项分析与总结。包括项目的整体效果如何、是否实现了制定的项目目标、投入与产出是否成正比、项目影响和作用如何、项目对社会和生态环境的影响如何、项目的可持续性如何、项目的经验、教训如何等。

4. 后评价报告编制

完成项目后评价后，受委托评价机构应编制相应的后评价报告，并在合同规定期限内提交给委托人。后评价报告应包含合同规定的项目后评价的主要内容。根据委托要求，项目后评价报告的主要内容和格式可能有所差异。一般项目后评价报告的内容应包括：项目背景；项目实施评价；项目效果评价；项目目标和可持续性评价；主要结论和经验教训。同时，后评价报告应包含分析所用附表及表格。

编制项目后评价报告需要遵循以下几个原则。

（1）后评价报告应反映项目的真实情况，公正、客观分析问题，总结经验、教训。

（2）后评价报告的主要结论应与未来项目规划和政策制定联系起来，为后续项目集管理提供反馈。

（3）为方便项目集管理，后评价报告需按照相对固定的格式体例进行编制，便于计算机录入。